Franziska Hundseder

Wotans Jünger
Neuheidnische Gruppen zwischen Esoterik und Rechtsradikalismus

Originalausgabe

WILHELM HEYNE VERLAG
MÜNCHEN

HEYNE SACHBUCH
19/569

Besuchen Sie uns im Internet:
http://www.heyne.de

Umwelthinweis:
Dieses Buch wurde auf chlor- und säurefreiem Papier gedruckt.

Redaktion: Gertrud Bauer
Konzeption und Realisation: Christine Proske
(Ariadne Buchkonzeption, München)

Copyright © 1998 by Wilhelm Heyne Verlag GmbH & Co. KG,
München
Printed in Germany 1998
Umschlagillustration: Imagine Fotoagentur/Horizon, Hamburg
Umschlaggestaltung: Atelier Adolf Bachmann, Reischach
Innenabbildungen: dpa (S. 35); Joachim E. Röttgers (S. 8 oben, unten)
Satz: ew print & medien service gmbh, Würzburg
Druck und Verarbeitung: Ebner, Ulm

ISBN: 3-453-13191-6

Inhalt

I. Neuheidnische Gruppen zwischen Esoterik und Rechtsradikalismus

»Energie Spartip: Bewußt klopfen« steht an der kaputten Klingel neben der Wohnungstür. Von drinnen dröhnen die Bässe von Rockmusik bis ins Treppenhaus. Die Knöchel müssen ganz schön hämmern an der hölzernen Wohnungstür, bis endlich jemand aufmacht: ein schmächtiges, blasses Mädchen, denn »Odin« steht gerade unter der Dusche. Für 22 Uhr waren wir verabredet, aber der Germanenführer ist gerade erst aufgestanden. Er habe einen unkonventionellen Tagesrhythmus, sagt das Mädchen.

Wir müssen warten und werden dazu ins Wohnzimmer geführt, eine Kultstätte des Dritten Reichs: eine schmiedeeiserne Uhr mit SS auf dem Zifferblatt und Hakenkreuz auf dem Stundenzeiger hängt an der Wand, ein kniehoher Adler aus Bronze gehört zum künstlerischen, »artgerechten« Interieur, Stahlhelme, eine Zyklon-B-Dose auf dem Sims des Kachelofens, ein Bild von Reinhard Heydrich (»Der ist mein Vorbild«), dem Chef des Reichssicherheitshauptamts, der mit der »Endlösung« der Judenfrage beauftragt war: Nippes eines Neonazis. Die Gegenwart macht sich fast nur durch eine Fernbedienung auf dem Couchtisch und eine angebrochene Zigarettenschachtel bemerkbar.

Das Mädchen, Claudia heißt sie, sieht aus wie 16 oder 17; sie wirkt zerbrechlich, hat vielleicht Kleidergröße 34. Sie ist »Odins« Kampf- und Lebensgefährtin. Uns gegenüber, dem Fotografen und der Journalistin, gibt sie sich feindseliger als der Obergermane, der sich nach dem Kriegsgott nennt. Sie benimmt sich wie eine Löwenmutter, die ihr Junges bewacht. Dabei ist »Odin« Jahrgang 1948 und sie 1972.

Claudia bringt »Odins« Frühstück: einen Suppenteller mit dampfenden Knödeln und einer Putenkeule obendrauf, dazu ein Glas O-Saft. Dann tritt der Germanenführer auf. Er muß sich nach dem Duschen erst mal stärken, ohne Mampf kein Kampf, schon gar nicht mit der Presse. Seine Art zu essen, mit der Putenkeule zwischen den Zähnen, ist so ziemlich das einzige,

Arnulf Winfried
Priem von
»Wotans Volk«

Eine Weste von
Arnulf Winfried
Priem demon-
striert seine
Gesinnung

was an »Odin« vielleicht »germanisch« wirkt. Er trägt Stiefel, Armeehosen in Tarnfarben und ein olivgrünes Hemd, das über dem breiten Gürtel kräftig spannt: echtes deutsches Bauchtum. Die Enden der langen dünnen Haare fallen in Strähnen über die Schulter, dazu ein schwarzes Stirnband. Wäre nicht ein Totenkopf darauf und hätte »Odin« nicht einen Schnauzbart, könnte man das für eine Indianer-Verkleidung halten. Den Totenkopf hat er auf der Stirn, sagt er, weil ihn sonst – etwa mit Vergißmeinnicht auf dem schwarzen Band – seine Jünger nicht ernst nähmen.

Der Germanen-Guru heißt *Arnulf Winfried Priem*. Er hat Gruppen gegründet wie die »Kampfgruppe Priem e. V.«, die den Breisgau in Baden unsicher machte, dann – nach dem Umzug nach Berlin – den »Asgard-Bund«, eine neuheidnische Glaubensgemeinschaft mit der Unterabteilung »Hauptschulungsamt Wotans Volk«. Das Interview, dieses erste, fand 1990 in seiner Wohnung in Berlin, in der Osloer Straße statt. Und es stellt sich die Frage: Was soll man von einem Menschen halten, der sich solcher Art in Szene setzt? Ist dieser Mann ein neuheidnischer Spinner oder ein gefährlicher Neonazi, ein weltentrückter Teutonen-Romantiker oder ein brauner Insurgent, »nur« ein Waffennarr oder ein Anstifter zum bewaffneten Kampf?

Wie ernst ist Priems »Asgard-Bund«, wie ernst sind andere neuheidnische Religionsgemeinschaften und Ritterorden überhaupt zu nehmen? Bislang wurden sie von der Öffentlichkeit und von den Behörden kaum zur Kenntnis genommen.

1. »Odin mit uns und Wir gegen alle!«

Sie glauben an die Kräfte des Blutes und an die Magie der Runenzeichen. Sie vertrauen auf Wotans reinigende Wiederkehr und auf nordische Schicksalsgöttinnen. Sie verehren Sonne, Wald und Bergeshöhen und springen durch Feuersglut. Mit dem Wortschatz der Ökologen fordern sie »Rassereinheit« als Bestandteil des Umweltschutzes ein: Naturreligiöse und neuheidnische Glaubensgemeinschaften breiten sich in Deutschland, aber auch überall in Europa aus.

Der Sekten-, Psycho- und Esoterikmarkt boomt weiter. Dieses Phänomen ist auch Ausdruck einer Sinnsuche, einer Suche nach Neugestaltung des Lebens. Hinzu kommt Zivilisationsskepsis, ausgelöst durch die Verunsicherung, die die Beschleunigung von wissenschaftlichen und technischen Entwicklungen begleitet (Computerzeitalter, Gentechnologie, der »geklonte Mensch«). Auch die Frage »was kann man heute überhaupt noch essen?« gehört in diesen Bereich, denn viele fühlen sich ohnmächtig angesichts einer ununterbrochenen Folge von Lebensmittelskandalen, ohnmächtig und existentiell bedroht, da Nahrung schließlich die Grundvoraussetzung des Lebens ist.

Eine Hochzeit für alternative Heilslehren ist angebrochen. In Karlsruhe hat 1997 ein selbsternannter Heiler, Spezialist für okkulte Phänomene und Runenlehrer, monatelang im renommierten »Haus der Familie« jede Woche Kurse zum Thema »Das Erkennen der Runen zur Selbstfindung, Heilung, Lebenshilfe und Beratung« abgehalten. Odin, der Anführer des wilden Heeres in der nordischen Mythologie, habe sich neun Tage an den Weltenbaum gehängt. Buddha habe 20 Jahre meditiert. Jesus sei sieben Tage in der Wüste gewesen. Und »ich war 15mal in der Psychiatrie« sagt er, bis er die Runen und die germanischen Götter gefunden habe. »Der Odin ist vom Christengott vor 2000 Jahren verdrängt worden«, so erklärt der Lebenshelfer die Geschichte, und dafür habe sich Odin mit der NS-Zeit und dem Zweiten Weltkrieg revanchiert. »Rufen Sie mich an«, steht auf seiner Visitenkarte, »denn Runen raunen richtigen Rat«. Einige tun es und gehen zu seinen Kursen in einem bekannten Karlsruher Hotel – für 350 Mark pro Tag.

In der Grauzone zwischen New Age, Naturmagie, Lebensreform, Hexenkult, alternativer Medizin, Okkultismus und Runenkunde siedeln sich auch neuheidnische und völkische Gruppen an. Ein Netzwerk aus Vereinen, Zeitschriften, Leserkreisen, Kultstätten und heidnischen Versandfirmen ist bereits entstanden. Auch rechtsextremistische Vertriebssysteme mischen mit und profitieren davon. Braungefärbte Versandfirmen haben Bücher über Reiki, Ayurveda, Pendeln, Weiße Magie oder Runenzauber im Angebot. Andreas Gängel zum Beispiel, Ex-Macher der Skinhead-Untergrundzeitschrift *Endsieg*, der mehrere

Hausdurchsuchungen hinter sich hat und wegen Volksverhetzung vorbestraft ist, hat im Programm seines neuen »Vision Verlag & Versand« nicht nur Bücher über die Waffen-SS und zweifelhafte Kriegshelden, sondern auch zehn Titel aus der Esoterik-Reihe des Münchner Droemer Knaur Verlags.[1] Die rechtsextreme »Scharnhorst Buchkameradschaft« aus Berg am Starnberger See legt ihrem Vierteljahresheft im Herbst 1997 auch einen Prospekt für Mentaltraining, Alternatives Heilen, Lebenshilfe und Esoterik bei.

Mit der rechtsextremistischen Einflußnahme auf die Esoterikszene befaßt sich – wohl als erstes Landesamt – der baden-württembergische Verfassungsschutz in seinem 1997 erschienenen Bericht. Unter dem Pseudonym Jan van Helsing, der Liebhabern von Vampir-Literatur als wackerer Verfolger von *Dracula* bekannt ist, brachte ein Mann aus Fichtenau zwei Bücher auf den Markt. Diese Bücher stuft der baden-württembergische Verfassungsschutz als antisemitisch ein. Sie fanden besonders in der Esoterikszene große Verbreitung. Bis Mai 1996 wurden schon etwa 70 000 Exemplare des ersten Bandes verkauft. Ausgestellt waren die Bücher mit den Titeln *Geheimgesellschaften und ihre Macht im 20. Jahrhundert* und *Geheimgesellschaften 2* auch auf der Frankfurter Buchmesse im Herbst 1996, obwohl die Staatsanwaltschaft Mannheim kurz zuvor, am 17. September 1996, gegen den Autor Anklage u. a. wegen Volksverhetzung erhoben hatte und die allgemeine Beschlagnahme bundesweit bereits im März 1996 angeordnet worden war.[2]

Die Anhänger dieser naturreligiösen, neuheidnischen und völkischen Glaubensbewegung haben sich teilweise in Religionsgemeinschaften, Ritterorden und eingetragenen Vereinen zusammengeschlossen. Andere treffen sich in losen Zirkeln. Doch die meisten völkisch gesinnten Neuheiden sind unorganisiert. Deshalb läßt sich ihr Einfluß auch nicht an Mitgliederzahlen von einzelnen Gruppen messen. Was diese Szene zusammenhält, ist der Haß auf den »Judäo-Christianismus«, die kultische Verehrung einer glorifizierten Germanen- und Götterwelt wie die Verständigung über identitätsstiftende Slogans »Odin mit uns und wir gegen alle!« (*Braunauer Ausguck*) und Symbole, beispielsweise Odalsrunen, Keltenkreuze oder Thorshämmer. Man trägt sie als Anhänger um den Hals, als Koppelschloß, Brosche oder Anstecker. Ob Ansichtskarten oder Briefköpfe, Geburts-, Heirats- oder Todesanzeigen – Neuheiden schmücken sie gerne mit Runenzeichen und signalisieren so, daß sie dazugehören. Als der Kultsänger der Skinheadszene, Ian Stuart von der Band Skrewdriver, starb, erschien sein Foto mit Todesrune in sogenannten Fanzines, Untergrundzeitschriften von Skins wie dem *Bramfelder Sturm* (»See you in Valhalla!«).

Aber auch Neonazis aus Gruppen, die in den letzten Jahren verboten worden sind, wie die »Nationalistische Front« oder die »Freiheitliche deutsche Arbeiterpartei« (FAP), sammeln sich wieder – unter dem Deckmantel der vom Grundgesetz garantierten Religionsfreiheit. So sind zum Beispiel bei der »Artgemeinschaft – Germanische Glaubensgemeinschaft wesensgemäßer Lebensgestaltung e. V.« etliche ehemalige Mitglieder verbotener Organisationen aktiv, insbesondere von der militanten »Wiking-Jugend«.

2. »Wiedererweckung germanischen Blutes«

Zu Wikingertagen oder Mittelaltermärkten mit Rittern, Handwerkern, Spielleuten und Gauklern laden nicht nur findige Fremdenverkehrsämter ein. Ungebetene PR-Arbeit leisten völkische Gruppen, Skinheads, neuheidnische Zeitschriften oder rechtsradikale Netzwerke. Auch bei neubelebten Brauchtumsfesten, wie dem Questenfest in Questenberg im Südharz, reisen braune Touristen an, die eine unselige Festtradition aus tausendjährigen Zeiten wieder herbeiholen wollen. Neu gefeiert wird so auch das Fest der Leinernte. Dieses fand 1982 – so schrieb eine Heidenzeitschrift – »zum ersten Mal nach über tausendjähriger christlicher Unterdrückung« (*Huginn und Muninn* 6 – Scheiding 1996) auf der Burg Gleiberg bei Gießen in Hessen statt. Damals trafen sich 19 verschiedene Heidengruppen. Inzwischen umfaßt das Netzwerk 80 Gruppen. 1992 versammelte man sich zum Leinerntefest in England. Es war die »5. Tafelrunde aller europäischen Heidengruppen«. Europa müsse sich gegen eine

Übermacht von außen aus eigener urabendländischer Wurzel wieder durchsetzen, hieß es in der Einladung. Das nächste Mal wurde zur europaweiten bzw. »mitgartweiten« Tafelrunde für »alle weißen Menschen guter Art« nach Frankreich geladen. 1996 wurde das Leinerntefest in Dresden gefeiert. Schon Anfang 1990 machte sich in der sächsischen Metropole die »Schildgemeinschaft« bemerkbar. Ihr Leiter sprach beim »Herbst-Thing« des rechtslastigen »Armanen-Ordens« über die »Lage des mitteldeutschen Heidentums«.

Im Juni 1990 waren bei der »ersten gesamtdeutschen Sonnwendfeier« in Rottenbach an der bayerisch-thüringischen Grenze, die vom Herausgeber der rechtsextremen Monatszeitschrift *Nation und Europa*, Peter Dehoust, organisiert wurde, bereits ostdeutsche Germanentümler mit von der Partie. Schon vorher hatten in dem idyllisch gelegenen Ort alte Kameraden und stramme Pimpfe alljährlich in »urgermanischem« Brauchtum geschwelgt. Doch nun waren erstmals Brüder und Schwestern aus der DDR zur fränkischen »NPD« gekommen, und die rechte Verbrüderung wurde in der Dorfschänke zünftig begossen. »Ich freue mich, daß ich zum ersten Mal germanisch feiern kann«, sagte ein 20jähriger Leipziger von der »NPD«, »denn Germanentum ist uns 40 Jahre lang vorenthalten worden«. Der alten Garde unter den rund 350 Sonnwendlern waren allerdings die pöbelnden Skinheads, die die Reihen füllten, nicht recht geheuer.

Von den Wikingertagen auf Usedom, die der Fremdenverkehrsverein organisierte, fühlten sich Skinheads aus Norddeutschland angezogen und machten Randale. Der *Bramfelder Sturm*, ein Magazin zwischen Germanen- und Skinheadkult aus dem Umfeld der verbotenen »Nationalen Liste«, das wegen seiner überregionalen Verbreitung jetzt *Hamburger Sturm* heißt, berichtete begeistert vom Wikingerfest am Ratzeburger See (»Wir hatten alle das Gefühl, eine große Familie zu sein.«) und rief zum erneuten Besuch 1996 in Haitabu bei Schleswig auf.

»Wer Lanzen- und Schwertkämpfe und mittelalterliches Treiben hautnah erleben will«, der kann sich unter einer Telefonnummer im bayerischen Miesbach die Gastspiel-Termine in seiner Umgebung nennen lassen. Es geht um die Deutschland-Tournee 1997 der Gruppe »Das Königliche Ritter-Turnier«. Die

Telefonnummer gehört zur Buchhandlung von Michael Krämer. Der hat einen typischen Lebenslauf zwischen Runen und Rechtsextremismus.[3] Sein Runen-Faible zeigte sich schon in jungen Jahren, als er seine Unterschrift mit der Odalsrune schmückte.

Der ehemalige Unteroffizier der Bundeswehr und »NPD«-Mann Krämer machte erstmals Schlagzeilen als »Bereichsleiter Mitte« der »Aktion Nationaler Sozialisten« (ANS) des bundesweit bekannten Neonazis Michael Kühnen. Nach deren Verbot 1983 beteiligte sich Krämer wie viele andere an der Unterwanderung der »Freiheitlichen deutschen Arbeiterpartei« (FAP) und besorgte dem »Komitee zur Vorbereitung der Feierlichkeiten des hundertsten Geburtstags von Adolf Hitler« (KAH) Tagungsräume in der aus Steuermitteln geförderten Bildungsstätte »Collegium Humanum« in Vlotho an der Weser.

Dem Sozialdemokraten Adolf Salzer, der eine internationale Weihnachtsfeier für Kinder ausrichtete, kündigte er an: »Für die rund 2000 Ausländer in Herborn (für Sie mögen es ›Mitbürger‹ sein, für uns niemals) sind die Zeiten der Ruhe und des Friedens bald vorbei.« 1986 rief er »im Namen meines Führers Michael Kühnen« zum Hessentag auf: »Der 7. Juni 1986 wird zu einem Fanal für die Befreiung des Deutschen Reiches und die Wiedererweckung des germanischen Blutes werden.«

Schließlich begab sich Krämer unter die Fittiche der »Republikaner«, wurde Vorstandsmitglied des 1000 Mitglieder starken Bezirksverbands Oberbayern und Mitarbeiter der neurechten *Jungen Freiheit*.[4] Doch als seine degoutante politische Vergangenheit ruchbar wurde, flog er bei den Reps raus. Inzwischen wurde Krämer im oberbayerischen Miesbach heimisch, was gar nicht so einfach war. Denn trotz Camouflage mit alpenländischem Trachtenanzug war er für die Einheimischen ein »Preiß«. Doch allmählich hat er sich mit seiner Buchhandlung im Miesbacher Stadtzentrum etabliert. Krämer deckt mit seinem Buchangebot auch Interessengebiete von Neuheiden, Esoterikern, Ökologen, Naturheilkundlern und Weltverschwörungstheoretikern ab. Das reicht von Büchern über Windenergie, Solar-Anlagen und gesundes Wohnen über Feng-Shui, Thule und Runenkunde bis zur »klassischen« Verschwörungsliteratur mit Jan van

Helsings *Geheimgesellschaften* (bis zum behördlichen Einzug), Gary Allens *Insider* und Des Griffins *Wer regiert die Welt?*. Seine Bücher bietet Krämer auch im Versand über Anzeigen in allerlei rechtsextremen Zeitschriften an.[5] Das Angebot wird komplettiert durch Vermittlung von Seminaren über Runen, Pendeln und Edelsteine, die ein Miesbacher Heilpraktiker und Autor eines Runen-Handbuchs abhält.

Das »Königliche Ritterturnier«, dessen Termine von Krämer zu erfahren sind, gibt einen Preisnachlaß für zwei Personen. Bedingung: Man muß die Zeitschrift mitbringen, in der das steht. Bei dem Blatt handelt es sich um *»Europa vorn – das patriotische Magazin«* aus Köln.[6]

Ein anderer Versand aus Burg im Kreis Dithmarschen, bei dem der Name auch Programm ist, sucht in der *Deutschen Militärzeitschrift*, einem Blatt für Soldaten und Reservisten der Bundeswehr, Ausgabe Juli-September 1997, nach neuen Käufern. Der »Asgard-Versand«, ursprünglich benannt nach dem Sitz der Götter mit den zwölf Himmelsburgen in der germanischen Mythologie, hat dieselbe Adresse wie der »Buchdienst Nord«. Mittlerweile hat der »Asgard-Versand« seinen Namen geändert, weil ihm die Benutzung des Begriffes »Asgard« von einem gleichnamigen Verlag untersagt worden ist. Er heißt jetzt »Verlag Tim Schatowitz«. Dieser Buchdienst vertreibt die Schriftenreihe der rechtsextremen Religionsgruppe »Artgemeinschaft«, einer der mitgliederstärksten Neuheidengruppen. Dort bekommt man auch Bücher von Hans F. K. Günther (»Rasse-Günther«), der die »wissenschaftliche« Grundlage für die Judenverfolgung des NS-Staates lieferte, von dem Hitler-Putsch-Teilnehmer Erich Ludendorff oder einen »überarbeiteten Faksimilenachdruck«, der *Die germanische Odal-Verfassung*, das »freie germanisch-deutsche Gemeinrecht aufzeigt, das im krassen Gegensatz zum römisch-orientalischen Recht steht und zur Lossagung von fremdländischer Bevormundung, Zinswirtschaft und Religion auffordert«. Das Postfach dieses Vertriebs ist identisch mit dem Postfach der »Jungen Nationaldemokraten« (JN), das im *JN-Infobrief Schleswig-Holstein* Oktober/November 1996 angegeben ist.

3. »Odin statt Jesus«

Auch Teile der Jugendkultur sind von dieser heidnisch-germanischen Renaissance erfaßt worden. Statt Winnetou erobert Wotan die Kinderzimmer. Skin-Magazine, die manchmal schon von zwölf- oder 13jährigen gelesen werden, bringen ganze Serien über germanische Mythologie. Skin-Bands nennen sich Odins Erben, Asgard, Thors Hammer, Werwolf, Ultima Thule oder – eine weibliche Skin-Band, eine Reneekapelle – heißt Wallküren. Germanen-Mythos wird in Liedtexten zum Zündstoff für Gewaltverherrlichung und Rassenwahn. Skin-Konzerte nehmen sprunghaft zu, 1996 waren es etwa doppelt so viele wie im Jahr zuvor. 1997 gab es laut Bundeskriminalamt 79 Konzerte rechtsradikaler Skin-Bands.

Und Geld kommt dadurch auch in die Kassen. Geringen Kosten stehen zum Teil erhebliche Einnahmen von bis zu 25 000 Mark pro Abend gegenüber, beobachtet der niedersächsische Verfassungsschutz.

T-Shirts mit dem Brustaufdruck »Odin statt Jesus« sind schick geworden. Eine »NPD«-Zeitung, die *Sachsen-Stimme*, greift den Slogan auf und schreibt: »Die Formulierung ist eine wohlauf verständliche Reaktion auf die häufigen deutschfeindlichen Stellungnahmen und Zeitgeschichtsfälschungen der großen Kirchen seit 1945, die sich wie die etablierten Parteien zunehmend der Bevormundung durch die Siegermächte beugen.«

Odins Krieger heißt eine Gruppe im Umfeld der Hammer-Skins in Baden-Württemberg. Hammer-Skins bekennen sich in ihren Richtlinien – wiewohl sie natürlich keine »Religionsgemeinschaft« sind – ausdrücklich zum »Glauben unserer Ahnen«. Sie sind seit 1997 mit einer German National Socialist and Hammer-Skin-Page (»Kampf für Rasse und Nation«) und zwei deutschen Kontaktadressen im Internet vertreten. »Heil Euch, Kameradinnen und Kameraden« begrüßte 1997 eine rechtsextreme Mailbox aus Norddeutschland ihre User. Ihre Betreiberin nennt die Mailbox nach dem germanischen Göttersitz »Asgard BBS« und bietet auch Informationen über Themen wie Okkultismus, NS-Zeit, Nazi-Ufos und Judentum an.

4. Feindbild: »Judäo-Christianismus«

Geraten jetzt christliche Kirchen ins Visier von Rechtsextremisten? Das ist eine Frage, die die Öffentlichkeit seit dem Sommer 1997 bewegt, nachdem es zu einer Serie von Anschlägen und Hakenkreuzschmierereien an Kirchen in Hamburg, Lübeck, Duderstadt, Husum und im thüringischen Gotha gekommen war. Auch Pastor Günter Harig, der einer algerischen Familie Kirchenasyl gewährt hatte, wurde mehrmals bedroht. »Das Christentum war bisher das größte Unglück der Menschheit« hetzten zur gleichen Zeit die *Nachrichten* der neonazistischen »Hilfsorganisation für nationale politische Gefangene und deren Angehörige e. V.«.

Daß jüdische Friedhöfe und Synagogen von Neonazis geschändet wurden, gehört schon seit vielen Jahren zur bundesdeutschen Realität. Daß nun auch evangelische und katholische Kirchen »dran« sind, das empfanden manche als überraschend. Aber bei neurechten Heiden und völkischen Gruppen dienten Christentum und Judentum schon seit Jahren als gemeinsames Feindbild. Neonazis machen keinen Unterschied zwischen Linken, Juden und Christen. Sascha Roßmüller, früher beim »Nationalen Block«, heute bayerischer Chef der »Jungen Nationaldemokraten«, wirft alles in einen Topf und bezeichnet eine »linke, klerikale, freimaurerische Jugendkultur« als das Gegenteil einer »deutschen«, und er appellierte in einem Flugblatt: »Es liegt an Dir, ob Passau deutsch wird! Wir zählen auf Dich!«. »Das Christentum ist eine internationalistische Ideologie und als Religion für Schwächlinge die abstoßendste aller drei Welt-Wüstenreligionen«, so macht sich ein Rechtsextremist aus Wattenscheid in einem Leserbrief Luft. Europas ureigenste Religion, den Glauben der Kelten und Germanen, gelte es wiederzuentdecken.

Gegen »Linke, Christen und andere Antifas« schwor die »Wiking-Jugend« ihre Truppen ein. »Die Kommunisten, Gewerkschafter, Christen und andere Demokraten müssen zur Kenntnis nehmen«, so tönte sie, »daß die Rechte sich nicht mehr alles gefallen läßt und die Zeit der frechen Anmaßung ... entgültig vorbei ist«. Die »Wiking-Jugend«, die sich nach der 5. SS-Panzerdivision nannte, war im engeren Sinn keine religiöse Vereinigung. Dennoch hatte sie religiöse Züge: »Es lebe Nordland – Das Land der germanischen Götter – Das Land unserer Vorväter – Das Blut unserer Ahnen« gab der langjährige Bundesführer Wolfgang Nahrath, heute »NPD«, als Motto für den Fahrtenplan der »Wiking-Jugend« 1978 aus. Inzwischen ist sie zwar verboten worden, doch die eingeschworene Gemeinschaft der Wikinger gibt so schnell nicht auf. Gleich nach dem Verbot im November 1994 veranstaltete sie wie jedes Jahr ihr Winterlager, nur diesmal eben ein paar Kilometer jenseits der belgischen Grenze, in der Jugendherberge in Sovifat bei Malmédy. Auch der *Odal-Kalender* erschien wie gewohnt. Heute verstärken etliche ehemalige Wikinger die Reihen anderer rechtsextremer Organisationen und geben den Glauben an die »nordentstammte Rassenseele« weiter.

1997 beschäftigten auch Morde die Öffentlichkeit, die Allvater Odin, auch Wotan genannt, befohlen haben soll. Der Mythos des germanischen Kriegsgottes wird zum Katalysator für rechtsextreme Gewalt.

II. Morde in Odins Namen

1. »Deutsche Herzen und nordischer Glaube«

»Somit haben die Juden ihren Willen bekommen!«, ruft Thomas Lemke aus Gladbeck nach der Urteilsverkündung in den Gerichtssaal. Lemke wurde im März 1997 wegen dreifachen Mordes zu lebenslanger Haft verurteilt. Er hatte einem früheren Gesinnungsfreund, der sich von der Szene los gesagt hatte, mit Schüssen aus einer Pumpgun den Oberkörper zerfetzt. »Verrat«, sagt Lemke, »ist das Niederträchtigste überhaupt.« Eine junge Frau aus Dortmund ermordete er, um seine an der Tat mitwirkende Freundin an sich zu binden. Eine zweite Frau mußte in Bergisch-Gladbach sterben, weil sie einen »Nazis-raus«-Sticker trug: »Linke haben kein Recht zu leben, und die erst recht nicht.« Er vergewaltigte die Frau, würgte sie, tötete sie durch Schläge und Stiche. Lemke sagt beim Polizeiverhör, die Bluttaten habe er auf Befehl Odins begangen. Odin und Loki, der Dämon des Untergangs in der germanischen Sage, hätten ihm die Rache aufgetragen.

»Seelische Abartigkeit«, stellt der Richter in der Verhandlung fest, könne die Heimtücke und die Beweggründe »aus der alleruntersten Schublade« für die drei Taten allein nicht erklären. Wie aber ist der 28jährige zum Neonazi und zum nordischen Rassefanatiker geworden? Waren seine politische Gesinnung und seine »nordische Religion« möglicherweise eine Art Brandbeschleuniger, so daß er diese brutalen Morde beging und daß er sich aufführte, als wäre er Wotans wildes Heer?

Lemkes einzige Bezugsperson in der Kindheit war sein Großvater. Doch der starb, als der Junge neun Jahre alt war. Schließlich kam er in die Obhut eines Gelsenkirchener Altnazis, der ihn mit seinen SS-Geschichten faszinierte. Dann landete er bei der »Wiking-Jugend e. V.«, deren Leitideen der »germanische« Mensch, ein »rassereines Nordland« und der wehrhafte Kampf für Deutschland waren. Daß diese Organisation aus Stolberg bei Aachen bei Jugendlichen Erfolg hatte, gründete sich auf eine geschickte Kombination von »Erlebnispädagogik«, wie aufregenden Fahrten (Slogan: »Freiheit und Abenteuer sind unser Programm!«), und – teils unterschwelliger – politischer Schulung. Pimpfe und Jungmädel waren begeistert von Feuerrunden, Nachtwanderungen, Sportangeboten wie Fallschirmspringerkursen und den Geschichten von nordischen Göttern und vom sagenumwobenen Land Midgard. Militärischer Drill und weltanschauliche Indoktrination liefen wie selbstverständlich nebenher.[7] Religionsunterricht auf Germanenart wurde schon für die jüngsten Wikinger geliefert. Und in jeder Ausgabe des *Wikinger*, der Vereinszeitschrift, hatte Dr. Wielant Hopfner, der frühere Leiter der germanischen Religionsgruppe »Artgemeinschaft«, zwei Seiten für die »Glaubensvorstellungen unserer Ahnen«. In den Schulen lerne man nichts von der Vorzeit, von den Männern und Frauen, die im Norden ihren Toten Hügelgräber errichteten, schimpfte der Arzt aus dem fränkischen Iphofen. Vielleicht sei es gut, »daß sich die derzeit herrschenden Orientalen unserer Mythologie nicht bemächtigen konnten«. Lemke sagt, auf der Suche nach seinen Wurzeln, danach, »wo er denn herkommt« sei er zur »Wiking-Jugend« gestoßen. Und dort habe er ein Gefühl der Zugehörigkeit entwickelt: »Die haben mich so genommen, wie ich bin.«

Lemke wird bald kriminell. 1980 fällt er das erste Mal auf, 1986 kommt er das erste Mal mit dem Gesetz in Konflikt. Am 10. September 1987 erhält er seine erste Haftstrafe – 21 Monate auf Bewährung wegen eines Brandanschlags auf ein von Türken bewohntes Haus, Volksverhetzung, Sachbeschädigung, Verwendung von Kennzeichen verfassungswidriger Organisationen usw.

Doch Lemke mit seiner Gelobt-sei-was-hart-macht-Mentalität macht weiter. Brandanschläge, Hakenkreuzschmierereien, Körperverletzung, Nötigung, Schießübungen mit Gleichgesinnten, Waffenbesitz, Drohungen wie »Judensau« gegen Lehrerin, Pastorin, Mutter, Ex-Freundin, Ex-Kumpel. Die nächste Verhaftung folgt am 7. Januar 1991. Während er eine Haftstrafe verbüßt, kürt ihn die »Hilfsorganisation für nationale und politische Gefangene« (HNG) im Juni 1992 zum »Gefangenen des Monats«. Als persönliche Interessen werden in seinem Porträt Waffen, Briefmarkensammeln, Autos, Musik von Wagner, Beethoven und Johann Strauss sowie SA-Kampflieder genannt. Zu seinem politischen Lebenslauf gibt Lemke an, ehemaliges Mitglied der »Deutschen Volksunion« (DVU) des Dr. Gerhard Frey aus München, der »Nationalen Sammlung« von Michael Kühnen und der »Deutschen Alternative« zu sein.

Die Verbindung zu seinen Kameraden außerhalb des Knasts ist gut. Er schreibt viel, liest rechtsextreme Zeitschriften, bekommt Besuch. Um seinen Briefwechsel noch intensiver zu gestalten, wünscht er sich eine Schreibmaschine. Mal verabschiedet er sich in seinen Briefen »mit verfassungsfeindlichem Gruß«, mal mit »Nordland erwache!«

Lemke interessiert sich auch für Esoterik, aber eine ganz spezielle, die des Dritten Reichs. Er kommt in Kontakt mit der »Tempelhofgesellschaft« und mit dem Nürnberger Rechtsextremisten, Okkultisten und »UFO-Forscher« Klaus Huscher, dem er »aus dem Essener Kerker ein dreifaches Nordland erwache!« schickt.

An die »Kameradin Christa«, gemeint ist Christa Goerth aus Bielefeld, die damalige Vorsitzende der neonazistischen Gefangenenhilfsorganisation »HNG« – schreibt er 1991 aus der Haft: »Ich habe im Kampf für unser Volk jetzt alles verloren, was man nur verlieren kann ... Meine Ehre, meine Treue und meinen Glauben aber niemals!« Wenn er wieder herauskomme, wolle er da weitermachen, wo er aufgehört habe, und die alten Ideale hochhalten: »Kameradschaft, Freundschaft, deutsche Herzen und nordischer Glaube ...«

Ein Jahr später hat sich an seiner Einstellung nichts geändert: »Ich bin Nationalsozialist und werde es bleiben.« Ende des Jahres benutzte er offenbar einen Hafturlaub, um zur Wintersonnenwendfeier am 19./20. Dezember auf dem Grundstück der Mainzer Neonazis Ursel und Curt Müller zu fahren. In einem Brief Anfang 1993 (»Heil Dir, liebe Kameradin Ursel«) bedauert er, daß er wegen Polizeikontrollen den »offiziellen Teil« am »19. Julmond« in der Müllerschen Gärtnerei in Mainz Gonsenheim nicht mitgekriegt hat.

Thomas Lemke ist nicht der erste Neonazi, dessen Gewalttaten auch auf einem Substrat von germanisch-mythologisch unterfüttertem Rassismus gewachsen sind.

2. »Heilige Härte«

In der Nacht zum 17. Dezember 1988 schlich sich Josef Saller in ein Haus Ecke Schwaigerstraße in der Schwandorfer Altstadt, zog Streichhölzer aus der Tasche und steckte einen Stapel Kartons im Treppenhaus in Brand. Das Feuer breitete sich rasch aus, erfaßte das gesamte Gebäude. Vier Menschen starben, zwölf wurden verletzt. Der 19jährige Lackiererlehrling sei ein Einzelgänger, ein Sonderling, heißt es später bei der Polizei. Mögliche politische Hintergründe werden heruntergespielt. Doch in der Gerichtsverhandlung stellt sich heraus: der am 5. August 1969 geborene Saller war seit 1986 Mitglied der »Nationalistischen Front« (NF), später auch der Redaktionsgemeinschaft für die »NF«-Zeitschrift. Er war ins »NF«-Zentrum nach Bielefeld gereist. Er hatte eine »NPD«-Vergangenheit und auch Kontakte zur »Freiheitlichen deutschen Arbeiterpartei« (FAP). Seine Kumpels schildern ihn als »fanatisch und extrem«, insbesondere wegen seiner asketischen Haltung. Ihr Bruder sei einer, »der voll durchzieht«, sagte die Schwester des Angeklagten. Saller wird wegen besonders schwerer Brandstiftung zu zwölf Jahren und sechs Monaten Freiheitsstrafe verurteilt.

Während der Verhandlung verweigerte Saller die Aussage. Beredt sind dagegen seine Briefe aus der Haft, dem »Straubinger Demokratenbunker«, wie er das Gefängnis nennt. »Heil Dir« beginnt ein Brief von 1991 an seinen Gesinnungsfreund Markus Privenau, in dem sich Saller zur Demokratie äußert: »Apropos Demokratie: Mal schauen, was mein kluges Lexikon dazu hergibt; ... Demokratie ist die Staatsform der Alliierten ..., wird auch als widernatürlich und gegen alle Naturgesetze empfunden ..., ist ebenso jüdische Wahnidee, wie Marxismus und Christentum es sind ..., wird häufig als Otterngezücht und Schlangennest angesehen ...« Saller schließt »mit den besten germanisch-nordischen und völkischen Grüßen«. Er wünscht den Kameradinnen und Kameraden von der neonazistischen »Hilfsorganisation für nationale und politische Gefangene« (HNG) zum Jahresende ein gutes Sonnwend- und Julfest, verbleibt »mit den besten nordischen Grüßen und einem dreifachen S... H...!!!« Seine Briefe garniert Saller gern mit Sprüchen oder Zitaten, wie dem schlichten »Alles für Deutschland!«, »Völker befreit man nicht durch Nichtstun, sondern durch Opfer!« oder folgendem Zitat, das er »genial« findet:

> »Was auch immer getan werden muß, hat mit heiliger Härte, verschworener Entschlossenheit und deutscher Gründlichkeit zu erfolgen. Das sind wir unserem deutschen Volk, unserem Reich schuldig. Unsere Stunde ist gekommen.«

3. »Fremdvölker« und »Nordvölker«

Im Februar 1997 hat der Neonazi Kay Diesner einen Polizisten mit einer Pumpgun erschossen und dessen Kollegen schwer verletzt. Vier Tage zuvor hatte er auf einen 62jährigen Buchhändler gefeuert. Das gesteht er selber ein. Er sei ein »germanischer Heide«, der »im Auftrag der Götter Odin und Thor« gehandelt habe, sagte Kay Diesner in Vernehmungen und bei Prozeßbeginn vor der Schwurgerichtskammer des Lübecker Landgerichts. Angeklagt ist er wegen Mordes und vierfachen Mordversuchs.

Aufgrund der Augenzeugenberichte und des Geständnisses sind die Tathergänge rekonstruierbar: Diesner ging in den nah bei seiner Wohnung liegenden »Kleinen Buchladen« und feuerte auf den Buchhändler. Dem Opfer mußten daraufhin der linke Unterarm und ein Finger der rechten Hand amputiert werden. Diesner stieg dann mit Pumpgun, kugelsicherer Weste, etwa 100 Schuß Munition, einem Wurstmesser und seinem Pitbull Willi in seinen Mazda und fuhr Richtung Schleswig-Holstein. Vier Tage später wurde er von zwei Polizisten auf der Autobahnraststätte »Rosenburg« bei Lauenburg kontrolliert. Er schoß auf die Beamten, tötete dabei einen 34jährigen und verletzte den zweiten. Nach 20 Minuten Flucht über die Bundesautobahn 24 und weiterem Feuergefecht gab Diesner, der selbst am Bein verletzt war, auf.

Diesners Prozeß begann am 8. August 1997. Am ersten Verhandlungstag ging es um seine Weltanschauung. Er bekannte sich zur Gruppe »Weißer Arischer Widerstand«. Der Name ist inspiriert vom White Aryan Resistance (WAR)[8] aus den USA, dessen Parole »White Pride – world wide« (»Weißer Stolz – weltweit«) auch in Berliner Neonazi-Zirkeln und -Blättern die Runde machte. In der Zeitung des WAR werden zum Beispiel die Ansichten von Reinhard Heydrich, dem Chef des Sicherheitsdienstes der SS, später des Reichssicherheitshauptamts (Gestapo, Kripo, SD), zum Christentum wiedergegeben.

Diesner servierte vor Gericht ein krudes Gebräu von »Nordvölkern« und »Fremdvölkern«, von der »Bedrohung der kulturellen Identität« und von einem »Holocaust an der weißen Rasse«. »Der Staat hat mir den Krieg erklärt«, sagte er, »und ich habe die Kriegserklärung angenommen.« [9]

Kay Diesner wurde am 1. Dezember 1997 wegen Mordes und zweifachen Mordversuchs zu lebenslanger Haft verurteilt. Die 1. Große Strafkammer des Lübecker Landgerichts erkannte außerdem auf besonders schwere Schuld. Eine Entlassung darf daher noch nicht, wie sonst üblich, nach 15 Jahren Haftverbüßung überprüft werden. Bei der Urteilsbegründung rief Diesner: »Muß ich mir diese Scheiße anhören?« und verlangte, aus dem Saal gebracht zu werden. Das Gericht entsprach dieser Forderung.

Der 25jährige Feinmechaniker aus dem Ostberliner Betonviertel Marzahn kam etwa 1990 in die Rechtsextremistenszene. Anlaufstelle war für ihn, wie für viele andere, das von Neonazis besetzte Haus in der Weitlingstraße 122 im Stadtteil Lichtenberg. Das Haus war eine Art Kontakthof für neonazistische Berlin-Besucher. Die Aufkleber an den Schränken lieferten einen Querschnitt der rechtsextremen Szene, von der »FAP« über die »Nationalistische Front«, die »Nationale Offensive« bis zum NS-Elitebund »Ordo« mit Sitz in Liechtenstein (Symbol: Blut und Schwert und Sonnenlicht). Diesner bekam Kontakt mit den »Vandalen – ariogermanische Kampfgemeinschaft« und mit »Odin«, eben Arnulf Winfried Priem, dem Germanenführer aus dem Wedding. Priem, Chef von Gruppen wie dem »Asgard-Bund e.V.«, dem »Hauptschulungsamt Wotans Volk« und der inzwischen verbotenen »Nationalen Alternative«, Landesverband »Reichshauptstadt«, wurde Diesners politischer Ziehvater. Von Priem bekam er jahrelang intensive ideologische und militärische Schulung. »Wer sein Leben wagt, um geliebtem Leben die Treue zu erweisen, der hat zu aller Zeit das Recht,« so lautet einer von Priems Sprüchen, sich »über die Rotte der Einfältigen und Schlechten hinwegzusetzen.« Priem weihte Diesner ein in die Welt des Kampfes wehrhafter Männer, der heldenhaften Germanenkrieger, der germanischen Götter mit den menschlichen Zügen, wo religiöser Extremismus und fanatischer Rassenwahn zur tödlichen Raserei führen können.

> »Ich rufe Dich, Bruder, wir schreiten zum Licht;
> Komm mit in unsere Reihen!
> Hörst Du die Stimme des Blutes noch nicht?
> Sie will Dich vom Kreuze befreien.«

Dies ist auch ein Gedicht aus der Priemschen Sammlung, abgedruckt im *Nordisch-Germanischen Jahrweiser*. Diesner hat die Stimme offenbar gehört. Im Flur seines Ein-Zimmer-Appartments in Berlin-Marzahn hängt das Poster *Die Wikinger kommen*. Es zeigt einen germanischen Hünen mit seiner Streitaxt.

Damit sind wir wieder zurück bei Arnulf Winfried Priem und der Ausgangsfrage. Wer also ist Priem, was macht der Mann?

III. Kämpfer für den deutschen Glauben

»Zu Deutschlands Ehr und Trutz
Weib, Kind und Herd zum Schutz –
Germanenschwert, Germanenfaust
Auf unserer Feinde Schädel saust«

Arnulf Winfried Priem ist ein neuheidnischer und neonazistischer Aktivist, einer, der Einfluß hat auf andere im Berliner und darüber hinaus im nord- und ostdeutschen Raum. Und er inszeniert sich selbst, liebt spektakuläre Auftritte und Aktionen. Für die bildorientierten Medien ist er ein gefundenes Fressen – im Moment allerdings weniger, denn Priem sitzt eine Haftstrafe von dreieinhalb Jahren wegen »Bildung eines bewaffneten Haufens« ab.[10]

Priem, geboren am 6. Mai 1948 in Ost-Berlin, mit 15 Jahren schon auf dem *rechten* Weg und 1968 mit weiteren 38 politischen Häftlingen aus der DDR-Haft freigekauft, suchte im Westen zunächst Anschluß an die »NPD« in Baden. Aber der Altherrenklub imponierte ihm nicht: »Das waren Kneipendiskutanten.« Als der Münchner Verleger Gerhard Frey 1971 mit der »Deutschen Volksunion e. V.« (DVU) die zersplitterte Rechte sammeln wollte, machte auch Priem zunächst mit. Doch 1974 gründete er dann seinen eigenen Verein in Freiburg im Breisgau, die »Kampfgruppe Priem e. V.«, mit 104 Mitgliedern. Ihr Symbol war ein breitbeinig dastehender Wikinger mit Schild und erhobenem Schwert. So inserierte Priem auch in neonazistischen Zeitschriften, zum Beispiel in diesem Umfeld: Die »Kampfgruppen«-Anzeige ist plaziert zwischen dem Inserat eines Gesundheitszentrums mit Heilpraktikerschule und einem Inserat des »Ku-Klux-Klan«.

Eine »Kampfgruppe« behielt Priem auch noch bei, als er 1976 nach Berlin ging. Sie fiel durch Schmieraktionen (»Deutschland erwache!«) auf. Dann hißte Priems Verein – gewissermaßen als Einstand – 1977 die Hakenkreuzfahne auf der Siegessäule. Priems Ruf verbreitete sich ob dieser und anderer »Heldentaten« bis nach Irland. Das in Dublin erscheinende Neonazi-Blatt *Phoenix* lobte ihn: »In recent years Comrade Priem has been very active in building up our old teutonic religion, and he was fighting jewish christianity ... he is the type of fighter who never gives up«. (»In den letzten Jahren hat Kamerad Priem sehr viel getan, um unsere alte teutonische Religion groß zu machen, und er hat das jüdische Christentum bekämpft ... er ist der Typ Kämpfer, der nie aufgibt.«)

Schließlich wurden die Staatsschützer bei Hausdurchsuchungen fündig: Waffen, Munition, Uniformen und einschlägiges Propaganda-Material, zum Teil aus den USA importiert. Doch Priem bestritt den paramilitärischen Charakter seiner Truppe; er habe keine Untergrundarmee aufbauen wollen, sondern lediglich sinnvolle Freizeitgestaltung angeboten.

1980 ließ Priem den »Asgard-Bund« als eine religiöse »Gemeinschaft heidnisch-germanischer Weltanschauung« ins Vereinsregister eintragen.[11] Asgard, das ist die sagenumwobene Burg aus der Edda, an deren Fuß nach germanischem Mythos die Götter zum Kampf antraten. Heute kämpfen »Odins« Kumpane unter diesem Namen für ein »wehrhaftes und freies Großdeutschland«. Ein Jahr später schon beobachtet das Bundesamt für Verfassungsschutz, vom »Asgard-Bund« gehe »eine propagandistische Belebung« der neonazistischen Szene in Berlin aus.[12]

> »Wenn einst dies Geschlecht sich gereinigt von Schande, vom Nacken geschleudert die Fessel der Fron, nur noch verspürt den Hunger nach Ehre, dann wird auf der Walstatt voll endloser Gräber aufzucken der Blutschein, dann jagen auf Wolken lautdröhnende Heere, dann braust durchs Gefilde der Feinde Schrecken, der größte der Stürme: Wotan's reinigende Zurückkunft.«[13]

Der findige Betriebswirt Priem ließ sich zur Verbreitung seiner kruden Ideologie etwas einfallen. Er kreierte einen *Nordisch-Germanischen Jahrweiser* (»Hier spricht deutsche Seele, deutsches Blut«). Der Jahrweiser, der nach Priems Angaben 2500 feste Abonnenten hatte und dazu noch frei verkauft wurde, ist für den Amateur-Publizisten »mehr als ein Hobby«: »Damit möchte ich Informationen liefern über das Dritte Reich, aber auch über Lanz von Liebenfels oder Ludendorff«. Priem erinnerte längst eingeschworene Neuheiden an Gedenktage wie den »Ariertag« am 6. Mai (»Arierblut – höchstes Gut«), an Geburts- und Todestage des arischen Recken und Chefs des Reichssicherheitshauptamts Reinhard Heydrich, des Reichsführers SS Heinrich Himmler, des Philosophen und radikalen Rebellen wider das Christentum Friedrich Nietzsche oder des Komponisten Richard Wagner. Garniert war der Jahrweiser mit Sprüchen zur Erbauung von Neuheiden wie »Siege oder sterbe, Deutsch sei bis ins Mark!«, »Die Söhne Odins mögen zurückgezogen leben und gewisse Eigenarten haben. Aber sie sind würdige Söhne eines großen Vaters.« oder einfach der Parole »Wider Kreuz und Krummstab«. Priem rückte auch viel Lyrisches ins Blatt, Gedichte gegen den »Judäo-Christianismus« wie dieses:

»Ich bete nicht in düstren Kirchenhallen
Zum Judengott vom Sinai
Ich bettle nicht um Jahwes Wohlgefallen,
Beug nicht vor seinem Sohn das Knie.
...
Ich liebe nur den Gott der Guten
Und der war edel, recht und wahr
Drum lasse ich den Gott der Juden
Dort sein wo er am Anfang war.«

Vor allem aber wollte der Freizeitverleger neue Gefährten dazugewinnen (»Ich bin wahrscheinlich in eine Bedarfslücke hineingestoßen.«). Dabei half ihm, daß der Kalender für »Kämpfer für einen deutschen Glauben« zum Preis von zwölf Mark vom Gütersloher Klartext-Verlag vertrieben wurde. Der legte beim Versand gleich noch eine Einladung zum Wehrsportlager der inzwischen verbotenen »Nationalistischen Front« in den »Nordgauen« bei.

Laut Priem ist der »Asgard-Bund« eine »religiöse unabhängige Gemeinschaft«, die »die Gleichstellung des germanischen Kulturkreises mit den anderen Religionen« anstrebt und ein harmloser Verein zur Brauchtumspflege mit etwa 30 Mannen.

Mitglied kann jeder werden, »welcher unsere Ziele unterstützt und germanisches Weistum mit germanischer Weltanschauung verbindet«. Der Verein fördere die Rückbesinnung auf die eigene, auf die bodenständige Art, auf Volkstum und Volkstanz. In der Zeit der Diskotheken sei das ja nicht das Normale, daß sich Jungvolk bei »Tanz und Waffenspiel« in Kraft und Geschicklichkeit messe. Auch »vorgeschichtliche Schulung« sei nötig. Dazu hat der »Asgard-Bund« noch eine Einrichtung: das »Hauptschulungsamt Wotans Volk« mit 21 Mitgliedern. Einmal pro Woche besteht Anwesenheitspflicht. Zur weltanschaulichen Unterweisung gibt das »Amt« Merkblätter heraus. Sie handeln zum Beispiel von den »Rassetypen des deutschen Volkes« mit einer Einteilung nach »Blutsanteilen« in »nordisch«, »dinarisch«, »ostisch«, »osteuropid« usw., von Runenzeichen oder germanischer Haartracht. Es geht aber auch um naturverbundene Lebensweise: »Völkische Übereinstimmung mit der Natur bedeutet nicht nur ein naturgemäßes Leben der einzelnen Glieder, sondern vielmehr eine Erfüllung der natürlichen, d. h. der durch die Natur gegebenen Pflichten. Dauernde Mißachtung dieser Pflichten muß eine daseinsgefährdende Erkrankung der Nation nach sich ziehen. Wie sich das Abkehren von der Natur am Einzelmenschen rächt, so auch am Volksganzen ...«

Bei der Europawahl 1989 machte sich Priem nicht für eine neonazistische Splittergruppe, sondern für die »Republikaner« stark, die in Berlin im Januar 1989 7,5 Prozent der Stimmen bekommen hatten. Michael Kühnen sei zwar sein Freund, doch wählen werde er Schönhuber, denn nur der habe realistische Erfolgsaussichten.[14]

Schon bald warteten neue Aufgaben auf Priem. Gleich nach der Maueröffnung widmete er sich dem ostdeutschen Nachwuchs. Von Berlin aus rekrutierte er neue Kameraden. »Das läuft fast von allein«, sagte er, »einfach über Mundpropaganda«. Priem engagierte sich beim »Berliner Block«, einem Bündnis von neonazistischen Organisationen aus den alten und neuen Bundesländern. Er tauchte auch im besetzten Haus in der Weitlingstraße in Lichtenberg auf. Danach fungierte Priem als Vorsitzender des »Landesverbands Reichshauptstadt« der »nationalen Protestpartei – Deutsche Alternative«. Der Bundesinnenminister hat sie im Dezember 1992 verboten. Im November 1993 brüstete sich Priem damit, schon 30 Hausdurchsuchungen hinter sich zu haben. Als die Polizei wieder einmal Priems Wohnung im Berliner Wedding stürmte, stellten die Beamten 200 Gramm Sprengstoff, Molotow-Cocktails und ein umfangreiches Arsenal von Waffen und waffenähnlichen Gegenständen sicher. Deshalb sitzt er seit 1995 wegen Bildung eines bewaffneten Haufens ein. Bei der Gerichtsverhandlung hatte er über sich gesagt, er sei aus der rechten Szene ausgestiegen und wolle künftig nur noch Hühner züchten. Für Vögel hat Priem eine Vorliebe. Bei einem früheren Knastaufenthalt versuchte er sich als *poeta minor* und verfaßte den Germanen-Roman *Der Piepmatz* (Auflage 500 Stück). Dabei geht es um den Kampf, den ein Semnonenkrieger mit seinem Bruder in einem anderen deutschen »Gau« zu bestehen hat.

Als sich in Priems Haus ein »bewaffneter Haufen« versammelte, war auch Kay Diesner dabei und wurde festgenommen. Einmal pro Woche, so recherchierte der Journalist Burkhard Schröder, war Diesner seit 1991 im Wedding erschienen, um sich in Germanenkunde unterweisen zu lassen.[15]

Zwar sei ein Teil des Brauchtums von »›Heilsbringern‹ eines fremden Glaubens« zerstört worden, so Priem in einem seiner Machwerke, aber Erbgut gehe ja nicht unter, »weil es in jedem Kinde aus unserem Blute wiedergeboren wird« und immer wieder »Kämpfer wider die unnatürlichen Fesseln« erstanden seien. (»Zu heidnischen Weisen erklang ein artfremdes ›Hahlähluhjah(we)‹, und freie Nordländer wurden unter das Joch des Kreuzes geduckt«.)

Diesner stieß auch zur »ariogermanischen Kampfgemeinschaft«, den »Vandalen«. Die hatten einen eigenen Tisch gleich links vom Eingang beim konspirativ organisierten Parteitag der Berliner »FAP«, circa 45 Autominuten von Berlin entfernt in der Gaststätte Neu-Helgoland. Das war am 14. November 1992, einen Tag vor dem traditionellen »Heldengedenken« in Halbe in der Märkischen Heide. Bei dem »FAP«-Parteitag fielen sie gehörig auf. Denn während die anderen schätzungsweise 350 Teilnehmer im Saal im dreißiger Jahre Look uniformiert waren – Knobelbecher oder Springerstiefel, Hose und Hemd in schwarz oder braun, Glatze oder Heinrich-Himmler-Gedächtnis-Haar-schnitt – kamen die »Vandalen« in Jeans und Motorradkutten mit Wotan auf dem Rücken und wurden auch besonders übers Mikrophon begrüßt (»Wir rücken näher zusammen« und »dann werden wir wie eine Sturzflut durch die Bundesrepublik zie-hen«).

Ein Jahr später organisierte Priem mit dem »Asgard-Bund« eine Ersatzveranstaltung, nachdem die Heldengedenkfeier in Halbe verboten worden war. Auf dem Friedhof in Berlin-Hohen-schönhausen legten sie Kränze nieder. Szene-Kommentar: »Besonderen Dank noch an unseren Kameraden Priem, der über acht Stunden lang im Pkw unterwegs war, um die Spitzel zu beschäftigen und damit diese Gegenkundgebung erst er-möglichte.«[16]

Um Aufklärung über den »Asgard-Bund« bemüht sich der SPD-Bundestagsabgeordnete Siegfried Vergin aus Mannheim seit Jahren. 1993 fragte er die Bundesregierung, welche Er-kenntnisse über Priems Bund vorlägen. Der »Asgard-Bund e.V.« sei »eine zahlenmäßig unbedeutende Gruppe mit Sitz in Berlin« und weise rassistische oder/und nationalsozialistische Merkma-le auf, bekam er zur Antwort.[17]

Vergin ließ nicht locker; 1996 startete einen neuen Anlauf. Aufgrund einer Hörfunksendung im WDR[18] machte er mit der SPD-Fraktion eine erneute Anfrage. Sie wurde abgelehnt. Der WDR sei nicht in ganz Deutschland zu hören und daher als Quelle unbrauchbar. Im Juli 1996 brachte Vergin seine Anfrage erneut ein, diesmal auch mit anderen Quellen. Der seit 1995 nicht mehr aktive »Asgard-Bund e.V.« »beschränkte seine Akti-vitäten im wesentlichen auf die Herausgabe des Kalenders *Nordisch-Germanischer Jahrweiser* sowie auf den Handel mit germanisierenden Devotionalien und neonazistischen Videos«, antwortete Dr. Werthebach, der frühere Präsident des Kölner Bundesamtes, am 20. August 1996 in Vertretung des Bundes-innenministers. »Insgesamt gesehen verfügen die neugerma-nisch-heidnischen Gruppen nach Einschätzung der Verfassungs-schutzbehörden in der neonazistischen Szene aber derzeit kaum über Ausstrahlungskraft«, schrieb Werthebach weiter, »eine programmbildende oder strategische Bedeutung ist nicht erkennbar«. Im Februar 1997 sollte sich erweisen, daß dies eine verhängnisvolle Fehleinschätzung war.

Auch historisch betrachtet spielten neugermanisch-heidnische Gruppen und Geheimgesellschaften eine verhängnisvolle Rolle. Denn der Antisemitismus ist nicht wie ein Schachtelteufel aus der Box gesprungen.

IV. Souffleure des Rassenwahns

Die Wurzeln mancher neuheidnischer Gruppen reichen bis zur Jahrhundertwende zurück als eine Renaissance des Heidnischen in zivilisationskritischen Zirkeln modern wurde und auch die nationalistische Erweckung wieder im Schwang war. Die enorme Beschleunigung der technischen Entwicklung, das Entstehen gigantischer Industrieanlagen und das explosionsartige Anwachsen der Städte verunsicherte einen Teil der Bevölkerung tief. Traditionelle Strukturen waren brüchig geworden und hatten ihre Bindungskraft verloren: es gab auch damals schon »Modernisierungsverlierer«. Die Empfindung, das Leben sei entfremdet und übertechnisiert, ließ individuelle wie kollektive Ohnmachtsgefühle und Sehnsüchte nach einer neuen Sinnstiftung entstehen. Diese Sinnsuche richtete sich auf Vergangenes, auf eher »handhabbare« Bereiche als die bedrohliche Zukunft. »Zurück zur Natur« wurde wieder aktuell und ebenso die Rückkehr zu Mythen, Sagen, altem Weistum und den »Geheimnissen der Völker«. Ein Aufleben von Okkultismus und Mystik, eine Mischung aus Irrationalismus und Schwärmerei, eine Suche nach den »verschütteten Quellen der heidnischen Welt«, wie Hermann Wilhelm sich in seiner Studie über Rechtsradikalismus und Antisemitismus im München nach 1900 ausdrückt, war die Folge.[19]

Nach der Jahrhundertwende wuchs die Zahl der neugermanischen Religionsgemeinschaften sprunghaft an. Ihre Anhänger waren weniger die kleinen Leute, sondern Intellektuelle, die in klandestinen Zirkeln, aber auch in Zeitschriften mit beachtlichen Auflagen eine Wiederkehr der alten germanischen Götter propagierten. »Ohne Juda, ohne Rom, wird erbaut Germaniens Thron!« war eine verbreitete Parole im antisemitischen Wien der damaligen Zeit. Besondere Bedeutung hatten damals zwei Österreicher, Jörg Lanz von Liebenfels und Guido von List. Beide sind auch heute noch oder wieder in einschlägigen Kreisen wichtig. Ihre Bücher werden wieder neu aufgelegt und finden ihre Leserschaft.

Wenn der Rechtsanwalt *Jürgen Rieger*, der Leiter der germanischen Glaubensvereinigung »Artgemeinschaft«, vor seinen andächtig lauschenden Zuhörern im »Heiden-Zentrum Hetendorf« vom Einfluß der »Rasse« auf Musik und Malerei schwadroniert, daß es keine jüdische bildende Kunst gebe und »Neger« keine größeren Musikwerke geschaffen hätten, dann steht er in der Tradition eines Mannes, der sich selbst als ideologischen Ahnherrn des Nationalsozialismus sah. Adolf Lanz (1874–1954), der sich klangvoll Dr. Jörg Lanz von Liebenfels nannte, predigte schon Anfang des Jahrhunderts, Farbige und Juden seien unfähig, Kulturen aufzubauen. Sie seien als »hirnlose Affenlümmel« die Widersacher jeder echten – also arischen – Kultur. Alfred Rosenberg, Anhänger esoterischer ariosophischer Lehren und Chefideologe der NSDAP, legte im zweiten Teil seines *Mythus des XX. Jahrhunderts* nach und interpretierte das Wesen der germanischen Kunst und Kultur als Ausdruck der »Rassenseele«.

Lanz, ein ehemaliger Zisterzienser aus dem Stift Heiligenkreuz, gründete 1900 den »Orden des Neuen Tempels – Ordo Novi Templi« (ONT). Unter den Ordensmitgliedern waren erstaunlich viele Militärs, Großindustrielle und auch Dichter wie der Schwede August Strindberg, der in Lanz eine »Quelle des Lichts« sah. Dank dieser Gönner verfügte der Orden über beträchtliche Geldmittel,[20] so daß Lanz die Burg Werfenstein über Struben an der Donau erwerben und zum Templer-Priorat machen konnte. Dort wehte von 1907 an die blaue, goldumrahmte, mit einem goldenen Hakenkreuz und vier roten Lilien in den Ecken versehene Ordensfahne, und die Ritter des Ordens-Imitats paradierten in weißen Mänteln mit rotem Kruckenkreuz.[21]

Lanz vermischte Elemente des Christentums mit esoterischen Lehren und kreierte daraus ein »arisches Christentum«, eine »Ariosophie«, eine Weltsicht im großen Aufriß, die eigentlich in einer simplen Reduktion auf »ewigen Kampf einer reinen Götterrasse gegen schmutziges Gesindel von Untermenschen« bestand.[22] Komplexe Zusammenhänge einer sich rasant verändernden Welt führte er zurück auf das einfache Muster des Kampfes der Guten gegen den Abschaum. Der Münchner Stadthistoriker Hermann Wilhelm nennt das Lanzsche Gedankengebäude eine »Mischung aus Science fiction, Conan-der-Barbar und Erich von Däniken«.[23]

Rechtsanwalt Jürgen Rieger während eines Strafverfahrens am 8. September 1994 in Hamburg

Lanz geht von einem prähistorischen Paradies aus, in dem blonde und blauäugige Urmenschen im Einklang mit der Natur gelebt hätten. Dieses »rassereine« Paradies sei durch die Vermischung mit Tiermenschen zerstört worden. Die Gier der Frauen, der »nimmersatten Weiber«, so schreibt er, nach geschlechtlicher Vereinigung mit den Affen habe zur Degeneration der hochentwickelten Arier und zu Rassenmischung geführt. Lanzens Phantasie feiert dabei Orgien, in denen Vergewaltigungen, Sodomie und zerrissene Geschlechtsteile eine große Rolle spielen (Lanz: *Anthropozoon Biblicum*, 411 ff). Seither sei die Geschichte durch Kämpfe der Rassen gekennzeichnet, Kämpfe der »Heldlinge« gegen die »Tschandalen« – also Dunkelhäutige, Juden und Mischlinge. Daher müsse die »arische Rasse« durch »Reinzucht« vor dem Untergang bewahrt werden, das rassisch Minderwertige durch Sterilisation und Zwangsarbeit ausgemerzt werden. »Die Minderwertigen müssen auf gelinde Weise ausgerottet werden, und zwar durch Verschneidung und Entfruchtung« (Lanz: *Theozoologie*, 147). Die Rückzucht der Hochentwickelten solle durch Brutmütter geschehen, die in Zuchtklöstern von »arischen« Jünglingen begattet würden. Dieses wahnhafte Konstrukt eines Mannes, »der Hitler die Ideen gab«, wie Wilfried Daim über Lanz schrieb, wurde doch ein Stück weit umgesetzt; man denke nur an das Gesetz zur Verhütung erbkranken Nachwuchses vom 14. Juli 1933, das mit dem »Ehegesundheitsgesetz« vom 18. Oktober 1935 drastisch verschärft wurde. Alfred Rosenberg, Hitlers Weltanschauungslieferant, der das Diktum der »Reinheit des Blutes« erhoben und die »nordische Rasse« als die am höchsten stehende bezeichnet hatte, wollte auch durch Auslese deren »Reinheit« erhalten, als eine der »Konsequenzen zum Schutz des arteigenen Blutes«.

Lanz gab die nach der Frühlingsgöttin, der Göttin der wieder auflebenden Natur, benannte Monatszeitschrift *Ostara* heraus. Das Okkultistenblatt erschien seit 1905 mit dem Untertitel »Bücherei der Blonden und Mannesrechtler« und erreichte Auflagen bis zu 100 000 Exemplaren in Deutschland und Österreich; Friedrich Heer spricht sogar von einer Gesamtverbreitung von 500 000 Stück.[24] *Ostara* nennt sich heute auch eine rechtsextremistische Homepage im Internet.

Nach dem Anschluß von Österreich glaubt Lanz, der sich als Lehrer Hitlers sah, an die Verwirklichung seiner Pläne. Aber Hitler – trotz allem Realist bzw. Pragmatiker – ließ den Orden verbieten und erteilte Lanz sogar Schreibverbot. Das hinderte aber Himmler nicht, in seiner »Lehr- und Forschungsgemeinschaft«, dem »Ahnenerbe«, Rückzüchtungstheorien von Lanz umzusetzen.

Der zweite, dessen Bücher wieder gedruckt werden, ist Guido von List (1848–1919), der Gründer der Armanen. Als Armanen betrachtete er die letzten Führer der Arier. Die »Armanenschaft« oder der »Hohe Armanen Orden« (HAO) war der innere Kreis der 1906 gegründeten »Guido-von-List-Gesellschaft«.[25]

List war auf Spenden angewiesen, denn in der Wissenschaft fand er keine Anerkennung. Schließlich beruhte seine Forschung auf Intuition, »Erb-Erinnern« und »Findung«,[26] Termini, wie sie bei der SS wiederkehren oder im Vorwort des rechtsextremistischen Esoterikers Rudolf Bohlinger zur überarbeiteten Neuausgabe (1985) von Otto Rahns *Kreuzzug gegen den Gral* im Verlag für ganzheitliche Forschung und Kultur.

List geht von der Überlegenheit einer ariogermanischen Rasse aus. Zu ihrer Reinhaltung soll das Sippenrecht gelten, das heißt, daß nur der Hausvater alle Bürgerrechte besitzen soll, der der Edelrasse angehört. Der Staat ist ein Orden mit einer Elite von Priester-Eingeweihten. Sein Symbol ist die doppelte Sig-Rune, das spätere Zeichen der SS. Zur Verwirklichung werden Rassen- und Ehegesetze gefordert und ein Ausschluß aller »Minderrassigen« aus dem öffentlichen Leben. Germanenfeind Nummer eins ist die »internationale jüdische Verschwörung«.

Mit Lanz von Liebenfels und Guido von List wurde der Antisemitismus Bestandteil religiöser, esoterischer Weltanschauungen. Sie waren nicht die direkten Auslöser des Holocaust, aber sie erklärten Juden zu Rassenfeinden, deren Beseitigung als legitim und geradezu lebensnotwendig erscheinen mußte. Darüber hinaus waren aber insbesondere noch zwei Organisationen bedeutsam: der »Germanen-Orden« und die »Thule-Gesellschaft«.

1. »Germanen-Orden«

1912 gründet der erfolgreiche Verleger Theodor Fritsch (1852 bis 1934) auf Initiative von Philipp Stauff, dem Präsidenten der »Guido-von-List-Gesellschaft«, in Leipzig den »Germanen-Orden«. Fritschs Hammer-Verlag publizierte einen Großteil der antisemitischen Literatur in Deutschland. Sein *Handbuch der Judenfrage* erschien 1907 bereits in der 26. Auflage. Seit 1902 beleuchtete seine Zeitschrift *Hammer* »die Rassen-Frage, das Züchtungs-Problem wie die national-religiöse Erneuerung unseres Volkes« und wendet sich »nachdrücklich gegen die Entwurzelung und Semitisierung«. Zu den Mitarbeitern gehörte auch Jörg Lanz von Liebenfels. Aus den Kreisen der Leser von Fritschs Hammer entstanden schon ab 1902 die »Hammer-Gemeinden«, aus denen sich später die »Deutsche Erneuerungs-Gemeinde« entwickelte.[27]

Nach zwei Jahren hatte der »Germanen-Orden« 100 Logen in ganz Deutschland.[28] Aufgrund interner Streitereien kam es 1916 zur Spaltung, und der erste Ordenskanzler gründete einen eigenen »Germanen-Orden Walvater«.

Der »Germanen-Orden« war eine Geheimgesellschaft mit elitärem Dünkel. Er widmete sich dem Kampf gegen eine angebliche jüdische Weltverschwörung und stand für die Verherrlichung des »deutschen Blutes«.[29] Mitglied konnte nur werden, wer »germanischer Abstammung« war. Während der Orden eine Geheimloge war, fungierte Fritschs 1906 gegründeter »Reichshammerbund« als für alle Volksschichten offene antisemitische Sammlungsbewegung, die auf dem Gedankengut von List basierte.

Der »Germanen-Orden« blieb in den zwanziger Jahren nicht bei ariosophischer Missionsarbeit stehen, er schritt zur Tat. So geht der Befehl zur Ermordung des Zentrumspolitikers Matthias Erzberger 1921 auf den Orden zurück.[30]

2. »Thule-Gesellschaft«

Im vierten Jahr des Ersten Weltkriegs taucht in München ein betuchter Hallodri namens Freiherr von Sebottendorff (1875–1945) auf. Er ist Sohn eines Lokomotivführers und heißt eigentlich Adam Alfred Rudolf Glauer. Aber er gibt an, Adoptivsohn eines österreichischen Barons zu sein. Über den Ursprung seines Vermögens schweigt er sich aus. Vor dem Ersten Weltkrieg hat er Ingenieurwissenschaften studiert, ist zur See gefahren und hat den Vorderen Orient bereist. Während des Balkankriegs 1912/13 hat er als Spitzel für das türkische Militär gearbeitet und als Belohnung die türkische Staatsbürgerschaft erhalten. Dieser Freiherr macht sich in Münchner Esoterik-Zirkeln beliebt. Er hält Vorträge über »Wünschelruten und deren Funktion«[31] und gilt als Kenner des Islam, der Freimaurerei, der Astrologie und diverser Meditationstechniken. Er hängt den ariosophischen Ideen des Lanz von Liebenfels an und ist begeistert von Lists Runologie, was ihn gleichzeitig hinreichend als Antisemiten ausweist.

Dieser erfahrene und gewandte Weltmann imponiert dem Ordenskanzler des »Germanen-Ordens«, Hermann Pohl. So wird Sebottendorf Großmeister der »Bayerischen Ordensprovinz«. In der Münchner Zweigstraße wird ein Domizil angemietet, und der Freiherr gründet mit dem Einverständnis des Ordenskanzlers Pohl 1918 die »Thule-Gesellschaft«.

Der Name Thule bezieht sich auf die sagenhafte Urheimat der Arier, einen versunkenen Kontinent, von dem alle »hochentwickelten« Kulturen abstammen. Thule soll für eine ideale, aber längst verschwundene Zivilisation stehen.[32]

Die geheimen Thule-Kräfte sollten durch okkulte Praktiken wieder lebendig werden und Deutschland die Herrschaft über die Welt sichern. Eine Wiege für eine neue Rasse von Übermenschen aus Mutationen des homo sapiens soll so entstehen. Deshalb wird der innere Kreis der »Thule-Gesellschaft« absichtlich kleingehalten. Er ist nur eingeweihten Adepten zugänglich. Mit »geheimen Erkennungszeichen, Symbolen und allen Paraphernalien einer mystisch-esoterischen Bruderschaft«[33] versucht man sich vor dem Eindringen von Schädlingen zu schützen. Der Orden hat solchen Zulauf, daß die Räume an der Zweigstraße zu klein werden. Er zieht in eine noble Adresse um, das Hotel »Vier Jahreszeiten« an der Maximilianstraße. Die repräsentativen Sitzungssäle werden mit Hakenkreuzfahnen dekoriert. Das Hakenkreuz, das auch den Briefkopf der Gesellschaft ziert, soll den »Siegeszug des Ariers« symbolisieren. Es steht für das Motto von Thule »Denke daran, daß du ein Deutscher bist! Halte dein Blut rein!«.[34]

Dank einer offensiven Werbestrategie mit Anzeigen in einschlägigen Blättern hat die Gesellschaft nach vier Monaten bereits 1500 Mitglieder in Bayern. Doch viel wichtiger als die Zahl der Mitglieder sind Rang und Namen der Herren, denn es handelt sich um Spitzen der Gesellschaft.[35] Es sind Männer darunter wie der einflußreiche Verleger Julius F. Lehmann, die Hoteliers Gebrüder Walterspiel vom »Vier Jahreszeiten« und Dr. Paul Tafel, Vorstandsmitglied des Bayerischen Industriellenverbandes. Es sind aber auch eine Reihe von Männern dabei, die später durch die NSDAP Karriere machten, wie Hans Frank, der Karlsruher Jurist, der Generalgouverneur in Polen wurde und von der SS die Todeslager für die »Endlösung« errichten ließ. Dazu gehörte auch der glühende Antisemit Gottfried Feder, der das Wirtschaftsprogramm der NSDAP schrieb und die Demagogenformel von der Brechung der Zinsknechtschaft einführte, Hitlers Mentor Dietrich Eckart war auch dabei, der Chefredakteur des Hetzblattes *Auf gut Deutsch*, oder der spätere Oberbürgermeister von München Max Amann, und Karl Fiehler, der dann Präsident der Reichspressekammer wurde. Alfred Rosenberg, der für die Schulung der NSDAP zuständig war, und Rudolf Hess, Hitlers späterer Stellvertreter waren Thule-Mitglieder.

Die »Thule-Gesellschaft« schuf sich auch einen militanten Ableger zur Beseitigung der bayerischen Räterepublik, den »Kampfbund Thule«.[36] Sebottendorf besaß die Mittel, Waffen anzukaufen, mit denen er Freikorps unterstützte.

»Thule-Gesellschaft« und »Germanen-Orden« hatten einen wesentlichen Anteil daran, daß sich der Nationalsozialismus über die Eliten verbreiten konnte. Auch heute bilden in einigen neuheidnisch-völkischen Religionsgruppen – nicht im »Asgard-

Bund«, aber in anderen – bildungsbürgerliche Eliten, Akademiker aus der Mitte der Gesellschaft, den aktiven Kern: Lehrer, Professoren, Juristen und andere Intellektuelle.[37]

Schon bald nach 1945 setzten neuheidnische und völkische Gruppen ihre Aktivitäten fort. Zunächst versuchten sie, ihre Anhänger wieder in kleinen, sektenartigen Zirkeln zu sammeln, dann auch, neuen Zulauf zu gewinnen. Dabei scheuten sie eher das Licht der Öffentlichkeit. Die völkische Religion war durch die Konsequenzen der nationalsozialistischen Rassenlehre, die Vernichtung »artfremder und lebensunwerter Elemente«, so stark diskreditiert, daß neuheidnische Gruppen kaum beachtet wurden. Man hatte diese Heidenbünde nach dem Krieg auch nicht ernst genommen und ihnen den Boden nicht entzogen, obwohl die völkische Weltanschauung ein Kernstück der nationalsozialistischen Ideologie war. Den Nationalsozialismus, der nie kodifiziert worden ist, dessen Ideologie deshalb insbesondere aus Texten von Adolf Hitler, Joseph Goebbels, Walther Darré und Alfred Rosenberg erschlossen werden muß, definiert Meyers Lexikon im Jahr 1940 so:

»Der N. appellierte nicht an den Intellekt und nicht an die rein äußerliche Gewalt, sondern sein Appell richtete und richtet sich an alle seelisch-blutsmäßigen Kräfte im dt. Menschen. Die Revolution, die sich durch ihn zunächst in einzelnen Menschen, dann im Volk und schließlich im Staat vollzog, ist etwas völlig Neues und zugleich wieder die Erweckung alter deutscher Blutskräfte, ist Wiederanknüpfung an alte, im dt. Volk verwurzelte Vorstellungen, an das germanisch-deutsche Denken in seinen tiefsten Wesenszügen. Die dt. Geschichte ist seit der Völkerwanderung, seit dem Zusammenstoß mit der römisch-antiken Kultur- und Staatswelt und dem Eindringen des Christentums beherrscht von der tragisch-spannungsvollen Auseinandersetzung mit germanisch-deutschem Wesen fremden gewaltigen Geistesmächten ... Die entscheidende Grundlage des N. ist die Erkenntnis von der Bedeutung des Blutes, der Rasse und damit des Volkes ... Das Erbgut der nord. Rasse und ihrer fälischen Abart ist der bestimmende Blutsanteil im dt. Volk, der ausschlaggebend ist nicht nur für das körperliche Bild des dt. Menschen, sondern auch für seinen seelisch-geistigen

Grundcharakter. Das in seinem Wesen auf Grund seiner völlig andersartigen rass. Zusammensetzung im tiefen Gegensatz zum nordisch bestimmten Deutschtum stehende Judentum ist vom N. in seiner Gefährlichkeit erkannt (auch Antisemitismus) und als Fremdkörper ausgesondert worden (Nürnberger Gesetze). Das Volk, die Bluts- und Schicksalsgemeinschaft der Deutschen, ist durch den N. das Beherrschende, der Ausgangspunkt allen politischen Handelns, der letzte und höchste Wertmaßstab für jede Leistung (auch Leistungsprinzip) geworden.«[38]

Diese völkische Ideologie, die die NS-Herrschaftspraxis bestimmte, gehört auch heute zum Kern etlicher völkischer, neuheidnischer und naturreligiöser Gruppen. Sie zitieren in Vorträgen und in ihren Zeitschriften Denker des 19. Jahrhunderts, die mit ihren Schriften die geistigen Grundlagen für die völkische Weltanschauung lieferten. Zu ihnen gehören Paul de Lagarde (1827–1891), der das Wort von der »Herrenrasse« prägte. Dazu zählt auch Julius Langbehn (1851–1907), der das Deutschtum als Blutsgemeinschaft auffaßte und unverhohlenen Judenhaß predigte. Und sie verehren Richard Wagner (1813-1883), der in seinen Schriften Juden für die angebliche Dekadenz der Deutschen verantwortlich machte. Alfred Rosenberg, Mentor des jungen Hitler und späterer Beauftragter für die weltanschauliche Schulung der NSDAP, wird wieder zur Lektüre empfohlen und besonders im universitären Milieu rezipiert.

»An den historischen Linien«, so beobachtet der Verfassungsschutz in Nordrhein-Westfalen für eine der größten neuheidnischen Glaubensvereinigungen, die »Artgemeinschaft« nämlich, »und an der betonten Traditionspflege auch im Rahmen von Familien verdeutlicht sich eine die Generationen überdauernde Kontinuität völkischer, antisemitischer, rassistischer und biologistischer Vorstellungen«.[39]

Am 1. August 1951 gründete der Lehrer Wilhelm Kusserow gemeinsam mit dem deutschgläubigen Alfred Conn und anderen in Göttingen die »Artgemeinschaft«. Kusserow hatte ab 1940 die »Nordische Glaubensgemeinschaft« geleitet.

Kusserow, geboren am 19. Mai 1901 in Henningsdorf im Osthavelland, entstammte einer märkisch-hugenottischen Familie; sein Vater war Kantor. Der Student Kusserow, der die Fächer Germanistik, Anglistik und Theologie belegte und für Friedrich Nietzsche und Stefan George schwärmte, schloß sich der Wandervogelbewegung an und trat aus der evangelischen Kirche aus. Er war nämlich zu der Erkenntnis gelangt, daß die christliche Lehre etwas Fremdes, Aufgepfropftes sei. In den obskurantismusanfälligen Intellektuellenzirkeln Berlins lernte er den Reichsgerichtsrat Norbert Seibertz kennen, der einen neuheidnischen Gemeinschaftsbund gründen wollte, in dem die Vielzahl solcher Glaubensgemeinschaften unter ein Dach kommen sollte. Das gelang ihm nicht. Seibertz leitete jedoch die »Nordische Glaubensgemeinschaft«; Kusserow wurde sein Nachfolger.

Nach dem Krieg sammelte Kusserow die Gefährten erneut. Er war zunächst in der »Germanischen Glaubensgemeinschaft« des Kunstmalers Prof. Ludwig Fahrenkrog (1867-1952) aktiv bis er die »Artgemeinschaft« ins Leben rief.[40] Sie vereinigte sich 1965 mit der »Nordischen Glaubensgemeinschaft e.V. « und 1983 mit den »Nordungen«.

V. »Artgemeinschaft«

Wederfölnir, der Habicht, der in der nordischen Sage im Geäst der Weltenesche sitzt und das Wetter macht, war offenbar am 5. April übellaunig. Er bescherte dem Gemeinschaftstag 1997 der »Artgemeinschaft« Nieselregen. Statt der dreistündigen »Götterwanderung« mußten die Familien mit kleinen Kindern das Alternativprogramm wahrnehmen: Einen Besuch »im größten Faß der Welt« in Bad Dürkheim. Doch der Touristenrummel in dem riesigen Weinlokal und bei den Schaustellerbuden davor war gar nicht nach dem Geschmack der »Artgläubigen«, zumal dort auch »Pälzer Woi« und nicht germanischer Honigwein ausgeschenkt wird. So standen sie nach einem kurzen Aufenthalt in der weinseligen Schunkelatmosphäre unschlüssig vor dem Faß herum. Dort fielen sie in Kleidung wie knöchellangem Rock mit aufgenähten Bändern oder kurzen Lederhosen mit Wadenstrümpfen einigermaßen aus dem Rahmen, auch wenn die Pfalz mal linksrheinisches Bayern war. Die Leute glaubten, hier treffe sich eine Statistengruppe, die an einem Film über das Dritte Reich mitwirken sollte. Schließlich fuhren die Gefährtinnen und Gefährten mit ihren Autos mißmutig davon, die Mütter mit den Babies auf dem Rücksitz. Die anderen wanderten unterdessen auf Götterspuren, verspätete Gefährten irrten herum und suchten die Wandergruppe.

Die Gegend über Bad Dürkheim war schon von den Ausgräbern der SS-Forschungseinrichtung »Ahnenerbe« heimgesucht worden. Man sah in den senkrecht aufragenden Felskulissen am Ostrand des frühkeltischen Ringwalls ein »uraltes germanisches Heiligtum«, eine »wahre Sammlung von germanischen Kalender- und Kultzeichen«, eine »Kulthöhle zu Ehren der germanischen Götter« und einen astronomischen Beobachtungsplatz »der vorgeschichtlichen Zeit des allbeherrschenden Sonnenkults und der Sonnenverehrung«. Die Deutung nach 1945 ist nüchterner. Danach handelt es sich um einen römischen Steinbruch, und die in die Felsen gezeichneten angeblichen Sonnenräder und Sonnenbahn-Runen sind Handwerkerzeichen der Steinbrucharbeiter.[41] Die erwähnte Tagung der »Artgemeinschaft – Germanische Glaubens-Gemeinschaft wesensgemäßer Lebensgestaltung e.V.« fand in den Räumen einer Winzergenossenschaft statt; Schlafplätze waren in einer Jugendherberge bestellt. Der örtliche Organisator Hans Jürgen Hertlein kennt sich gut aus, er stammt aus Pleisweiler-Oberhofen an der Weinstraße, und er gestaltet auch Ausflüge und Zusammenkünfte einer anderen Truppe, nämlich des »Stahlhelm e.V. – Kampfbund für Europa«. Seine Gefährtinnen und Gefährten hatte er 1996 schon auf die Pfalz eingestimmt mit einem »Tonbildvortrag«.

Die »Artgemeinschaft – Germanische Glaubensgemeinschaft wesensgemäßer Lebensgestaltung e.V. « ist eine der fanatischsten und mitgliederstärksten Heidengruppen. Sie bezeichnet sich selbst als »größte heidnische Gemeinschaft Deutschlands« und gibt an, 1000 Mitglieder zu haben.[42]

Mitglied bei diesem Heidenbund können nur Menschen werden, die aus der Kirche ausgetreten sind und die »überwiegend nordische Menschenart verkörpern«. Nachwuchspflege wird bei der »Artgemeinschaft« groß geschrieben. Nicht nur daß die Gefährten und Gefährtinnen, wie sie sich untereinander nennen, sich zur »Mehrung der germanischen Art« verpflichten und laut »Artbekenntnis« den höchsten Sinn des Daseins in der »reinen Weitergabe unseres Lebens« sehen, sie kümmern sich auch um eine »artgerechte« Jungschar, indem sie in der Mitgliederzeitschrift Texte für »unsere jungen Gefährten« bringen.

Sippentradition setzt sich auch bei den weiblichen Kadern der Germanen-Gemeinschaft fort. Erika Biber (1925–1987), geborene Peter, zu Adolfs Zeiten Führerin im »Bund Deutscher Mädel« (BDM), brachte ihre gesamte Familie in die neuheidnische Bewegung, ihren Mann und HJ-Kameraden Sepp Biber, den sie 1947 heiratete, und die beiden Töchter Edda und Hildrun.[43]

Edda Biber, verheiratete Schmidt, hat für reichlichen Nachwuchs der Nordland-Elite gesorgt: Vier Kinder sollen das »unermüdliche Wirken für die volkstreue Sache« fortsetzen. Die Kleinen haben schon in den achtziger Jahren patriotische Veranstaltungen musikalisch umrahmt. Edda betreibt mit ihrem Mann Hans Schmidt ein Versandantiquariat im württembergischen Bisingen im Zollern-Alb-Kreis. In der Abteilung »Urweistum – Esoterik« werden als »Quellen von außergewöhnlicher Brisanz« auch Schriften von dem Wiener Antisemiten Dr. Jörg Lanz von Liebenfels angepriesen.[44]

Frau Edda, ehemalige Gaumädelführerin von Schwaben der »Wiking-Jugend«, erhob allerdings die Streitaxt. Sie war verärgert über den Einzug neumodischer Sitten in Hetendorf. Dort war nämlich eine »Odal-Klause« eingerichtet worden, in der das Nikotin-, Alkohol- und Jeansverbot mißachtet worden sei. In einem Protestbrief vom 30. August 1987 beklagte sie sich, daß »wir Männer als Kameraden anzusehen haben, die sich mit Ohrringen schmücken und keinerlei Interesse an unserer Kulturarbeit zeigen«.

Hildrun Biber war langjährige Chefin der Jungmädel in der »Wiking-Jugend e.V. «. Als Bundesmädelführerin war sie auch kompetent genug, um beim Bundestreffen der »Artgemeinschaft« 1987 die »Stimme der Jugend« zu vertreten. Hildrun schloß den Bund für die Ehe mit dem Kameraden Eckart Gieß, und die »Wiking-Jugend« wünschte »alles Heil«. Die Hochzeit fand 1991 am Wochenende des 20. April statt – was für ein Zufall! – Hitlers Geburtstag. Aus dieser produktiven Verbindung kommen bisher zwei Töchter und endlich der Stammhalter im Julmond 1995.

Opa Sepp Biber hält sich wacker. Er referiert über »Rassenkunde«, erklärt den »Artgemeinschafts«-Gefährten was »Mann und Frau im nordischen Sittengesetz« tun und wirkt beim Festakt zum 10jährigen Bestehen der neonazistischen *Huttenbriefe* mit. Ob bei der Gästewoche der »Deutschen Kulturgemeinschaft« und des »Freundeskreis Ulrich von Hutten« früher in Pichl, heute im Erzgebirge, Sepp Biber ist im Einsatz für den germanischen Norden unermüdlich.

Die »Artgemeinschaft« versteht unter Religion das Vertrauen auf die Kraft und die angestammte Art »nordischen« Wesens, die Verehrung der Natur, der Eltern und Ahnen. In einem »Sittengesetz« wird den Mitgliedern eine Art Verhaltenscodex in 24 Geboten erteilt:

– »Das Sittengesetz in uns gebietet Tapferkeit und Mut in jeder Lage, Kühnheit und Wehrhaftigkeit bis zur Todesverachtung gegen jeden Feind von Familie, Sippe, Land, Volk, germanischer Art und germanischem Glauben.«

- »Das Sittengesetz in uns gebietet Einsatz für Wahrung, Einigung und Mehrung germanischer Art.«
- »Das Sittengesetz in uns gebietet gleichgeartete Gattenwahl, die Gewähr für gleichgeartete Kinder.«

Bei der »Artgemeinschaft« heißt es nicht Familie und Verwandte, sondern »Sippenangehörige« und »Gefolge«, Gastfreundschaft ist nur gegenüber »Artverwandten« geboten.

Die Gefährten der »Artgemeinschaft« leben auch nicht im Jahr 1997, sondern 3797 nach Stonehenge (nach dem englischen prähistorischen Monument), denn sie wollen nicht die »Zählung der Jahre nach einem uns aufgezwungenen Juden namens Christus hinnehmen«.

Die »Artgemeinschaft« definiert sich als »eine Lebens- und Tatgemeinschaft auf religiöser, nicht christlicher Grundlage«. Die »Artgemeinschaft ist kein ›Schönwetterverein‹, der friedlich, fröhlich, fromm und betulich bei Kaffee und Kuchen ein wenig von der Vergangenheit schwärmt«, so ein eigener Text, »die Artgemeinschaft ist gezwungen worden, ein Kampfverband zu sein, der um die Möglichkeit einer artgemäßen Lebensführung seiner Menschen kämpfen muß«. Sie kämpft für die »Freiheit des germanischen Menschen«, der seit Jahrhunderten unter einer »orientalischen Bevormundung« stehe. Von den Ketten dieses – so die »Artgemeinschaft« – »aufgezwungenen Orientalismus« will sie die »nordischen« Menschen befreien.

Wie auch bei anderen neuheidnischen Gruppen spielen das »Zurück zur Natur« und gesundes Leben eine zentrale Rolle. »Ökologisch denken – naturgemäß leben – artgemäß glauben!« ist eines ihrer Flugblätter überschrieben. »Biologische und religiöse Lebensgestaltung?« lautet der Titel eines Buches von Matthias Haidn, einem altgedienten Referenten der »Artgemeinschaft«. »Mit sicherem Instinkt erkennt Haidn die Biologie als Führungswissenschaft in diesem Jahrhundert«, schreibt der *Eckartbote* 1996 über das aus dem Nachlaß Haidns herausgegebene Buch. Auch wegen der »gezielten Umerziehungspolitik, die vor allem die Jugend ergriff, ist der Ruf nach einer neuen Religion unüberhörbar.« Haidn liefert auch ein Beispiel neuheidnischer Kontinuität vor und nach 1945 – vom Nationalsozialisten zum völkischen Biopolitiker.

Matthias Haidn, 1900 in Loitzersdorf im Bayerischen Wald geboren, stammte aus einem bayerischen Bauerngeschlecht, das schon seit 1625 in der Region ansässig ist. Haidn hat die Passauer Oberrealschule besucht und dann an der Landwirtschaftlichen Hochschule in München studiert. Praktika führten ihn nach Ostpreußen und in die Rheinpfalz. Am 25. Juni 1918 wurde er eingezogen und kämpfte im 1. Bayerischen Fuß-Artillerie-Regiment. 1919 schloß er sich dem Freikorps Passau an, 1920 dem Freikorps Epp, das maßgeblich am Sturz der Münchener Räterepublik beteiligt war. Der NSDAP gehörte er seit 1926 an. Wegen seines eifrigen Einsatzes für die Partei wurde er 1931 beruflich gemaßregelt, aber schon im Herbst 1931 beginnt seine steile Karriere über die Partei. Zunächst wird er Gaupropagandaleiter des Gaues Unterfranken, dann Landeshauptabteilungsleiter I in der Landesbauernschaft Bayern, Mitglied des Reichsbauernrats und des Landesbauernrats, dann Landesobmann der Landesbauernschaft in Ostpreußen, 1935 wird er Leiter der Reichshauptleitung I in Berlin im Reichsnährstand und 1940 schließlich Leiter des Fachamtes Landwirtschaft beim Reichsorganisationsleiter im Zentralbüro der »Deutschen Arbeitsfront« (DAF). Bis zu seinem Tod 1991 blieb Haidn politisch aktiv, zuletzt im Ehrenpräsidium der gemeinnützigen »Notgemeinschaft für Volkstum und Kultur e.V. « zur Förderung deutschen Lebens.

Laut eigener Aussage hält sich die »Artgemeinschaft« von der Tages- und Parteipolitik fern (»Die Artgemeinschaft ist keine politische Vereinigung ... Wir sind eine religiös-weltanschauliche Gemeinschaft ...«). Doch in ihren Reihen finden sich Mitglieder der »NPD«, ehemalige Anhänger von inzwischen verbotenen Organisationen, wie der »Freiheitlichen deutschen Arbeiterpartei« (FAP), der »Nationalistischen Front« (NF) oder vor allem der »Wiking-Jugend e.V.«, die für ein »rassereines« Nordland kämpfte. In deren Zeitschrift Wikinger hatte die »Artgemeinschaft« bzw. ihr Leiter pro Ausgabe zwei Seiten zur Verfügung – zur Nachwuchspflege. Da erschienen Geschichten von uralten Zeiten, da Odin noch auf seinem Roß Sleipnir über die Brücke nach Midgard ritt, aber auch weniger Harmloses: Die Menschenrassen hätten verschiedene Formen einer ihrem Wesen entsprechenden Religiosität, belehrte Dr. Hopfner, langjähriger »Artgemeinschafts«-Leiter die kleinen »Wikinger«. So gebe es Rassen, die »dumpfe Gefühlsausbrüche als Äußerungen ihrer Religion« ansehen. Andere wiederum hätten »hochentwickelte Glaubensformen«, die zum Beispiel die Achtung vor Pflanze, Tier, Mensch und Natur in den Mittelpunkt stellen. Wiederum andere, so Hopfner, »insbesondere die im Orient entstandenen, zeichnen sich durch knechtische Unterwürfigkeit einerseits und außergewöhnliche Herrschsucht und Brutalität gegen Andersdenkende aus«. Und er lieferte so nebenbei unterschwelligen Antisemitismus, kindgerecht: »So soll der im Kampf gegen uns Heiden gefallene Muslim angeblich direkt in den Himmel kommen, und das Christentum konnte erst in letzter Zeit an seiner Ausbreitung ›mit Feuer und Schwert‹ gehindert werden. Vom blutrünstigen ›Schächten eines Lammes‹ bis hin zum Ritualmord an Knaben des Gastgeberlandes – Gebräuchen der mosaischen Religion – wollen wir gar nicht reden.«

Offenbar haben Neonazis aus verbotenen Organisationen in einigen Heidengruppen eine Lücke gefunden, sich unter dem Deckmantel der Religionsgemeinschaft unbehelligt von den Sicherheitsbehörden zu versammeln. Denn religiöse Vereinigungen stehen unter dem besonderen Schutz des Grundgesetzes. Der Art. 4 GG (Religionsfreiheit) ist zunächst eine Hemmschwelle für staatlichen Zugriff. Andererseits gibt es höchstrichterliche Entscheidungen, wonach zwar die Glaubensfreiheit stark geschützt ist, aber auch religiöse Vereinigungen sich auf dem Boden des Grundgesetzes bewegen müssen. Und das tun manche Heidenzirkel eindeutig nicht, sondern sie verbreiten eine völkische Weltanschauung, die eben auch Kernstück der NS-Ideologie war. »Die rassenseelisch bedingte Grundschau führt auch zu artgemäßen Glaubenserlebnissen, Gottesgedanken und Religionsformen«, erläutert Meyers Lexikon 1942 zum Stichwort »Rasse«. Nicht nur das Bild der Götter sei »rassisch bestimmt (›in seinen Göttern malt sich der Mensch‹, Schiller), sondern ebenso ist es die Grundhaltung der gläubigen oder der gottsuchenden Seele wie die sich bildenden Formen der religiös erlebenden Gemeinschaft«.[45] Wie eng der Schulterschluß zwischem neugermanischem Heidentum und der extremen

Rechten sein kann, wird an einem der führenden Köpfe deutlich, dem Hamburger Rechtsanwalt Jürgen Rieger. In seiner Schrift *Rasse – ein Problem auch für uns* (Eigenverlag, Hamburg Blankenese, Isfeldstr. 7) vertritt er die Meinung, daß einige Rassen mehr zu Verbrechen neigen als andere. Die »Förderung des Rassengedankens« hält Rieger für »fortschrittlich«. »Ist es vielleicht human, kranke Menschen in die Welt zu setzen?«, fragt er. »Rassenmischlinge sind krank, innerlich zerrissen, oftmals mit körperlichen und/oder seelischen Leiden behaftet«. »Wenn wir uns für die Rassenreinheit einsetzen«, schreibt Rieger, »dann drehen wir das Rad nicht zurück, sondern drehen wir es voran. Dann befinden wir uns im Einklang mit der Natur.«[46] Der bekennende Heide Jürgen Rieger formulierte als Ziel der »Menschen unseres Blutes« den »Zusammenschluß der europäischen Länder germanischer Sprachgruppe. Island, Norwegen, Schweden, Dänemark, Österreich, Liechtenstein, Luxemburg, die deutsche Schweiz, die Niederlande, Flandern und England werden mit Deutschland« laut Rieger »ein neues Reich bilden, einen neuen Lebensstil formen, aus den Trümmern des untergehenden Abendlandes eine neue Kultur gebären«. Großdeutsche Träume eines Einzelgängers?

Rieger, geboren am 11. Mai 1946, ist seit Ende der sechziger Jahre in einschlägigen Rechtsaußen-Gruppen aktiv. 1970 gründete er den Hamburger CSU-Freundeskreis, und von da an ging's weiter nach rechtsaußen über die »Aktion Widerstand« (»Brandt an die Wand« und »Hängt die Verrräter!«) und die »Aktion Oder-Neiße« des Münchner Verlegers Dr. Gerhard Frey. Der hat dem »mutigen und nationalen Rechtsanwalt« 1996 den Freiheitspreis der *Deutschen National-Zeitung* u. a. für seine »Verdienste im Kampf gegen die Verleumdung der deutschen Rechten« verliehen.[47] Rieger ist Vorsitzender bzw. Führungsperson weiterer rassistisch und heidnisch geprägter Kultur- und Weltanschauungsvereine. Er organisiert die sogenannte Hetendorfer Tagungswoche, ein »Forum für die geistige Aufrüstung des rechtsextremistischen Spektrums«,[48] zu dem sich alljährlich mehrere neuheidnische Gruppen versammeln. Nebenbei bemerkt sitzt Rieger auch im Vorstand des noblen »Blankeneser Grundeigentümer-Vereins« in dem Hamburger Millionärsviertel.

Als Vortragsredner betätigt er sich bei mehreren neuheidnischen wie auch bei rechtsextremen Gruppen. Er gilt bundesweit als eine Schlüsselfigur der Neonazi-Szene. Rieger prophezeite zum Beispiel eine zunehmende Militanz der rechtsextremen Szene, falls die ausgesprochenen Verbote neonazistischer Gruppierungen auch gerichtlich bestätigt würden. Das sind sie mittlerweile. Jürgen Rieger am 13. Januar 1993 gegenüber dem NDR:

»Wenn diese Verbote tatsächlich durchgehen sollten, kriegen wir eine rechte RAF, da können Sie sicher sein. Warten Sie's doch ab. Wenn der erste Reporter, der erste Richter umgelegt ist, dann wissen Sie: es geht los! Nicht die Großen, da wird also nun nicht der Präsident des Bundesverfassungsgerichtshofes, alles Quatsch, interessiert nicht, aber die Gruppierungen, die sind dran: Reporter, Richter, Polizisten, Sie.«

Der Verfassungsschutz in Nordrhein-Westfalen notiert, daß die »Artgemeinschaft« »strukturell mit rechtsextremistischen Organisationen vernetzt ist« und daß an ihren Veranstaltungen überwiegend Angehörige der Neonazi-Szene teilnehmen.[49]

Ansprechpartner für das 96er Bundestreffen war ein ehemaliger Funktionär der verbotenen »FAP« (»Für Rasse und Nation«) aus Aachen. Rainer Dohren heißt der Mann. Früher war seine Anschrift auf Aufklebern der »FAP« mit der Parole »Rettet Deutsches Kulturgut vor dem Halbmond!« zu lesen, jetzt befaßt er sich mit »Wissen und Mythos« und freut sich, daß »an der Schwelle des Wassermann-Zeitalters« die »Religion wieder deutlicher in unser Dasein« getreten sei. Unter Religion versteht er »die Rückverbindung mit dem Ursprung«, die zur Vorstellungswelt der eigenen Ahnen und entsprechendem Handeln führe: »Nicht umsonst waren Tatkraft und Kampfesmut wesentliche Elemente germanischer Lebensanschauung«.[50]

Zu diesem »Gemeinschaftstag« 1996 im Rheinland lud der Verein nicht nur seine Mitglieder ein, sondern nutzte auch fremdes Adressenmaterial. Auch der Neonazi Steffen Hupka, der dazu aufrief, Adressen und Kfz-Kennzeichen etc. von »Volksfeinden«, das heißt »Zielpersonen« wie Richter, Polizisten und Medienvertreter zu sammeln, machte auf dieses Treffen in seinem Sudelblatt *Umbruch* aufmerksam.[51] Hupka ist ein ehemaliger Funktionär der verbotenen »Nationalistischen Front« und baut heute unabhängige »nationale Zellen« auf.

Neu ist auch, daß für die »Artgemeinschaft« ganzseitig im Katalog einer Versandfirma geworben wird, einer Firma freilich, deren Inhaber 1989 verurteilt wurde, weil er einen Schweinekopf an der Kapelle des jüdischen Friedhofs in Hildesheim aufgehängt hatte. Verschickt wurde diese Werbung übrigens von Litauen aus. Die Schriftenreihe der »Artgemeinschaft« wird vom »Buchdienst Nord« aus Burg in Dithmarschen angeboten. Dieser Buch- und Videoversand hat Bücher wie *Deutschland ohne Deutsche* der Professoren Schade, Hepp und Schröcke, die *Letzten Aufzeichnungen* des NSDAP-Chefideologen Alfred Rosenberg oder *Bauer mit Leib und Seele* des Ex-Grünen Baldur Springmann im Angebot. Unter den Videos finden sich Titel wie *Führergeburtstage von 1933-45, Himmlers Burg – die Wewelsburg* oder *Abenteuer Freiheit – Jörg Haider und das Erfolgsmodell FPÖ*.

Aus einer anderen verbotenen Organisation kommt der artgläubige Kraftfahrzeugmeister Wilfried Bodo Arthur Bluschke, am 20. Februar 1950 in Moers geboren. In Xanten betreibt er eine eigene Kfz-Werkstatt. Bluschke stand schon mehrfach vor dem Kadi, immer wegen einschlägiger Delikte. Das Landgericht Traunstein verurteilte ihn 1990 wegen Aufstachelung zum Rassenhaß in Tateinheit mit Steuerhinterziehung zu einer Geldstrafe von 60 Tagessätzen zu je 40 Mark.[52] Bluschke war von dem Machwerk des mittlerweile nach Spanien geflohenen Neonazis Gerd Honsik mit dem Titel *Freispruch für Hitler? 36 ungehörte Zeugen wider die Gaskammer* so angetan gewesen, daß er in Wien 100 Exemplare erworben und sie – am Zoll vorbei – in die Bundesrepublik eingeführt hatte. In diesem Buch wird die planmäßige Vernichtung von Juden im Nationalsozialismus geleugnet. Bluschkes Verteidiger, Rechtsanwalt Hajo Herrmann aus Düsseldorf, trug vor, es sei bewiesen, daß es in Auschwitz, Birkenau und Majdanek keine Gaskammern zur Tötung von Menschen gegeben habe.

Bluschke war bis zum Verbot am 25. August 1993 Vorsitzender in einer besonders üblen Organisation, des »Freundeskreis Freiheit für Deutschland« (FFD). Dieser Kreis wollte keine Massenmitgliedschaft, sondern war ein Bund eingeschworener Funktionäre, der Flugblätter bundesweit unters Volk brachte und Unterschriftensammlungen initiierte. Der FFD publizierte Hetzblätter in Auflagen von oft 10000 Exemplaren, in denen die Vernichtung der Juden im Dritten Reich geleugnet, ein »Deutsches Reich in einem freien Europa« gefordert und Asylbewerber pauschal als Schmarotzer, Lügner, Rauschgifthändler und Tagediebe beschimpft wurden.

»Der Widerstand im deutschen Volk regt sich! Ausländische Bordellbesitzer werden vertrieben«, hieß es zynisch im »Flugblatt Nr. 53« von Bluschkes Kreis. »Ausländische Glücksspieler werden von deutschen Straßen gejagt. Von Mitte September bis Mitte Oktober 1991 wurden 532 Anschläge auf ausländische Rauschgift- und Diebszentralen – Asylantenwohnheime genannt – ausgeführt. In einer Woche im Oktober allein 72 Brandanschläge. Das deutsche Volk tritt zum Widerstand gegen seine Auslöschung an und beginnt sich zu wehren – wie es das Grundgesetz befiehlt! Deutsches Volk, wehr' dich gegen Deine Feinde!«

Für solche Kampagnen braucht man Geld, und das war auch da. Der Verfassungsschutz in Nordrhein-Westfalen spricht von einem großen Spenderkreis.[53] Damit konnte der »Freundeskreis« zu der massenhaften Verbreitung rechtsextremistischer Thesen beitragen, die so »zumindest ansatzweise gesellschaftsfähig werden«, stellten die Verfassungsschützer fest. Diese Multiplikatorenfunktion wurde auf makabre Weise bestätigt: Flugblätter dieses Kreises wurden am Tatort gefunden, als die Gedenkstätte für Euthanasieopfer des Nationalsozialismus in Grafeneck bei Münsingen (Landkreis Reutlingen) 1990 wenige Tage nach ihrer Eröffnung geschändet worden war.

»Freundeskreis«-Aktivisten starteten auch eine Kampagne gegen die Aufstellung einer Büste des »Juden« Albert Einsteins in der bayerischen Ruhmeshalle Walhalla bei Regensburg, gewissermaßen als Probe tätigen Germanentums. »Nach meinem Verständnis des germanischen Glaubens«, schrieb das Duisburger »Freundeskreis«-Mitglied an die Bayerische Staatsregierung, »dürfte Göttervater Wotan über die Anwesenheit eines Juden in Walhall wenig erbaut sein.«

In Zusammenhang mit seinen Aktivitäten für den »Freundeskreis Freiheit für Deutschland« und dessen haßtriefende Flugblätter wurde Bluschke 1994 wegen Volksverhetzung und Aufstachelung zum Rassenhaß zu einer Freiheitsstrafe von zwei Jahren auf Bewährung verurteilt.[54] Als strafmindernd hatte das Gericht Bluschkes Erklärung gewertet, sich »aus derartiger politischer Betätigung zurückzuziehen«. Auch sei das Verfassen von Flugblatt-Texten für Laien »eine risikoreiche Gratwanderung« zwischen zulässigen und strafbaren Formulierungen. Dem Richter ist dabei offenbar entgangen, daß zu diesem Funktionärskreis auch so »arglose Laien« wie der Rechtsanwalt Hajo Herrmann[55] gehörten.

Bluschke ist, so könnte man meinen, auch ein engagierter Artenschützer. Ein in der Zeitschrift *Recht und Wahrheit* veröffentlichter Text über das Tragen von Pelzen weist ihn als Umwelt- und Tierschützer aus: »Das eitle Tragen tierischer Leichenteile zeugt von fühlloser Gedankenlosigkeit! Wie wäre es, wenn Sie stattdessen (sic) Ihr Geld für den Erhalt von deutschem Leben, deutschem Wald, deutschen Flüssen, alten deutschen Häusern, deutscher Lebensart und deutscher Kultur verwenden würden?«[56] Dennoch scheint es der Autohändler mit ökologischen Grundsätzen selbst nicht allzu genau zu nehmen: Das Amtsgericht Duisburg verurteilte ihn 1988 wegen umweltgefährdender Abfallbeseitigung zu einer Geldstrafe von 30 Tagessätzen zu je 60 Mark.[57] Ernst dagegen nimmt Bluschke, Jahrgang 1950, die Vermehrung des »germanischen« Nachwuchses; im März 1997 gebar ihm seine Gattin das vierte Kind.

Zu einer anderen Generation gehört der artgläubige Dr. phil. Arnold Neugebohrn, nämlich zur sogenannten Erlebnisgeneration. Dem sozialdemokratischen Pressedienst *Blick nach rechts* (21.5.1990) zufolge ist er Träger des Goldenen Parteiabzeichens der NSDAP, kandidierte aber noch 1988 für die »Republikaner« bei der Landtagswahl in Schleswig-Holstein. Der hochbetagte Akademiker (geboren am 19.10.1901), Duzfreund des Holocaust-Leugners Thies Christophersen, ist mit Texten oder Vorträgen noch in vielen neuheidnischen Publikationen oder Zirkeln vertreten, so im Berliner *Runenstein* (11/1990), im *Kirchenfreien* aus Graz (Wonnemond/Brachet 1990), in *Recht und*

Wahrheit aus Wolfsburg oder beim »Bund der Goden«. Auch er freut sich über zahlreichen völkischen Nachwuchs, nämlich über sieben Kinder, elf Enkel und fünf Urenkel.[58]

Bei der »Artgemeinschaft« macht aber auch einer mit, der es eigentlich mit der Verfassungstreue ernst nehmen sollte. Die Kontaktperson, die Berliner Interessenten für die Mittsommerfeier der »Artgemeinschaft« in Hetendorf anrufen sollten, und das war der Polizeibeamte Stefan Broschell, der auch für den Buchdienst der »Artgemeinschaft« verantwortlich zeichnete. Wer zum Beispiel die Rieger-Schrift *Von der christlichen Moral zu einer biologisch begründeten Ethik* beziehen wollte, der mußte sich an den Berliner Polizisten wenden.[59]

Broschell wurde 1989 auf der Liste der »Republikaner« in die Bezirksverordnetenversammlung Neukölln gewählt. Dort konnte seine Fraktion »einen großen Erfolg« verbuchen, wie Broschell schrieb. Und das kam so: Die Otto-Suhr-Volkshochschule hatte in ihrem Programm internationale Tanzkurse angeboten, aber keine deutschen: Ein Fall für die »Republikaner«. Die fragten sogleich, warum »die deutsche Kultur unterdrückt werde« und stellten einen Antrag, im nächsten Semester einen Kurs »deutscher Volkstanz« ins Programm zu rücken. Im nächsten Semester-Programm wurde tatsächlich ein solcher Kurs angeboten. Und das freute Stefan Broschell derart, daß er gleich einen Artikel für die *Berliner Nachrichten*, die Zeitung der »Republikaner«, verfaßte, damit von dem »großen Erfolg« auch möglichst viele erführen.[60]

Die Mitgliederzeitschrift *Nordische Zeitung – Stimme des Artglaubens* erschien erstmals 1932 als Kampfblatt der »Nordischheidnischen Freiheitsbewegung«. In dem Blatt ist von »germanischer Mädchenerziehung«, von »germanischem Zuchtwillen« und vom Schicksalsglauben der Vorväter die Rede. Jüdische oder christliche Religion werden als »Aberglaube« bezeichnet.

Die *Nordische Zeitung* liefert Nachrichten über das Neueste aus den Sippen, Rubriken wie »Glaubens- und Heimatkunde«, »Unseren jungen Gefährten«, aber auch zusätzlich »Unseren jüngsten Gefährten«, »Neues vom alten Feind«, wo zum Beispiel über Kirchenaustritte oder über Fehltritte von Priestern berichtet wird, und »Heidenspaß« – das, worüber Artgläubige lachen. Ein Beispiel: »Auf der steilen Straße zum Himmel treffen sich ein evangelischer Pastor und ein katholischer Geistlicher. Als sie eben erschöpft am Himmelstor angelangt sind und Petrus um Einlaß bitten, kommt ein Rabbiner in einem funkelnagelneuen Cadillac heraufgebraust und prescht lässig winkend durch das Tor. Die beiden können eben noch zur Seite springen. ›Unverschämte Frechheit!‹ sagt der Pastor, und der Geistliche beschwert sich bei Petrus: ›Was für eine Ungerechtigkeit! Wir, die Diener des Herrn, müssen zu Fuß gehen.‹

›Pst!‹ flüstert Petrus darauf. ›Verwandter vom Chef!‹«[61]

Intime Anzeigen halten die Gefährtenschaft zusammen: Eine Lebensgefährtin (»gleich welchen Alters, welche ›gesund an Leib und Seele‹ ist«) sucht ein »Forstbeamter (Dipl.-Ing.) i.R., z.T. noch berufstätig, 76 J., 166 cm/61 kg«, der an Leichtathletik- und Skiwettkämpfen teilnimmt und in Tirol jagt.

Damit artgläubige Herzen auch stilgerecht zueinanderfinden, ist die »Artgemeinschaft« gerade dabei, einen »Arbeitskreis Eheleite« einzurichten, der sich Gedanken darüber machen soll, wie eine »artgemäße« Hochzeit auszusehen hat.

Das Blatt bringt auch Grundsätzliches, wie einen »Leitartikel« von Dr. Wielant Hopfner über »Odins Runen – unsere Schrift«. Der Mann ist Arzt, kommt aus dem fränkischen Weinort Iphofen und hat sechs Kinder. Im Computerzeitalter sei es kein Problem, jedes beliebige Schriftstück in Runen zu schreiben, meint die Zeitung, man müsse es nur wollen. Ein anderer Beitrag informiert »Über die Gefolgschaft« und über »kriegerische Bünde kampfbereiter Männer«. In Heft 1/96 wird Jugendlichen empfohlen, in Spielgruppen wie »unsere Vorfahren Weltanschauung in feiernder Gemeinschaft lebendig« zu gestalten, »nämlich im altgermanischen Weihespiel«, das »in den vergangenen Jahrzehnten von feiernder Jugend neu entdeckt und wieder zum Leben erweckt worden sei als ihrem Lebensgefühl und ihrer Haltung gemäßer Ausdruck«.

Ab Hartung 3797 nach Stonehenge, also mit Heft 1/1997 ist die *Nordische Zeitung* im Internet vertreten. Ein Gefährte, der Informatiker ist, hat den Internet-Zugang geschaffen und die Homepage eingerichtet. Jetzt überlegt die »Artgemeinschaft«, ob sie auch eine englischsprachige Ausgabe über Internet verbreiten soll, »das würde den weltweiten Kreis der möglichen Interessenten ungeheuer erweitern«. Mit einer englischen Ausgabe könnte man »nicht nur unsere Menschen im europäischen Norden, sondern auch in USA und Kanada, Südafrika und Australien erreichen und mit ihnen Verbindung halten«. Ein »Credo« der »Artgemeinschaft«, nämlich das »Artbekenntnis« ist schon 1987 erschienen.[62] Jetzt schon wird die deutschsprachige Ausgabe in 19 Ländern gelesen, gibt das Blatt in der Ausgabe 3, 65. Jg./3797 nach Stonehenge (1997) an. Ziel für 1997 ist, daß jeder Bezieher einen neuen wirbt.

In der *Nordischen Zeitung* vom Hartung/Lenzing 3797 nach Stonehenge schreibt Dr. Wielant Hopfner[63] einen Leitartikel mit dem Titel »Im Namen des Vaters, des Goldes, der Macht und des Kreuzes – christliche Kriege und ihre Mechanismen« über einen angeblichen modernen Kreuzzug, der vor 100 Jahren von »unseren christlichen Feinden« begonnen worden sei, und zwar mit dem »Kampf der US-Nordstaaten gegen die Südstaaten«. Die erste heiße Phase habe dann 1914 angefangen, mit dem Weltkrieg, der entstanden sei »aus Habsucht und Neid auf das erfolgreich Handel treibende Deutschland«. 1939 sei die zweite Runde eingeläutet worden. Dazu heißt es: »Und dann zogen sie hinaus, die Besten unseres Volkes, an den Atlantik, zum Eismeer, in die Wüsten Afrikas und die Weiten Rußlands, um ihr Volk, ihre Heimat und ihr seit Jahrtausenden unverfälschtes Germanentum zu schützen«. Vorher schreibt er (S. 3), die jüngst »als Wanderausstellung herumgereichte Wehrmachts-Ausstellung« sei eine Seifenoper. Weiter: »Derzeit versucht ein bestimmter Teil unserer Feinde, sein Kriegsziel, Deutschland auszulöschen (›Morgenthau-Plan‹), auf ›friedliche‹ Art und Weise zu erreichen. Die Deutschen sollen ›umgewandelt‹, ›verfremdet‹ werden ... Zu Hunderttausenden werden Fremde aus aller Welt in unser Land hereingelockt, von christlichen Politikern, bei denen man nicht weiß, ob man sie zu den Verbrechern oder den Idioten zählen soll ... Der Krieg wurde auf die Ebene der Heimtücke verlagert.«

Seit 1996 müssen Mitglieder der »Artgemeinschaft« auch einen Arbeitseinsatz leisten. Dreieinhalb Tage im Jahr sind pro Person fällig, ausgenommen Mütter mit Kindern unter sechs

Jahren und Gebrechliche. Wer dem nicht folgt, muß 350 Mark zahlen. Die Arbeitsstelle ist in einem kleinen niedersächsischen Dorf im Landkreis Celle. Dort liegt nämlich das Gemeinschaftsheim der Artgläubigen, hinter dunklem Tann versteckt.

VI. »Heiden-Zentrum Hetendorf«

»Das ist eigentlich immer das Gute dabei«, doziert Jürgen Rieger über die »Rassenmischung«, »daß 90 Prozent der Ehen in die Brüche gehen«. Selbst in seiner eigenen Familie – Rieger stammt aus einer Blankeneser Arztfamilie – gehe es schändlich zu. Eine Großnichte von ihm hat einen Libanesen geheiratet, und das, obwohl sich Rieger sehr intensiv und lange mit ihr befaßt und sie darauf hingewiesen hat, daß das schädlich sei. Die Ehe mit dem Libanesen ist inzwischen auch wieder in die Brüche gegangen, erzählt Rieger, »aber meine Großnichte hat zwei Kinder von dem ... zwei Bastarde«, schimpft er, »die da in unserer weiteren Verwandtschaft leben«. Riegers »wissenschaftlicher« Aufklärung über die Rassenmischung war auch in anderen Fällen geringer Erfolg beschieden. Eine Praktikantin in seiner Kanzlei, »NPD«-Anhängerin, die »so ein bißchen für mich schwärmte«, habe einen Ägypter geheiratet, und sein Leibbursch aus der Burschenschaft, auch er ein NPD-Mann, eine Südamerikanerin.

Weil solche »Aufklärungsversuche« nichts fruchten, so schlußfolgert Rieger, müsse man im frühkindlichen Alter ansetzen, nämlich mit Märchen. Dazu empfiehlt er *Lüttjemann und Pütterinchen* von Hermann Löns, dem Heidedichter: »Der gute Mann hat damals schon sich Gedanken darüber gemacht, offensichtlich, wie man also Rassebewußtsein in Kinder rein kriegt«. Das Märchen vom kleinen Mooswichtel, der keine Maus mit schwarzen Haaren auf dem Kopf heiraten will, sondern eine »blonde Prinzessin« erobert, habe er »bis zum geht nicht mehr« seinen eigenen Kindern vorgelesen. Bleibe abzuwarten, was wird. So sieht das aus, wenn sich bei der Hetendorfer Tagungswoche eine Arbeitskreisrunde mit Jürgen Rieger Gedanken »über unsere genetische Substanz« macht und »wie wir sie bewahren können«.

In Hetendorf bei Hermannsburg in der Lüneburger Heide liegt eines der wichtigsten Zentren für in- und ausländische Neonazis und Neuheiden. Für Rüdiger Hesse vom niedersächsischen Verfassungsschutz ist diese Bedeutung dadurch entstanden, »daß hier teilweise unter konspirativen Aspekten

Gruppen zusammenkommen und ungestört ihre Planungen begehen können«.

Es handelt sich um einen Gebäudekomplex aus vier herrschaftlichen Häusern mit ausgedehntem Grundbesitz, insgesamt 15 707 Quadratmeter, hermetisch abgeriegelt von der Außenwelt. »Fort Knox in der Lüneburger Heide« nennen es die heidnischen Jungscharen.

In diesem neonazistischen Kommunikationszentrum sollen »Bildungsveranstaltungen und Jugendlager zum Wohle unseres Volkes« stattfinden. Wie es bei einem solchen »Jugendlager« zuging, schildert ein junger Teilnehmer namens Matthias aus Berlin: »Gleich am ersten Lagermorgen ging es ran an die Arbeit ... Am Sonntag begann dann schließlich für vier von den angereisten Kameraden das Osterausbildungslager, was hervorragend geplant und durchorganisiert war, das hieß: Täglich Dienst vom Weckpfiff an bis zum Zubettgehen, ohne auch nur eine Sekunde Leerlauf. Viele Einheiten der Bundeswehr können sich darin bei uns eine Scheibe abschneiden, denke ich. Das hieß aber auch ständige wissensmäßige Schulung in Fahrtentechnik, Lieder- und Instrumentenkunde sowie Wachausbildung, Formalausbildung und besonders Redeschulung ... Diese Fähigkeit ist die Voraussetzung, um politisch überhaupt etwas erreichen zu können. Daher war die zweiteilige Redeschulung für mich persönlich der Höhepunkt des Lagers und die lehrreichste Phase der einwöchigen Ausbildung«.[64]

In Hetendorf schwor die inzwischen verbotene »Wiking-Jugend« ihre Anhänger auf ein »rassereines Nordland« und den wehrhaften Kampf für Deutschland ein. Sie veranstaltete martialische Heldengedenkfeiern und paramilitärische Übungslager. In dem Neonazi-Zentrum im Landkreis Celle trafen sich auch die inzwischen verbotenen Organisationen »Freiheitliche deutsche Arbeiterpartei« (FAP), »Nationale Liste« aus Hamburg und »Nationalistische Front« aus Detmold. Die »Nationale Liste« hatte am 15. März 1992 auch den britischen Holocaust-Leugner und Free lancer der Zeitgeschichte David Irving nach Hetendorf eingeladen. 1994 luden die »Gemeinschaft Ostdeutscher Grundeigentümer« (GOG) und die »Notverwaltung des Deutschen Ostens« zur Herbsttagung nach Hetendorf, weil man dort keine

Störungen zu befürchten hätte. Aber auch die »Jungen National-demokraten«, die zur stärksten militanten Jugendorganisation der extremen Rechten und zu einem Sammelbecken für Neonazis aus verbotenen Gruppen geworden sind, halten in den gut geschützten Häusern unbehelligt Schulungen ab, zum Beispiel die Bundesschulung vom 26. bis 29. Dezember 1996. Dabei ging es auch um »moderne Kommunikation als Grundlage konspirativer Arbeit«, Basisgruppen und »autonome Strukturen«.

In diesem Veranstaltungs-Zentrum findet alljährlich seit 1991 die Hetendorfer Tagungswoche statt. Dazu versammeln sich mehrere »artgläubige« Vereine, nämlich die »Artgemeinschaft – Germanische Glaubens-Gemeinschaft wesensgemäßer Lebensgestaltung e.V.«, der »Nordische Ring e.V.«, die »Northern League«, das »Familienwerk e.V.«, »Heide-Heim e.V.« und die »Gesellschaft für biologische Anthropologie, Eugenik und Verhaltensforschung e.V.«.

Am Anfang der 97er Tagungswoche mußten die angereisten Neuheiden erstmal drei Tage lang malochen (»auch für den, der 70 Jahre alt ist und zwei linke Hände hat, finden wir etwas«). Es ging um die Instandhaltung des Gemeinschaftshauses. Bei abendlichen Gesprächskreisen wurde über »Chancen und Risiken nationaler Politik heute« oder die »Abschaffung der D-Mark und die Einführung des Euro« diskutiert. Arbeitseinsätze wie der eben erwähnte, sind nicht neu. 1993 half eine 80köpfige Hilfswilligenschar, darunter fast 40 Mitglieder der »Wiking-Jugend« aus den »Nordgauen«, beim Hausputz in der »einzigartigen Begegnungsstätte«.[65]

Nicht ohne Pikanterie ist es, daß bei den Hetendorfer Neuheiden 1997 der Hochschullehrer Prof. Dr. Klaus Weinschenk auftrat. Der Professor lehrt nämlich ausgerechnet an einer Evangelischen Fachhochschule, der für Pädagogik in Berlin und zwar seit 1971. Doch darauf nimmt der akademische Rechtsausleger keine Rücksicht. »Warum lassen wir Deutsche uns (fast) alles gefallen?«, fragte der Pädagoge, Jahrgang 1935, seine neuheidnische Zuhörerschar und belehrte sie über die »Psychopathologie des Akzeptanz-Syndroms«. Weinschenk beobachtet eine deutsche Bewußtseinsspaltung. Wenn Historisches zur Erzeugung kollektiver Schuldsyndrome benutzt und das Publikum täglich von Medien und Politik in diesem Sinn beeinflußt werde, dann – so doziert Weinschenk – seien psychische Deformationen und Krankheitssymptome unvermeidlich. »Würde Martin Luther heute in Deutschland leben und genau das verbreiten, was er schon seinerzeit gesagt hat«, so einer von Weinschenks Sprüchen, »säße er längst im Gefängnis«.

Daß er keine Berührungsängste mit rechtsaußen hat, hat Weinschenk schon früher bewiesen; der ehemalige Sozialdemokrat war Landesvorsitzender der »Republikaner« in Berlin. Heute beglückt der Grenzgänger zwischen Rot und Braun mit seinen Reden nicht nur artgläubige Neuheiden, sondern zum Beispiel die »NPD«, die Rep-Abspaltung »Deutsche Liga für Volk und Heimat« oder die »Gesellschaft für freie Publizistik e.V.«, einen Verein rechtsextremistischer Verleger, Publizisten und Buchhändler.

Ein akademischer Kollege von Weinschenk eröffnete die 97er Tagungswoche mit einem Vortrag über ein Lieblingsthema von Rechtsextremisten, nämlich die Kriegsschuldfrage und den Zweiten Weltkrieg. Professor Dr. Helmut Schröcke aus Kottgeisering bei München ist in Hetendorf schon ein alter Bekannter, weil er auch schon 1995 und 1996 auf der Einladung stand. Völker gibt's, die gibt's gar nicht, könnte man als Resümee seiner 95er Rede zur »Frühgeschichte des Ostraumes« festhalten. Die Slawen, die gibt's gar nicht, bzw. die Slawen waren germanische Stämme, und dieses »Forschungsergebnis« bedeute praktisch die »Abweisung der polnischen Gebietsansprüche«, denn diese würden ja historisch begründet. So was geht runter wie der Badenweiler Marsch.

Schröcke (»Ich bin Mitteldeutscher und schon seit meiner Jugend mit Slawenproblemen bekanntgeworden.«), Jahrgang 1922, kommt aus der »Bündischen Jugend«. Er war Privatdozent in Heidelberg und seit 1967 Universitätsprofessor in München. 1981 gehörte er zu den Unterzeichnern des rassistischen »Heidelberger Manifests«. Von Haus aus Geologe und Mineraloge widmet er sich mit Leidenschaft dem »Ostraum« und dem deutschen Volk. Dieses sieht er nämlich vom Aussterben bedroht. Marxisten, Gewerkschaften, christliche Kirchen und Parteien, Medien und One-World-Ideologen sind für

Schröcke »Gegner des Naturrechts auf Verschiedenheit« und letztlich verantwortlich für die »größte Katastrophe in der gesamten deutschen Geschichte«, die Volkszerstörung.

Texte des Naturwissenschaftlers, der in »Bevölkerungswissenschaft« dilettiert, erscheinen in einer Vielzahl rechtsextremer Publikationen und Verlage, darunter in dem ältesten rechtsextremen Monatsblatt, *Nation und Europa,* in den neonazistischen *Huttenbriefen* und im *Anzeiger der Notverwaltung des Deutschen Ostens*; auch in der Berliner *Jungen Freiheit* meldet er sich zu Wort. Dort lamentiert Schröcke über eine angeblich zunehmende Einschränkung der Meinungsfreiheit. Auf die Frage, ob sich das Meinungsklima im Jahre 1996 dem der dreißiger Jahre annähere, sagt Schröcke: »Es ist bereits viel schlimmer als in den letzten beiden Jahren des Dritten Reiches, weil man damals im Kameraden- oder im Bekanntenkreise immer noch ein offenes Wort reden konnte.«[66]

Neben diesen beiden Intellektuellen aus der Mitte der Gesellschaft, aus dem bildungsbürgerlichen Establishment, finden sich noch andere habilitierte oder promovierte Männer unter den Hetendorfer Referenten, wie zum Beispiel

- Prof. Werner Koch, der den Hetendorfern die Bedeutung der *Edda* nahebrachte
- der Soziologe Dr. Max Klüver aus Plön, der 20 Prozent seiner Umsatzerlöse für die Arbeit in Ostpreußen zur Verfügung stellt (*Huttenbriefe* Dez 95) und Bücher mit beredten Titeln verfaßt wie *Vom Klassenkampf zur Volksgemeinschaft – Sozialpolitik im Dritten Reich, War es Hitlers Krieg?* oder *Präventivschlag 1941*
- der Mathematiker Dr. rer. nat. Rolf Kosiek aus Oberboihingen, Vorsitzender der von ehemaligen SS-Offizieren und NSDAP-Funktionären 1960 gegründeten rechtsextremen »Gesellschaft für Freie Publizistik e.V.« und Ex-Chefideologe der »NPD«[67]
- Dr. Heinrich Piebrock, Autor von Schriften wie *Nietzsche aus heutiger Sicht* vom Germania-Buchversand.

Die Tagungswochen liefern eine Mischung von Indoktrination und bündischer Romantik. Der Tag beginnt mit einer Begrüßung der aufgehenden Sonne mit Gesang und Tanz und endet mit einem fröhlichen Abend um den Metkessel. Gefährtinnen backen Hollerküchle aus Holunderblüten, die in Pfannkuchenteig getaucht und dann schwimmend ausgebacken werden. Andere beschäftigen sich mit Naturheilkunde, biologischem Landbau und Gesprächsrunden über alte Götter. Und man pflegt »uraltes« Brauchtum: ein Questenbaum wird aufgestellt und mit Eiern, Bändern und Girlanden geschmückt, man errichtet einen Holzstoß für ein Feuer, tanzt im Reigen, übt sich im germanischen Sechskampf, also dem Dreisprung, Steinstoßen, Speerweitwurf, Axtzielwurf, Bogenschießen und megalithischen Ellen-Lauf. Zu den feierlichen Anlässen zählt eine Ehrung kinderreicher Mütter, und die gibt's reichlich in den »Hetendorfer« Neuheidenkreisen.

Über ihre »inhaltsreichen Jahre« plauderte in Hetendorf Jürgen Riegers Duz-Freundin Gertrud Herr aus Hamburg. Geboren ist sie im Ostseebad Binz auf Rügen (»Wir gute erprobte Nationalsozialisten in Binz«). Im Dritten Reich hat sie die Führerschule von Pommern geleitet, die auf Rügen war. Weil sie Jugendführerin gewesen ist »und diese ganze Zeit also miterlebt hat, man kann sagen aus erster Hand«, so stellte Jürgen Rieger sie vor, sei sie eine Zeitzeugin, und die seien rar geworden. Und dann erzählt Gertrud Herr Anekdoten aus der guten alten Zeit. Der Bruder des Leiters der Sparkasse in Binz, die im Hause ihres Vaters war, sei Adjutant bei Hitler gewesen. So sei der Sparkassenmann im Urlaub auf den Obersalzberg eingeladen worden und sei bei der Mittagstafel des Führers dabeigewesen. »Und er kam jedesmal begeistert wieder, und so fiel ein Strahl der Obersalzbergsonne dann auch in unsere profanen Gemächer.«

Als sie bei ihren Brüdern in England war, so berichtete sie ihrer Zuhörergemeinde in Hetendorf, sei sie vom Secret Service verhört worden. Dann sei sie nach Australien gekommen. »Und nun weiß ich, was ein KZ ist. Das, was in Deutschland war, mein Gott, das ist direkt albern, darüber zu reden.« Tote habe es gegeben, denn »die brachten Seuchen mit rein von draußen«. Da seien dann auch Leichenverbrennungen vorgekommen. »Weiter ist da wirklich nichts gewesen ... .« Die hochbetagte Dame, die heute in Blankenese wohnt, ist immer noch nach

Kräften aktiv, »wenn auch das Zipperlein immer spürbarer« wird. So ist sie erste Vorsitzende des »Heinrich-Anacker-Kreises e.V.«,[68] der 1996 Mitveranstalter der 6. Hetendorfer Tagungswoche war. Heinrich Anacker (1901–1971) schuf politische Kampfgedichte wie das in ewiggestrigen Kreisen höchst beliebte Poem

Der lebendige Ring
Wir sind nicht allein – wir sind unserer Viele,
Die heimlich bauen am inneren Reich.
Das Mal auf der Stirn vom gemeinsamen Ziele,
Den wissenden Augen enthüllt es sich gleich!
...
Wir sind nicht allein, nicht im Dunkel Verlorne -
Nicht Saat, die auf steinigem Boden verging -
Wir sind zum gemeinsamen Werke Verschworne -
In Gluten geschweißt zum lebendigen Ring!«

Gertrud Herr[69] macht auch beim acht Mitglieder starken Verein »Mütterdank e.V.« (»Muttersprache – Vaterland – Kinderland – Deutschland«) mit. Dieser Verein, auf dessen Briefpapier in Frakturschrift vermerkt ist »Spendenbescheinigungen für die Steuer stellen wir aus«, hat ein Haus in Kakensdorf und ein Vermögen von mehreren hunderttausend Mark, so daß er dem Mitglied Uwe Berg, Buchhändler aus Toppenstedt, 70 000 Mark leihen konnte (Protokoll der Mitgliederversammlung vom 28. September 1990). Mit Freistellungsbescheid des Finanzamtes für Körperschaften Hamburg-Ost unter der Nr. 17/421/03680 wurden diesem Verein seit dem 25. April 1988 Steuervorteile zuerkannt.

Unter dem Deckmantel der Brauchtumspflege hat sich in der Heide eine Pflegstätte rassistischer Ideologie und eine Heimstatt für rassistische Vereine etabliert – zum Beispiel für den »Nordischen Ring«.

1. »Nordischer Ring«

Der Mitveranstalter der Tagungswoche, »Nordischer Ring«, ist seit Juli 1974 ins Vereinsregister im schleswig-holsteinischen Bredstedt eingetragen,[70] eine Anschrift hat der Verein auch im Hamburger Millionärsviertel Blankenese. »Bedenken Sie«, steht in einem Formular des »Rings«, »daß Sie Spenden und Beiträge – da der »Nordische Ring« gemeinnützig ist – von der Steuer absetzen können«. Wer Mitglied werden will, verpflichtet sich, jährlich ein Prozent seines Einkommens als Spende auf das Konto beim Postscheckamt Hamburg zu überweisen.

Der Name solle ausdrücken, schreibt der »Ring«, daß die Menschen im nordeuropäischen Raum und alle, die ursprünglich aus diesem Raum herstammen, zusammengehören. Die »Menschen des Nordens« seien eine große Gemeinschaft, eine »Abstammungsgemeinschaft« mit vielen Gemeinsamkeiten in Kultur und Geschichte; so bilde »die nordische Rasse den gemeinsamen Kern unserer Völker«. Auch eine politische Gemeinsamkeit findet der »Ring«, so als ob die Tyrannei des Dritten Reiches nicht Millionen Menschen das Leben gekostet hätte: »In der Politik sind Gewalt- und Willkürherrschaft unserem Menschenschlag fremd.«

Der »Ring« wurde gegründet von ehemaligen Mitgliedern der »Gesellschaft für biologische Anthropologie, Eugenik und Verhaltensforschung e.V.«. Beschlossen wurde die Gründung übrigens in Lippoldsberg, wo der Volk-ohne-Raum-Dichter Hans Grimm gewirkt hat.

Von der Gründung bis 1983 war der Pädagoge Dr. Heinrich Wollatz aus Bredstedt Vorsitzender. Eine Landtagsanfrage des Abgeordneten Werner Liebrecht (SPD) im Juni 1983 wegen der Tätigkeit von Wollatz als Lehrer in der Landwirtschaftsschule in Bredstedt setzte offenbar dem offiziellen Vorsitz ein jähes Ende. Bei der nächsten Jahrestagung in Bassum wurde dann der Rentner Joachim Tschirner aus Schleswig als Vereins-Chef eingetragen. Als Pensionär hätte ihn eine Befragung, wie ernst er als Vorsitzender eines rechtsextremen Bundes es denn mit der Demokratie meine, nicht angefochten. Doch Dr. Wollatz, der es 1983 offenbar nicht mehr für opportun hielt, das Amt des Vorsitzenden weiterhin zu bekleiden, ist heute noch in Heidenkreisen aktiv. So berichtet er im Berliner Heidenblatt *Runenstein* 1993 über seine Tätigkeit als Leiter der »Arbeitsgemeinschaft Vor- und Frühgeschichte« und Vorstandsmitglied im Heimatverein »Schleswiger Geest«, was ihm auch eine Zusammenarbeit mit dem Landesamt für Vor- und Frühgeschichte ermögliche.[71] 1996 beklagt er in der Zeitschrift des rechtsextremen Tübinger Grabert-Verlags eine »Sprachumwandlung«, die »die katholische Geistlichkeit im gesamten deutschen und auch österreichischen Ostraum« vorgenommen habe.[72] Deutlicher drückte sich Dr. Wollatz in einem internen Bericht für den »Bund der Goden« aus. Da schreibt er, was eingefleischte Revanchisten schon immer wußten: der Osten war und ist deutsch. Denn es gibt überhaupt keine »Slaven«. »Slaven« seien germanische Heiden, die nicht christianisiert werden konnten; in »Ostgermanien« habe es nämlich »keine Einwanderung fremdrassiger Menschen« gegeben. Aber die Kirche habe alles Germanisch-deutsche getilgt und statt dessen »polonisiert«. Die heutigen Polen würden von dieser »Geschichtsfälschung« profitieren.

Als erster Stellvertreter fungierte ein weiterer Akademiker, nämlich Dr. Richard Wege aus Asendorf, den das Thema »Ein Neger als Schwiegersohn?« (*Nordische Zukunft* 1/2 1988) bewegte.[73]

Fast alle Funktionäre des »Nordischen Rings« sind zumindest in Norddeutschland bekannte Rechtsradikale.

1989 wurde der Heizungsbaumeister Hans Bielenberg aus Bad Bramstedt gewählt, auch er ein Mann von besonderer Tatkraft. Bei einer Tagung des »Nordischen Rings« soll er nach Presseberichten mit seinem Pkw in eine Gruppe von Demonstranten gefahren sein, die gegen die rassistische Veranstaltung protestierten. Doch das Ermittlungsverfahren wurde eingestellt. Bei der Bundestagswahl 1990 machte Bielenberg seiner Wut über Ausländer mit einem selbstgemalten Plakat Luft, das er beim Wahllokal in Bad Bramstedt anbrachte. Der Text: »Jagt Politiker davon, die Deutschland mit fremden Völkern und Kulturen besiedeln und Schmarotzern und Verbrechern Asyl gewähren! Jagt sie davon, wählt rechts!« Denn für Bielenberg ist das Abendland in Gefahr: In der Folge von »christlicher Nächstenliebe und verordnetem Schuldsyndrom« würden »bereits Vorhuten explodierender Völkermassen der dritten Welt ohne Gegenwehr das Abendland« erobern, während »der weiße Mann« in seinen Kindergärten und Schulen den »Geburtenreichtum fremder Völker« fördere.

Ein anderer Aktivist des »Rings«, der Schriftsteller Dieter Vollmer[74] aus Schleswig, verfügt schon über einschlägige Heiden-Erfahrungen aus der Zeit des Dritten Reiches. Der Altgediente, 1913 in Hamburg geboren, war Jugendführer, Journalist und Aktivist der »Nordischen Gesellschaft« in den dreißiger Jahren. Diese »Nordische Gesellschaft« hatte zwei Aufgabenstellungen: Ausbreitung des »nordischen Gedankens« im Sinne des NS-Rassentheoretikers Hans F. K. Günther und des Leiters des Rasse- und Siedlungshauptamts der SS Walther Ricardo Darré und Pflege der Beziehungen »zu den skandinavischen Staaten und Finnland«. Bei den »Reichstagungen« der »Nordischen Gesellschaft« galt eine Rede Alfred Rosenbergs auf dem Lübecker Marktplatz als Höhepunkt.

Und noch ein in rechtsextremen Kreisen bekanntes Schlachtroß übernahm den Vorsitz beim »Nordischen Ring«, Helmut Malitz aus Bad Nenndorf (1992). Malitz gehört zu den »Ehrenmitgliedern« von Riegers »Gesellschaft für biologische Anthropologie, Eugenik und Verhaltensforschung e.V.« Den Status des Ehrenmitglieds erhält, wer »erhebliche Spenden und/oder Erbschaften« beibringt. Vortragsredner Malitz fragte bei der Hetendorfer Tagung 1991 »Sterben die Deutschen aus?«; ein Jahr später wußte er es schon besser und antwortete sich selbst: »Die Deutschen werden überleben!« Wenn Malitz sich nicht Themen wie Aids oder Alkoholmißbrauch zuwendet, sieht er eine andere »Bedrohung«: Eine Islamisierung der Bundesrepublik, wegen der »Geburtenfreudigkeit muslimischer Frauen«.

Blut ist für den »Nordischen Ring« das wichtigste Erbe. »Kampf für das Überleben des nordischen Menschen« gehört zu seinen Zielen. Er geht von einer »biologischen Einheit« innerhalb der »nordischen Rasse« aus, wendet sich gegen die »Rassenmischung« und tritt für die »Erhaltung der biologischen Substanz der nordischen Rasse« ein.[75]

Die Vereinszeitschrift *Nordische Zukunft* liefert eine Mischung aus altem Brauchtum und krudem Rassismus. Beispielsweise wird der Topos eines »jüdischen Rassismus« kolportiert, der sich auch bei anderen Heidengruppen findet. Danach sind die Juden eines der Völker, deren Blut noch am reinsten sei, weil Juden fast nur untereinander geheiratet hätten, also keine »Vermischung« stattgefunden habe. Die Juden hätten immer eine ganz bewußte »Rassenzucht« betrieben. In der Zeitschrift wird aber auch über eine »Auslese von Überlegenen«[76] und die »nordische Rasse als Grundlage der rassischen Zusammensetzung des deutschen Volkes« fabuliert. Eine »Aktionsgemeinschaft Gleichrassiger« gilt als der »eigentliche Kern des nordischen Gedankens«.[77]

Treffen des »Nordischen Rings« finden auch mit internationaler Beteiligung statt. Da kommen dann Gesinnungsfreunde aus Großbritannien, Belgien, den Niederlanden und Schweden hin. Vortragsthemen lauten zum Beispiel »Warum germanische Gemeinschaft?«, »Psychologie und Rasse« oder »Inwieweit hängt Kultur von den Genen ab?« oder aber auch »Die Rassenfrage in Britannien – die Massenmedien gegen unser Volk«. »Liebe deutsche Kameraden! Europäische Brüder!« beginnt Keith Thompson und erregt sich bald: »Wir haben es doch hier nicht mit einigen wenigen Touristen oder Flüchtlingen zu tun«, schimpft er, »dies ist ein Heer primitiver, unzivilisierter Eindringlinge«.[78]

Der »Nordische Ring« veranstaltet seine Tagungen – stets in Norddeutschland – gern gemeinsam mit der »Northern League« aus Amsterdam. Die Mitgliederversammlung findet auch mal während der Hetendorfer Woche statt. Jan Kruls, der Leiter der League, übernimmt mit einem Vertreter des »Rings« auch die Begrüßung bei Tagungen, die bis zu 400 Teilnehmer anziehen. Diese Treffen finden gelegentlich als »Vorgeschichtstagung« getarnt statt; wer an der Rezeption etwas anderes sagt, bekommt keines der reservierten Hotelzimmer.

2. »Northern League«

Die »Northern League« ist schon seit 1958 aktiv. Gegründet haben sie der Anthropologe Roger Pearson und der schottische Lehrer Alistair Harper, die dann auch die rassistische Zeitschrift *Northern World*, später *The Northlander* herausgebracht haben. Das Blatt hatte internationale Verbreitung. Pearson leitete seit 1978 auch die ebenso rassistische Zeitschrift *The Mankind Quarterly*. Unter den prominenten Mitgliedern oder Förderern waren Ray Bamford, John Bean und Ted Budden aus Großbritannien, der »Ku-Klux-Klan«-Führer Ernest Sevier Cox, der britische Veteran Oliver Gilbert, die Neonazis Colin Jordan und Peter Ling von »Column 88«, der deutsche Rassentheoretiker Hans Günther und Wilhelm Kusserow von der »Artgemeinschaft«.

Nach neuen Interessenten sucht die League in rechtsextremen Zeitschriften. So inserierte sie in der *Bauernschaft*, der Zeitschrift des Hitler-Verehrers und Verfassers der Broschüre *Die Auschwitz-Lüge*, Thies Christophersen.

Das tat auch der »Nordische Ring«. Dort berichtete er über das Projekt Lüneburger Heide schon 1982. »Wer beteiligt sich?« fragte der »Ring« per Annonce und teilte mit: »Wir haben in der Lüneburger Heide ein Hausgrundstück gekauft und wollen es zu einer Begegnungsstätte Gleichgesinnter ausbauen«. Der Grund: Für völkische Gruppen sei es immer schwierig, Versammlungsräume zu mieten und Freundestreffen abzuhalten. Daher: »Bauen wir uns ein Haus. Der Anfang ist gemacht.«[79]

3. »Gesellschaft für biologische Anthropologie, Eugenik und Verhaltensforschung e.V.«

Biopolitik heißt das Schlagwort, mit dem die »Gesellschaft für biologische Anthropologie, Eugenik und Verhaltensforschung e.V.« (GfbAEV) altbekannte Irrlehren aufs Neue verbreitet, und zwar vorwiegend unter einem akademischen Publikum. Wer vermutet schon hinter der modischen Bezeichnung Biopolitik abstruse Thesen über Erbmasseschädigungen durch »Rassen-mischung«. Seit 1972 hat die Gesellschaft ihren Namen; gegründet wurde sie zehn Jahre zuvor von dem deutschgläubigen Wilhelm Weis (1892–1980) aus Wester-Wanna, der sein Leben als »religiös empfundenen Dienst« am Leben des Volkes verstand. Sie hieß zunächst »Deutsche Gesellschaft für Erbgesundheitspflege e.V.«. Den aktuellen Namen bekam sie 1972.[80] Ein Lehrer, nämlich Detlef Wolfram Promp aus Wildeshausen, folgte 1978 im Vorstand auf Weis und amtierte bis 1984. Zu einem Standardwerk der neuheidnischen Rechten, dem Buch *Mut zur Identität – Alternativen zum Prinzip der Gleichheit*, steuerte Promp einen Beitrag »Zur Psycho-Biologie der Identität« bei.[81]

Dieses 1988 erschienene Machwerk des Kasseler »Thule-Seminars e.V.«, das der Verfassungsschutz zu den »eindeutig rechtsextremistischen Organisationen« zählt, »verficht das Modell einer heterogenen Welt homogener Völker, und nicht umgekehrt!« (S. 7). Das ist nichts anderes als die intellektuelle Version von »Ausländer raus!«.[82]

In diesem Buch stellt sich Promp so vor (S. 394): »38, Lehrer, Publizist, Studium der Biologie und der Pädagogik, Diplom-Pädagoge, 1979–1983 wissenschaftlicher Mitarbeiter an der Universität Osnabrück, Lehraufträge für Soziologie der Erziehung und Pädagogik, zahlreiche Aufsätze und Vorträge zu biologischen-anthropologischen Themen. Langjähriger Mitarbeiter der Zeitschrift *Neue Anthropologie*. »Laut Kaufvertrag für den Hetendorfer Gebäudekomplex war Promp beim Kauf ein vertretungsberechtigter Vorsitzender der »Gesellschaft für biologische Anthropologie, Eugenik und Verhaltensforschung e.V.«.

Für die Jahrestagungen der Gesellschaft steht jetzt Hetendorf zur Verfügung. Früher veranstaltete sie ihre Treffen in Goslar, Minden, Heidelberg, auf Burg Stettenfels bei Heilbronn, in Duderstadt und Lippoldsberg an der Weser, der Wirkungsstätte von Hans Grimm (1875-1959), dem Autor des Romans *Volk ohne Raum*. Die Rieger-Gesellschaft sah in Deutschland eine Entwicklung zum »Raum ohne Volk« – wegen der niedrigen Geburtenrate. Mit einer Auflage von etwa 1000 Exemplaren erscheint die *Neue Anthropologie*. Das Blatt auf Hochglanzpapier küm-

1. Ausfertigung

Nr. 2699 der Urkundenrolle für 1978.

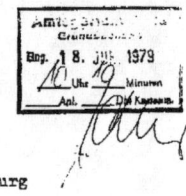

     V e r h a n d e l t

in dieser Freien und Hansestadt Hamburg
am 29. November 1978.

Vor mir, dem hamburgischen Notar

████████████████

mit dem Amtssitz in Hamburg 71, Bramfelder Chaussee 218,
erschienen heute:

    1.) Herr Regierungsinspektor
    ████████████████

      -handelnd für die Bundesrepublik Deutschland,
      Bundesfinanzverwaltung, vertreten durch das
      Bundesvermögensamt Soltau, Vollmacht des
      Vorstehers des Bundesvermögensamtes Soltau
      vom 9. Oktober 1978 auf sich überreichend -,

    2.) der Versicherungskaufmann,
    Herr Günter S t e i n h o f f

      -handelnd als 1. Vorsitzender für den
      Freundeskreis Filmkunst e.V.,
      ████████████████, Hamburg ██

    3.) Herr Rechtsanwalt
    Jürgen R i e g e r

    in Hamburg ██, ████████████████

    4.) Herr Lehrer
    Detlef P r o m p

    ██ Wildeshausen, ████████████████

      -beide handelnd als vertretungsberechtigte
      Vorsitzende der Gesellschaft für biologische
      Anthropologie, Eugenik und Verhaltensfor-
      schung e.V., Isfeldstraße 7, Hamburg 55

zu 1) ausgew. d. Pers.Ausw. ████████████████
zu 2) ausgew. d. Pers.Ausw. ████████████████
zu 3) ausgew. d. Ausweis der Hanseatischen Rechts-
    anwaltskammer ████████████████
zu 4) ausgew. d. Pers.Ausw. ████████████████

- 2 -

Die Erschienenen erklärten:

Wir schließen folgenden

K a u f v e r t r a g.

§ 1

(1) Die Bundesrepublik Deutschland (Bundesfinanzverwaltung) ist Eigentümer des beim Amtsgericht
Celle im Grundbuch von Bonstorf Band 6 Blatt 17o
eingetragenen Grundbesitzes.

(2) Belastungen sind nicht eingetragen.

§ 2

(1) Die Bundesrepublik Deutschland

- im Nachstehenden " Verkäuferin " genannt -
verkauft aus dem im § 1 aufgeführten Grundbesitz die
Flurstücke 12/3, 12/7 und 12/8 der Flur 11 Gemarkung
Bonstorf in Größe von insgesamt 15.7o7 qm mit den
darauf stehenden Gebäuden und den auf dem Grundstück
befindlichen Anlagen in Hetendorf (genannt " ehemaliges Kinderheim ") an den Freundeskreis Filmkunst
e.V., Hamburg 6o, ▓▓▓▓▓▓▓▓▓▓▓▓, einen Miteigentumsanteil an dem oben genannten Grundbesitz zu 2/3
und an die Gesellschaft für Biologische Anthropologie,
Eugenik und Verhaltensforschung e.V., Hamburg 55,
▓▓▓▓▓▓▓▓▓, einen Miteigentumsanteil an dem oben
genannten Grundstück zu 1/3

Die Käufer verpflichten sich, die Grundstücksanteile
abzunehmen.

(2) Die Vertragschließenden sind sich über die Ab-
grenzung des Kaufgrundstücks in der Natur einig.
Das Grundstück wird im gegenwärtigen, den Vertragschließenden bekannten Zustand verkauft.

§ 3

Der Gesamtkaufpreis beträgt
        DM 120.000,--
(i.B. hundertzwanzigtausend Deutsche Mark).

Der Käufer hat den Kaufpreis bereits an die Bundeshauptkasse gezahlt.

§ 4

(1) Die Verkäuferin haftet nicht für eine bestimmte Größe, Güte, Beschaffenheit oder Verwendbarkeit des Kaufgegenstandes, auch nicht für ein Recht oder eine Last, zu deren Entstehung oder Fortbestand eine Eintragung im Grundbuch nicht erforderlich ist. Sie haftet ferner nicht für Schäden durch etwa auf dem Kaufgrundstück vorhandenes Kriegsgerät oder bisher nicht entfernte Sprengstoffe. Die Verkäuferin übernimmt auch keine Gewähr für die Beschaffenheit des Baugrundes.

(2) Hinsichtlich des Lastenausgleichs gilt die gesetzliche Regelung.

§ 5

(1) Die Käufer verpflichten sich, das Kaufgrundstück innerhalb von 5 Jahren, vom Tage der Eintragung der Käufer als Eigentümer im Grundbuch an gerechnet, weder ganz noch teilweise weiterzuveräußern. Die Käufer haben das Grundstück während dieser Zeit ausschließlich für eigene Zwecke und Zwecke der Jugendarbeit gemäß ihrer Satzungen zu nutzen. Die Käufer verpflichten sich, dafür zu sorgen, daß diese Nutzungen sich im Rahmen der verfassungsmäßigen Ordnung der Bundesrepublik Deutschland bewegt. Sie verpflichten sich ferner, ihre jeweiligen Rechtsnachfolger vertraglich entsprechend zu binden. Die Käufer sind nicht berechtigt,

- 4 -

mert sich nicht, wie es in der Eigenwerbung heißt, um »Tabus« bei Genetik, Rassenkunde, Verhaltensforschung und Geburtenrückgang. Es biete »faszinierende Erhellung unseres Wesens«. Zum Beispiel diese: »Rassenmischung« führe zu vermehrtem Auftreten von Hüftgelenkluxationen, Schizophrenie und Tuberkulose. Oder Dr. med. habil. August Vogl, früher Lehrbeauftragter am Anthropologischen Institut der Universität Hamburg, untersucht die »rassische Substanz des jüdischen Volkes«.

Im wissenschaftlichem Beirat dieser Erbgesundheitspfleger sitzt auch der führende Kopf der Neuen Rechten in Frankreich, Alain de Benoist. Der Schriftsteller, Publizist und zeitweilige Mitarbeiter des *Figaro-Magazine* hat die sogenannte Theorie der Metapolitik entwickelt. Nach diesem Konzept will die Neue Rechte durch schleichende Einflußnahme auf die öffentliche Diskussion vermittels akademischer Eliten an die Macht kommen.

Und von Benoist stammt das Standardwerk des Neuheidentums, ein Buch mit dem Titel *Heide sein – zu einem neuen Anfang*. Darin entwickelt er eine europäische Glaubensalternative eben zum Christentum oder Judentum. Dieses Buch ist mittlerweile in viele Sprachen übersetzt. In Deutschland ist es im rechtsextremen Grabert-Verlag erschienen.

Aus den Publikationen von Benoist schöpft die extreme Rechte Argumente für ihre völkischen Positionen, das heißt: für ihre Rassen- und Erbtheorien, ihren Haß auf die multikulturelle Gesellschaft, auf den Grundsatz der Gleichheit unter den Menschen.

Jürgen Rieger, Anwalt, Gutsherr und brauner Visionär

Vorsitzender der Gesellschaft ist seit 1974 Jürgen Rieger. In seinem Hetendorf-Vortrag »Kultur und Volk« begründet Rieger eine angebliche Überlegenheit der weißen Rasse: Bei Weißen seien die vorderen Stirnlappen (zuständig für Voraussicht, Intelligenz und logisches Denken) besonders ausgebildet, während bei den Negriden die seitlichen Gehirnpartien (Musikalität und Rhythmik) stärker entwickelt seien. Große Handlungsgefüge oder Musikwerke zu gestalten, Dramen zu schreiben, sei Tropenvölkern nicht möglich – wegen ihrer »Kurzläufigkeit«.

Besonders zeigt sich der »Rasseneinfluß« laut Rieger in der Malerei. Menschen mit blauen Augen, sagt er, sehen ihre Umwelt farbintensiver als die Braunäugigen. (»Jetzt weiß ich auch, warum ich Blau so schätze«.)

Rieger erkennt auch in der Baukunst »Rassemerkmale«: »Die ägyptischen Pyramiden zeigen ein Maximum von Baustoff, ein Minimum an Form«. Welchen Formenreichtum hätte man mit diesen Steinmassen erreichen können, träumt Rieger, hätten das nordische Baumeister in die Hand gekriegt?

Gelegentlich plaudert der Rechtsanwalt auch aus seinem Kanzleialltag und aus seinem Bekannten- oder Mandantenkreis, so beim Thema Schizophrenie, zu der laut Rieger »Gemischtäugige« stärker neigen als »rein Braunäugige« und »rein Blauäugige«. Er kenne jemand mit portugiesischer und jemand mit italienischer Großmutter (»beide aus guten Familien, also nicht so irgendwie Hafendirnen oder so was, so daß man das darauf zurückführen könnte«). Aber bei beiden gäbe es die allergrößten Probleme: »Beide sind schizophren und völlig lebensuntüchtig, können nicht mit Geld umgehen.« Die Mandantin mit der italienischen Großmutter müsse immer mal wieder in die Nervenheilanstalt (»wie gesagt, aus bester Familie, aber italienische Großmutter«).

Das Ziel, das Rieger anpeilt, ist, »dieses System zu Fall zu bringen«. Und das ginge nur, sagt Rieger, »wenn wir eine globale Wirtschaftskrise bekommen, die zu einer erheblichen Verelendung von breiten Schichten des deutschen Volkes führt«. Das Szenario, das Rieger ausmalt, um »den Rückbau« der multikulturellen Gesellschaft zu erreichen, kalkuliert damit, »daß diese verelendenden Schichten dann natürlich versuchen, ihren eigenen Lebensstandard auf Kosten der Ausländer zu leben«. Im Klartext soll das wohl heißen: Wenn's den Leuten schlecht geht, brüllen sie von ganz allein: Ausländer raus! Also ist es nach Rieger nur konsequent, »daß man dann die Kräfte auch wählt, die die Gewähr dafür bieten, daß die Wirtschaft möglichst rasch kaputt geht«. Daher hat er, sagt Rieger, bei der 94er Bundestagswahl empfohlen, PDS zu wählen (»Da haben alle gesagt, jetzt hat er wieder zuviel Met getrunken.«). »Und so eine Regierung, Grüne, SPD mit Duldung der PDS, das wäre also die ideale Sache, um in vier Jahren die Wirtschaft restlos zugrunde zu richten«, träumt er, »dann haben wir die Chance wie in der DDR eine Umwandlung herbeizuführen, daß das Volk eben tatsächlich aufsteht und von unten heraus das System kippt.«

Aber auch wenn der Karren nicht völlig in den Dreck fährt, hat Rieger seine Zukunftsvision: »Dann muß man sich überlegen, daß es nur über eigene Siedlungsgemeinschaften geht, wo man also geschlossen siedelt, für sich selbst siedelt und über eine eigene Religion geht.« Das könne noch helfen, »letztlich unsere Gene in der Zukunft zu bewahren«. Die Vision nahm so weit Gestalt an, daß der Rechtsanwalt »bis zu 18 junge deutsche Familien« im Anzeigenteil der rechtsextremen Monatszeitschrift *Nation und Europa* suchte, »die in Schweden auf einem 650 ha großen Gut siedeln wollen«. Riegers Ziel: »In wunderschöner, unberührter Landschaft ein Leben nach eigener Art, unbeeinflußt durch Umerziehung, Überfremdung, Drogen und Rauschgift, mit eigenem Kindergarten und eigener Schule zu führen.« Ein Gut mit Wald- und Weideflächen hat Rieger schon gekauft, und zwar Gut Sveneby Säteri bei Mariestad in Schweden. Über zwei Millionen Mark hat er dafür hingeblättert. Doch der findige Anwalt hat eine Geldquelle in Brüssel aufgetan. Weil Rieger auf dem Gut auch ökologischen Landbau betreibt, bekam er von der Europäischen Union eine Million schwedischer Kronen, das sind umgerechnet 225 000 Mark als Zuschuß.

Rieger entwickelte auch einen politischen Forderungskatalog. Danach sollen Arbeitgeber eine Integrationssteuer von 5000 Mark pro Jahr für jeden beschäftigten Ausländer zahlen. Kinder oder Ehegatten dürften nicht nach Deutschland geholt werden, »Zahlungen für Kindergeld und Erziehungsgeld an Ausländer sind einzustellen«. Ausländer ohne Aufenthaltsgenehmigung sollten in Abschiebelagern zu Löhnen wie Strafgefangene die Kosten für ihren Rückflug erarbeiten.

4. Die »Heide-Heime-Vereine«

Eigentümer des Anwesens ist ein Verein mit einem idyllischen Namen, der »Heide-Heim e.V.« mit Sitz im noblen Hamburger Stadtteil Blankenese. In der Satzung des 25 Mitglieder starken Vereins wird als Vereinszweck der Unterhalt eines Volks-bildungs- und Jugendheimes genannt. »In diesem Heim sollen« – laut Satzung – »die Erziehung, die Volksbildung, die Jugend-pflege und die Völkerverständigung sowie der Abbau von Vor-urteilen insbesondere mit den skandinavischen Völkern geför-dert werden.«
Dies solle geschehen durch
»– den Erfahrungsaustausch und die Weiterbildung von Eltern, Erziehern und Jugendleitern;
– die Bildung von Kindern und Jugendlichen durch Vorträge und musisches Arbeiten;
– die Wissensvermittlung und Anregung für eine menschen-würdige, gesunde, gemeinschaft- und umwelterhaltende Le-bensführung;
– die Jugendpflege in Jugendgruppen;
– das Verständnis für die Gemeinsamkeiten und Verschieden-heiten von Völkern und Kulturen;
– selbständiges Denken und Forschen;
– musische Allgemeinbildung und Kunstverständnis.«
In Wirklichkeit aber traf sich zum Beispiel im Jahr 1994 – also vor ihrem Verbot am 10. November – die militante »Wiking-Ju-gend« laufend in Hetendorf:

23. 1.	Liederabend mit dem braunen Barden Frank Ren-nicke, der vom wiedererstehenden Reich singt
5. 2.	Volkstanz- und Liederabend der Wiking-Jugend
18.–20. 2.	Wachenlager der Wiking-Jugend
25.–27. 3.	Arbeitslager der Wiking-Jugend
1. 4.	Unterführerweiterbildung der Wiking-Jugend
30. 4.	Arbeitslager der Wiking-Jugend
20.–24. 5.	»40. Tage volkstreuer Jugend« der Wiking-Jugend
17.–26. 6.	Hetendorfer Tagungswoche
23. 7.–6. 8.	Sommerlager der Wiking-Jugend

Bei den biederen Formulierungen in der Satzung des »Heide-Heim-Vereins« muß man sich nicht wundern, daß dieser am 18.12.1984 gegründete Verein durch Bescheid des Finanzamtes für Körperschaften Hamburg-Ost vom 5. Oktober 1988 als gemeinnützig anerkannt worden ist. Stutzig werden könnte man allenfalls, wieso nun der Abbau von Vorurteilen ausgerechnet bei den skandinavischen Völkern vordringlich sein soll, aber ein Verdacht für neonazistische Betätigung ergibt sich aus solchen Sätzen nicht. Inzwischen soll die Steuerbefreiung für den »Heide-Heim e.V.«, der laut Satzung ausschließlich und unmittelbar gemeinnützige Zwecke verfolgt, wieder aufgehoben worden sein.

Es gibt aber seit 1990 noch einen zweiten Verein namens »Heide-Heim e.V.«, und der hat seinen Sitz im niedersächsischen Buchholz, Landkreis Harburg. Dieser hat den Zweck, ein Volksbildungs- und Jugendheim zu *fördern*. Ansonsten ist die Satzung weitgehend gleich mit der Hamburger. Rechtsextremisten haben ihre Lektion in Tarnung und unverdächtigem Formulieren gelernt.

Der Buchholzer »Heide-Heim-Verein«, der für die finanzielle Absicherung zuständig ist, hat einen Spendenaufruf verfaßt. Eine »ergänzende Volks- und Jugendbildung« sei dringend erforderlich, »wenn unser Volk sittlich, geistig, seelisch und leiblich gesunden und überleben soll«. Das Heim in Hetendorf biete etwa 100 Tagungsteilnehmern Platz und habe eine große Zeltwiese. »Selbstlose Spender« hätten den Erwerb und den bisherigen Ausbau ermöglicht. Das Heim soll aber ein Werk aller sein, »die treu zu Volk und Heimat stehen«. »Geben Sie uns ein langfristiges, zinsloses Darlehen«, appelliert der Vorsitzende, »damit die großen Darlehen einiger weniger verringert werden können.«

Der »Heide-Heim e.V.« hat den Komplex Hetendorf mit Wirkung vom 22. Juni 1992 erworben. Voreigentümer waren der Hamburger »Freundeskreis Filmkunst e.V.«, der sich der Pflege von NS-Filmen widmet, und die rechtsextremistische »Gesellschaft für biologische Anthropologie, Eugenik und Verhaltensforschung e.V.«. An diese beiden Vereine hatte die Bundesfinanzverwaltung das ehemalige Kinderheim 1979 zu einem

Gesamtkaufpreis von 120 000 Mark verkauft. Die Käufer verpflichteten sich für die Dauer von fünf Jahren das Grundstück »ausschließlich für eigene Zwecke und Zwecke der Jugendarbeit gemäß ihrer Satzungen zu nutzen«. Auf den Gedanken, beim Hamburger Verfassungsschutz nachzufragen, um welche Vereine es sich handele, ist bei der Bundesfinanzverwaltung offenbar niemand gekommen, obwohl ein Verein für Eugenik doch zu Denken hätte geben müssen. Im Vertrag steht sogar: »Die Käufer verpflichten sich, dafür zu sorgen, daß diese Nutzungen sich im Rahmen der verfassungsmäßigen Ordnung der Bundesrepublik Deutschland bewegt.« Das ist schlichtweg der blanke Hohn.

Alle drei Fraktionen des niedersächsischen Landtags haben im Juli 1997 von Bundesinnenminister Kanther die Schließung gefordert. Da zwar das Hetendorfer Zentrum in Niedersachsen liegt, der Trägerverein »Heide-Heim e.V.« aber seinen Sitz in Hamburg hat, somit also zwei Bundesländer betroffen sind, müßte der Bundesinnenminister handeln. Der will aber offensichtlich nicht. Zum ersten Mal hatte die Kreisverwaltung Celle 1997 die Tagungswoche verboten, doch das Oberverwaltungsgericht Lüneburg hatte das Verbot wieder aufgehoben. Der Grund: Die Verbotsverfügung war Jürgen Rieger in Hamburg zugestellt worden, der die Woche organisiert. Veranstalter seien aber diverse Vereine. Bei drei Vereinen, dem »Heide-Heim e.V.«, der »Artgemeinschaft« und der »Gesellschaft für biologische Anthropologie, Eugenik und Verhaltensforschung e.V.« ist Rieger Vorsitzender, beim »Nordischen Ring« Vorstandsmitglied und einer ist der Behörde nicht bekannt, nämlich der »Familienwerk e.V.«. Obwohl Rieger der eigentliche Organisator ist, sahen die Richter des Oberverwaltungsgerichts ihn als Adressaten nicht für ausreichend an.

Hetendorf funktioniert aber auch als Notnagel, wenn andere neuheidnische Gemeinschaften Raumprobleme haben. 1994 mußte der »Bund der Goden« nach Hetendorf ausweichen. Am 11. Februar 1998 hat der niedersächsische Innenminister die beiden »Heide-Heim-Vereine« verboten und das Hetendorf Zentrum geschlossen. Rechtsanwalt Jürgen Rieger hat dagegen am 13. Februar 1998 vor dem Oberverwaltungsgericht Lüneburg Klage erhoben.

VII. »Blutschlag völkischen Lebens«: »Die Goden e.V.«

Die »Goden e.V.« sind »eine Vereinigung zur Förderung und Pflege der uns wesensgemäß geprägten Religion und Kultur«. »Im Streben nach religiöser Erneuerung, im Dienst an unserem Volk und gleichgestimmten Menschen« möchten die »Goden« »allen Suchenden die seelische und geistige Heimat zurückgeben«, so heißt es in einem aktuell verbreiteten Merkblatt *Die Goden e.V., auch Ihre Religion!*

Die etwa 400 bis 500 Mitglieder starken »Goden« wollen »den Göttern unserer Altvorderen« wieder Raum geben und »die in den Runen liegende Weisheit« neu erschließen. Sie »fühlen sich unserem deutschen Volke und Vaterland verbunden« und »wissen um die wurzelhafte, das Leben tragende Kraft, die der Volksgemeinschaft innewohnt«. Sie erkennen Gott als »die eine, alle Wesen und Kreaturen durchwirkende Geisteskraft« und sehen das Göttliche auch »in der Wesensgebundenheit der Völker, in ihrer Eigenart und Einmaligkeit«. »Goden«-Glaube befände sich damit »im Gegensatz zu den Lehren der christlichen Kirchen«. Einen anderen Glauben zu haben, heißt für die »Goden«, »sich selbst bis in den tiefsten Grund der Seele zu verneinen, zu verraten und als nichtig zu verwerfen«.

Gründer der »Goden« ist Franz Hermann Roderich Musfelt, geboren am 13.8.1897 in Berlin. Er rief die Gemeinschaft unmittelbar nach dem Zweiten Weltkrieg,[83] zunächst mit Sitz in Hamburg, wieder ins Leben, und er gab auch ein Mitteilungsblatt heraus. *Der Lichtbote* hieß es damals. Musfelt war gelernter Landwirt, verdiente sein Geld aber als Kaufmann; er lebte lange Jahre in Marokko und Ägypten, wo er in Kairo ein Reisebüro betrieb.

»Die Goden e.V.«, die sich eine »wissenschaftliche Vereinigung« nennen, haben auch noch eine »Arbeitsgemeinschaft des erweiterten Godenrates«. Sie heißt »Bund der Goden«. Während »Die Goden e.V.« den Eindruck eines esoterischen Zirkels machen, der sich in Licht-und-Dunkel-Metaphorik und einer verquasten Sprache mit den Weltläufen und Unbilden der Zeit befaßt, ist der »Bund der Goden« von ganz anderem Zuschnitt. Dort wird Klartext gesprochen.

Dieser Bund gliedert sich in einen Freundeskreis, einen Fördererkreis mit beratender Stimme und einen Trägerkreis, der allein voll stimmberechtigt ist. »Die Godenbewegung versteht sich als eine Kampfgemeinschaft zum Kampf gegen die Mächte der Zerstörung ...«, heißt es in der Schrift *Wer sind die Goden? Was wollen sie?* (S. 9). Der »Bereichsleiter Nord« des »Bundes der Goden«, der Bauer Heinrich Lorenzen aus Hollehit (»Der Hof gilt mehr, denn mein Leben.«), Vater von fünf Kindern und Opa von zwölf Enkeln, sieht als »Zielsetzung des godischen Bestrebens«, die »religiöse Gesinnung und Haltung nordischer Artung zu festigen«. Unerläßlich sei dazu organisches Denken und die Beachtung der volklichen Lebensgesetze. Das Gleichheitsprinzip stehe dazu im Gegensatz. Die »Gleichmacher«, also diejenigen, die das Menschenrecht auf Gleichheit verteidigen, zählen für den langjährigen Freund des Holocaust-Leugners Thies Christophersen zu den Kräften, die es »mit unserem Volk nicht gut meinen«.

1. Hitler – der »Revolutionär«

Der erste Vorsitzende des »Bund der Goden« ist schon ein hochbetagter Mann. Dennoch hält er Reden und Vorträge, verfaßt mehrseitige Rundschreiben und Tagungsberichte, Protestschreiben und Leserbriefe. Da äußert er ganz unverblümt seine Sympathien: »Hitlers geschichtliches Verdienst kann nicht hoch genug herausgestellt und gewürdigt werden, denn er war es, der durch seinen raschen Zugriff die geplante kommunistische Revolution, die bestimmt blutig verlaufen wäre, verhindert hat; statt dessen hat er eine nationale Erhebung bewirkt.«[84]

Dieser Vorsitzende ist ein Akademiker: Dr. August Friedrich Ventker, geboren am 27.10.1907 in Brockhausen bei Osnabrück, studierte in Hamburg und gehörte einer völkisch orientierten Burschenschaft an. Er war, wie er selbst mitteilt, schon 1934/35 freiwillig Soldat, in Flensburg stationiert, und später Kriegsteilnehmer.[85]

Dr. Ventker, der agile Greis, ist auch ein hilfsbereiter Mann. In einem dreiseitigen »Gutachten«, betitelt *Rasse und Charakter*, hat er einem »Goden«-Freund aus der Bredouille geholfen. Dieser Gode war »wegen angeblicher Beleidigung des Judentums schwer verurteilt« worden. Er legte gegen das Urteil Rechtsmittel ein und wurde in der Berufungsverhandlung dank dem Ventkerschen »Gutachten« freigesprochen – jedenfalls stellt es der Autor so in einem seiner Rundschreiben dar. Ventkers Argumentationskette sah folgendermaßen aus: Französische Rassenforscher hätten »darauf hingewiesen, daß die europäischen Völkerstämme im Laufe der Geschichte zunehmend verbastardisiert wurden«, schreibt Ventker in seinem »Gutachten«. In starkem Maße habe »die paulinisch-christliche Religion dazu beigetragen, da sie – mit staatlicher Gewalt aufgezwungen – alle Menschen vor Gott als gleich und gleichwertig ansah und noch ansieht, obwohl diese Auffassung den Tatsachen nicht entspricht«. Die »Talmudjuden« streben »nach Beherrschung aller Völker, indem sie sich in die politischen und vor allem wirtschaftlichen Verhältnisse ihrer Wirtsvölker einmischen ... So verschaffte ihr ausgeprägter Handelsgeistcharakter ihnen fast mühelos große Kapitalien. Damit konnten sie die Massenmedien ihrer Wirtsvölker übernehmen und organisieren.« Als die Völker begriffen hätten, daß sie »von einem fremden Geist beherrscht wurden, kam es zu häufigen und sogar blutigen Ausschreitungen, vereinfacht ›Antisemitismus‹ genannt«.

Daß der Grundsatz »Alle Menschen sind gleich« zu »Rassenmischung« führe, daß Juden die Welt beherrschten und überhaupt an ihrer Vernichtung selbst schuld seien, sind klassische nationalsozialistische Topoi. Genauso herrscht heute in den Köpfen mancher Deutscher die Vorstellung, daß die Ausländer selbst schuld sind, wenn ihre Wohnheime brennen, nach dem Motto: Wenn es keine Ausländer gibt, kann es auch keine Anschläge auf Ausländer geben.

Gottgewollter Kampf

In den Rundschreiben des Dr. Ventker wird unverhohlen Demo-
kratiefeindliches und Rassistisches wiedergegeben. Da ist von
den vielen »fremdrassigen Kindern und Jugendlichen« die Rede, die »den deutschen Raum besetzt halten«.[86] Da wird betont,
»daß wir uns einreihen in die Kampffront um den allein schon
rassischen Bestand unseres deutschen Volkes, denn für uns
Goden ist der Kampf gottgewollt, wenn der natürliche Bestand
heimtückisch von widernatürlichen und damit widergöttlichen
Elementen untergraben wird«.[87] Es wird der Text des SS-Liedes
»Wenn alle untreu werden« abgedruckt, das bei der Rekrutenvereidigung der SS gesungen wurde (»Woll'n predigen und
sprechen vom heil'gen deutschen Reich«).

Dunkelmänner und Lichtgestalten

Dr. Ventker organisiert mit ungebrochener Energie Tagungen,
bei denen er besonders gern Akademiker mit »Spitzenvorträ-
gen« präsentiert. Einer, den Dr. Ventker schon mehrmals be-
grüßen konnte, ist ein promovierter Jurist und Hochschullehrer:
Prof. Dr. jur. Johannes Jenetzky[88] aus Schwaben.

Jenetzky lehrt seinen Studentinnen und Studenten an der
Hochschule für Finanzen des Landes Baden-Württemberg in
Ludwigsburg bei Stuttgart etwas sehr Irdisches, nämlich Steuerrecht. Doch seine heimliche Neigung gilt offenbar Esoteri-
schem aus vergangenen Zeiten. Bei der Frühjahrstagung des
»Bundes der Goden« 1991 im Collegium Humanum in Vlotho,
dort, wo sich auch schon das »Komitee zur Vorbereitung des
hundertsten Geburtstags von Adolf Hitler«, getarnt als »Seminar
über Umweltfragen und Naturreligionen« traf, beschäftigte er
sich mit Zarathustra, dem altpersischen Reformator, für den
das Leben ein ständiger Kampf zwischen Licht und Finsternis
ist. »Zarathustrismus« ist für Jenetzky laut Tagungsbericht eine
»arische Hochreligion«.[89]

»Aus eisgrauen Zeiten ragt ein Geistesriese in die Gegenwart, der das größte Genie gewesen sein dürfte, das die

Menschheit auf diesem Planeten bisher hervorgebracht hat«, so der Tagungsbericht. Dies sei Zarathustra, dessen Lehren verfälscht und entstellt worden seien. Das Auftreten dieses »Gottmenschen« widerlege alle Skeptiker, die »der arischen Rasse das tief-religiöse Empfinden« absprechen wollten. Außerdem habe Zarathustra »ständig vor der Vermischung mit den Niederrassigen« gewarnt und »Kulturfähigkeit nur den reinblütigen Ariern« zugebilligt. Von Guido von List, der den Antisemitismus zum Bestandteil religiöser Esoterik machte, entlehnt Jenetzky, daß das von Zarathustra geschaffene Avestanisch neben dem Sanskrit und dem Althochdeutschen der arischen Ursprache am nächsten gestanden habe. Für das godische Weistum habe Zarathustra Bedeutung als Urheber einer der beiden Weltschauen, die Europa als eigene Religion aufbauen könne: der monistischen, repräsentiert »durch die germanisch-gläubigen Unitarier« und Sigrid Hunke, und der dualistischen. »Nur die reinen Herzens – und Blutes – sind, werden Gott schauen« heißt es im Vortragsbericht und: »Das Herz des Vortragenden gehört diesem zweiten Zweig.« Zarathustra habe den Weg der »Wiedergeburt« oder der »Goldenen Blüte« gewiesen, der aus »dem sterblichen Menschen einen neugeborenen Menschen« mache, und »zur Zeugung von Übermenschen« befähige. Dieser Weg fände seine Neugeburt in unserer Gegenwart. »In Zeiten der Bedrohung heißt der Schlachtruf: Zurück zu den Wurzeln.« Zarathustra, der Weltenlehrer aus Ostiran, vermöge dazu beizutragen, schloß der schwäbische Professor laut »Goden«-Bericht.

Prof. Dr. Johannes Jenetzky, Jahrgang 1937, promovierte 1977 in Tübingen und wurde 1981 Professor an der Ludwigsburger Hochschule, wo er bis heute lehrt. 1996 legte er beim renommierten Peter Lang Verlag in Frankfurt gemeinsam mit Dr. Dirk Löhr aus Mannheim ein Buch über *Neutrale Liquidität* vor.[90] Der Jurist befaßt sich nicht nur mit Wissenschaft, sondern er setzt sich auch mit »sogenannter Wissenschaft« auseinander, »die nach ihrem unwissenschaftlichen Vorverständnis nichts anerkennen kann, was älter ist als die Schreckenschronik der Bibel«. Und so läßt denn der Professor seine Art der Aufklärung nicht nur diesem politreligiösem Bund angedeihen, sondern auch einer Gruppe von Reichsverschwörern.

Szenenwechsel. Pforzheim, 15. Juli 1992, Gasthaus Kornblume. Es ist heiß an diesem Juliabend. In der Wirtschaft ist nicht viel los. An einem Tisch sitzt eine angetrunkene Frau, schwarze Nylonstrümpfe mit Laufmaschen, verrutschter Dutt auf dem Kopf. Viel Geschäft ist für sie nicht zu erwarten. Es ist schwül und außerdem noch früh am Abend. Neben ihr nuckelt ein auch nicht gerade nüchterner Mann, dem das Hemd aus der Trainingshose hängt, an seinem abgestandenen Bier. An einem anderen Tisch wird Karten gespielt. *Herzilein* klingt es von Musikkassetten aus der deutschen Schlager-Mottenkiste. Im Nebenzimmer der Kneipe versammelt sich derweil Deutschlands reichstreue Elite, Männer von der »Deutschen Volksversammlung«, ein knappes Dutzend, die meisten schon älter, aber auch ein Gymnasiast ist darunter. Wie gefährliche Reichsverschwörer sehen sie nicht aus, eher wie entsprungene Wandervögel oder Lebensreformer. Doch ihr Ziel ist, die Bundesregierung durch »reichstreue Frauen und Männer« zu ersetzen.

An diesem Abend sind sie zusammengekommen, um sich mit dem Wirken »einer kleinen internationalen Clique« zum Schaden des Volkes zu befassen. »Sehr viele Deutsche sind nach fast 50jähriger gezielter psychologischer Umerziehung der aufoktroyierten Meinung«, so heißt es in der Einladung, »persönliche Schuld zu tragen für den mindestens seit Beginn dieses Jahrhunderts dem deutschen Volk aufgezwungenen Kampf um seine nackte Existenz«. Unter dem Thema »Bewußtseins-Manipulation« werde Herr Dr. Jenetzky »den Ursachen einer solchen Fehlentwicklung nachgehen und Möglichkeiten aufzeigen, immun zu werden gegen diese verderbliche Fehlentwicklung«.[91]

2. Heilige Wut

Wenn man bislang den Eindruck haben konnte, die »Goden« und der »Bund der Goden« seien doch für jedermann erkennbar weit rechts angesiedelt, so ergibt sich ein völlig anderes Bild, wenn man eine andere Publikation der »Goden« betrachtet. Mit der *Kosmischen Wahrheit* wendet sich die »Goden e.V.« nicht nur an Mitglieder, sondern gerade auch an neue Interessenten. Diese *Godischen Schriften zur Pflege persönlichen Lebens* – so der Untertitel – erscheinen zu Beginn eines jeden Monats, und zwar 1997 bereits im 41. Jahrgang. Bei der Zeitschrift wird der ideologische Hintergrund erst auf den zweiten Blick erkennbar. Rassistisches, Hitler Verherrlichendes, Antisemitisches oder Rechtsextremes findet sich in dem Monatsblatt zumindest in den letzten Jahrgängen nicht. Statt dessen viel Goethe und Lyrisches aus godischer Produktion, harmlose Gedichtchen wie dieses:

»Ein Baum, allein ins Land gestellt,
wird leicht von einem Sturm gefällt.
Zwei, eng verwachsen, finden Halt
und Kraft gen Sturmgewalt.

Auch ein Mensch ist in Gewittern
alleine leichter zu erschüttern.
Gegen Zweisamkeit vergebens
tobt der Schicksalssturm des Lebens.«

Die *Kosmische Wahrheit* wartet zwar auf das Erwachen Barbarossas, »wenn die Zeit gekommen und unser Volk das Dunkel nicht mehr ertragen kann« (August/Ernting 96), in vielen Texten geht es aber um Esoterisches und Erbauliches. Es wird über die Menschen des Fische- und des kommenden Wassermannzeitalters geschrieben, über das »neue Denken« und das Buch *Wendezeit im Christentum* von Fritjof Capra und David Steindl-Rast. Ein Autor beschäftigt sich mit dem »Lebensquell aus ewigen Tiefen« und »Menschen-Seelen, die im Geistigen die wahren Werte vorrangig sehen und innerlich empfinden und sich nicht vor dem gegenwärtig glitzernden materiellen Scheinparadies blenden und verführen lassen!«[92] Herbert Adam aus dem österreichischen Mooskirchen schreibt über den faustischen Tatmenschen (Tatonuist) und die »Tatonusbewegung«: »Tatonus ist der kosmische Struktur-Funktions-Wesensbegriff der God-Selbst-Natur«.[93] Was immer auch ein Struktur-Funktions-

Wesensbegriff sein mag, viele Texte in der *Kosmischen Wahrheit* sind in einer derart verquasten Sprache abgefaßt, daß sie sich selbst vor einer größeren Leserschaft bewahren.

Eine neue Aufgabe sieht ein saarländischer Autor für die »Goden«, nämlich »im neuen Jahrtausend der Welt einen spirituellen Hauch zu verleihen – zur Wiederverzauberung der Welt«. Der Heilpraktiker Gerhard Heß aus Bechtheim schreibt über Runen-Yoga und Kundalini, die Schlangenkraft, die in einem »meditativen Prozeß der Willenszucht aktiviert« werden soll und zwar »mittels einer in Gang gesetzten Seelenwallung, einer sich steigernden heiligen Wut, einer willensmäßig kontrolliert ablaufenden feinstofflichen Eruption.«[94]

3. »Deutsche Art, treu gewahrt«

Studienrat Mathias Weifert aus Miltenberg ist einer der besonders aktiven Autoren der *Kosmischen Wahrheit*. Nebenbei ist er Vorsitzender des Hamburger »Vereins für Sprachpflege« und der »Arbeitsgemeinschaft Donauschwäbischer Lehrer e.V.«, die ihren 9. Donauschwäbischen Lehrerkongreß 1995 ausgerechnet in den *Briefen für deutsche Heiden – Pen Tuisko* bekanntgibt. Auch für dieses Blatt verfaßt Weifert Beiträge. In der *Kosmischen Wahrheit* schreibt der Lehrer über »Germanisches Heidentum im Banat«: »Der Zersetzungsprozeß des germanischen Heidentums, der mit der Annahme des Christentums in Deutschland einsetzte ..., ging im Banat unter den Deutschen noch weiter.« Dennoch könnten die Banater Deutschen in ihrer Gesamtheit im Hinblick auf Überreste des germanischen Heidentums von sich sagen: »Deutsche Art, treu gewahrt.«[95]

Mathias Weifert, 1960 in Schweinfurt in Unterfranken geboren, also ein relativ junger Mann für godische Verhältnisse, studierte Erdkunde, Wirtschaftswissenschaften und Sozialkunde für das Lehramt an Gymnasien. Es ist ihm ein besonderes Anliegen, bei jeder Gelegenheit, eine Lanze für die Frakturschrift zu brechen. So ließ er sein Buch über *Die Entwicklung der Banater Hauptstadt Temeschburg* in Frakturschrift drucken, »um einen kleinen Beitrag zur Erhaltung dieses wichtigen deutschen Kulturgutes zu leisten«. Auch will er die deutsche Sprache »durch die vermehrte Anwendung des Eigenwortschatzes« pflegen. Sein Vorwort datiert Weifert konsequenterweise auf alte Art mit 9. Lenzing (März) 1987, und der Widmung an Eltern und Tante fügt er Runenzeichen bei.

1997 brachte der vielbeschäftigte Lehrer auch ein Schulbuch namens *Donauschwäbisches Unterrichtswerk*[97] heraus, ein fächerübergreifendes Lehrbuch für Jugendliche. Dieses wird nach seiner Meinung »dem reformpädagogischen Ansatz ganzheitlichen Lernens gerecht«. Das Buch befaßt sich mit »Flucht, Vertreibung, Verschleppung und Vernichtung der Donauschwaben«; die Geschichte des Dritten Reiches wird kaum erwähnt, lediglich in einem kleinen Beitrag zur Schulautonomie.

4. Neuheide mit Streuwirkung

Zu den Autoren der *Kosmischen Wahrheit* gehört aber auch Otto Rudolf Braun. Er wendet sich »Geist-Wesen und Menschen-Wesen« zu.[98] Das Dasein des Menschen »gleicht einem Gewebe; die ewige Herkunft gibt den Längsfaden, das Blut den Quereinschlag, auf ihm hat jeder das Bild seines Lebens zu wirken.« Otto Rudolf Braun gehört zu den Neuheiden mit großer »Streuwirkung«. Er taucht in einer Vielzahl von Publikationen als Autor auf: in der österreichischen Zeitschrift *Pen Tuisko – Briefe für deutsche Heiden – Bausteine zur Volkskunde*, früher *Pen Dragon* und im *Ostpreußenblatt*, einer der größten Wochenzeitungen der Vertriebenen, schrieb er (Mai 1987) über die Tradition des Muttertags. In der Neuen Front aus dem Umfeld des mittlerweile verstorbenen Neonazi Michael Kühnen erschien eine Anzeige mit folgendem Text: »Unser Kamerad Otto R. Braun ... arbeitet an einem Buch und bittet die Kameraden ihm alles zu senden, was im Zusammenhang mit dem Mord an Reichsminister Rudolf Hess an Material vorliegt!«[99] Otto Rudolf Braun war auch in der *Freien Umschau*,[100] einem der frühen ökologisch verbrämten rechtsradikalen Szeneblättchen aus Berlin, zu finden. An diesem Blatt arbeitete auch der heutige Chefredakteur der *Jungen Freiheit*, Dieter Stein, mit. Dort vertraute Braun seinen Lesern an, daß er bei seinen Reisen oft Friedhöfe besuche, ob es sich um einen kleinen Dorffriedhof in den Alpen handele oder einen amerikanischen Kleinstadtfriedhof. Im *Badischen Landboten* (2/89) eines ehemaligen »NPD«-Funktionärs aus Konstanz trauerte Braun vergangenen Zeiten nach: »Seitdem viele Bauernhöfe ihren eigenen Fernsehapparat besitzen, ist auch das Gemeinschaftsleben in den Dörfern ärmer geworden.« Noch im 16. Jahrhundert habe man beim Erntedank die letzte Garbe dem Wodan dargebracht. Unsere heutige Zeit sei allzu nüchtern geworden, klagt er.

Verantwortlich für den Inhalt der *Kosmischen Wahrheit* zeichnet Margarete Gabke aus dem hessischen Herborn. Ihr Mann Günther Gabke leitete die »Goden«-Tagung am 3. und 4. Oktober 1997 in Romrod am Vogelsberg in Hessen. Ein Vortrag lautete »Judäo-Christentum und Wassermannzeitalter«. Vom Christentum hält Gabke nicht viel: Es sei völlig verfehlt, vom Christentum zu erwarten, so schreibt er »Goden«-Interessenten 1997, es könnte den Menschen eine Wertordnung oder Sinnvorstellungen zurückgeben. »Die heutige Welt ist Ergebnis des im Christentum liegenden Geistes, der auf Zerstörung der Völker und des ihnen eigenen Wesens gerichtet ist.«

Der Bauingenieur Günther Gabke tauchte vor 20 Jahren als Jugendleiter des »Völkischen Jugendkreises« und Schriftleiter der Zeitschrift *Der Aufmarsch* auf. »Adolf Hitler«, zitierte Gerhard Kromschröder den »Goden«-Führer im *Stern,* »war der letzte große Staatsmann, der die Bedeutung der Rassenfrage erkannt hat.« Für die Ausländer, die »unser nordisches Rassenerbe durch Vermischung bedrohen«, hat der ehemalige »NPD«-Funktionär aus dem Westerwald laut *Stern* folgendes Rezept: »Wir müssen endlich dazu kommen, daß wir den Türken hier die Häuser anzünden und Bomben auf Fabriken werfen, in denen sie arbeiten.«[101]

So kam es ja dann auch zehn Jahre später, beginnend mit Hoyerswerda. Die Blutspur setzte sich über Rostock, Mölln, Hünxe und Solingen fort. Heute drückt sich Gabke so aus: »Man redet gerade in unserer Zeit so viel von Selbstfindung und läuft dabei aber immer den Einflüsterungen von Menschen anderer Völker nach ... ›Völker sind Gedanken Gottes!‹«[102]

5. Rechtsextreme Kooperationspartner

Der »Bund der Goden« arbeitet mit anderen rechtsextremistischen Organisationen zusammen wie dem »Deutschen Kulturwerk europäischen Geistes« (DKeG), dem »Freundeskreis Deutschland e.V.«, der »Deutschen Bürgerinitiative e.V.« des früheren Rechtsanwalts Manfred Roeder und anderen. Zum »Deutschen Kulturwerk ...« ergaben sich besonders enge Beziehungen schon durch die Mitgliedschaft von Dr. Ventker. Dieses »Kulturwerk« mit Sitz in München wurde am 1. Mai 1950 von dem Dichter Dr. Herbert Böhme gegründet[103], der in der NS-Diktatur Mitglied der obersten SA-Führung und Reichsfachschaftsleiter für Lyrik in der Reichsschrifttumskammer war (»Werft in die Flammen, was wir verdammen«).[104] Es entwickelte sich zu einer der größten rechtsextremistischen Kulturvereinigungen, der auch viele »NPD«-Mitglieder angehörten.

Der nordrhein-westfälische Verfassungsschutzbericht notiert für das Jahr 1995 eine »grenzüberschreitende Zusammenarbeit« mit dem gleichnamigen »Kulturwerk« in Österreich bzw. der Ersatzorganisation »Deutsche Kulturgemeinschaft«. 1997 veranstalteten nun sowohl »Deutsche Kulturgemeinschaft« wie auch der »Bund der Goden« im September Treffen in Altenberg an der sächsisch-böhmischen Grenze. »Wir tagen dort in absoluter Sicherheit!«, heißt es im Rundschreiben 3/1997.

Der »Bund der Goden« gestaltete gemeinsam mit dem »Deutschen Kulturwerk« eine »Julfeier« in einem Darmstädter Hotel. Dabei hielt der »verehrte Godenfreund« Gerhard Seifert aus Marburg eine Ansprache über den Sinngehalt des Weihnachtsfestes. Es gelte, Gemeinschaft zu pflegen, denn die jetzige Zeit sei »darauf bedacht, ganz entgegen unserer deutschen Art zu trennen, zu spalten, zu zersetzen, zu überfremden«.[105] Wenn »wahrhaft Deutsche« sich Frohe Weihnacht wünschten, schreibt der 1. Vorsitzende Dr. Ventker zum Julfest, so käme dieser Wunsch »aus dem Blutschlag völkischen, volkhaften Lebens«.

Bei der »Goden«-Herbsttagung 1992 in Weinheim an der Bergstraße sprach eben jener »Goden«-Freund Seifert über die »Wiedergeburt des Deutschen Geistes«. Übrigens tagte man im Haus der Jugend, wiewohl die meisten Teilnehmer eher zu älteren Semestern zählen. Laut einem Tagungsbericht, der besonders die Gastlichkeit im Haus der Jugend hervorhebt, verlief das Treffen in geradezu euphorischer Stimmung.

Ein in Frankfurt am Main praktizierender Arzt, Dr. Eduard Peter Koch, sprach zu den versammelten »Goden« über »Autogenes Training als innere Haltung und geistig-sittlichen Neubeginn«. Dabei schilderte er einen schwer erkrankten Patienten, der die Schwere der Erkrankung gar nicht erfasse und deshalb sich auch nicht bemühe, an der Heilung dieser Krankheit mitzuwirken. Auch ein politisch Erkrankter könne nicht in einer kurzen Kur ausheilen, was er jahrzehntelang in sich aufgenommen habe. Denn es sei ja nicht nur der Sinn von Worten unverständlich gemacht worden, sondern der Körper, das Blut habe durch die Aufnahme von »Fremdstoffen« gelitten, und das Blut sei Träger und Bildner des Geistes. »Nun, Herr Dr. Koch ist als Mediziner bestrebt, Kranke zu heilen, auch – oder gerade? – politische Geisteskranke mit Medizinen und Kuren Kochscher Art«, so wird Dr. Koch im Tagungsbericht charakterisiert.[106] Dieser Mediziner aus Frankfurt-Eckenheim hat außerdem ein Hobby: er schreibt offene Briefe und das am laufenden Band, an Gerichte, Minister, Professoren, die dann in rechtsextremistischen Zeitschriften gedruckt werden. Er greift aber auch als Dichter (»Ostara – ... bald fallen die fahlen faulen Äste ...«) und Autor gern zur Feder, ebenfalls für einschlägige Publikationen, wie die antisemitischen Hetzblätter *Sieg* und *Remer-Depesche*, den auch schon beschlagnahmten Berliner Sleipnir, die »reichstreuen« *Staatsbriefe*, die rassistische *Neue Anthropologie*, die *Deutsche Rundschau*, den *Eckartboten* aus Österreich, die *Bauernschaft*, die neonazistischen *Huttenbriefe* oder *Recht und Wahrheit*. Er trat schon bei der Gästewoche der »Deutschen Kulturgemeinschaft« 1995 und 1996 in Altenberg im Erzgebirge und bei der »Gesellschaft für freie Publizistik« 1996 auf.

Eine andere Referentin des »Bundes der Goden« ist auch eine Mehrfach-Aktivistin. Die Schriftstellerin Ursula Beyrich aus Frankfurt am Main brachte den Zuhörern »Indianisches« nahe. Zu den nordamerikanischen Indianern hat Frau Beyrich »besonders enge Beziehungen«. Sie sieht sogar viele Gemeinsamkeiten zwischen Germanen und Indianern. Das edelste Indianertum zeige »einen gesunden Weg für alle Völker in der jetzt so kranken Welt«.

Auf den ersten Blick mögen diese braunen Sympathien ausgerechnet für »Rothäute« bizarr erscheinen und man fragt sich, wieso nun gerade das *Leitheft*, eine Zeitschrift von ehemaligen Angehörigen der Waffen-SS, Beyrichs Indianerschriften zitiert. Eine Erklärung, neben der Affinität zur Naturreligion, liefert ein »Goden«-Bericht über den Weinheimer Beyrich-Vortrag 1992. Menschen, die Tiere und Pflanzen als Mitgeschöpfe betrachteten, hätten gegenüber den »Entdeckern« aus Europa unterliegen müssen. Die Entdecker-Nachfahren seien inzwischen nach Europa zurückgekommen und hätten insbesondere Deutschland entdeckt, das sie immer noch besetzt hielten. Da wundert es dann nicht mehr, wenn in rechtsextremen Publikationen wie der »NPD«-Zeitung *Deutsche Zukunft* aus Bochum oder den neonazistischen *Nachrichten der HNG* solche Sprüche stehen: »Die Indianer konnten die Einwanderer nicht stoppen. Jetzt leben sie – *entrechtet* – in Reservaten. Wenn *SIE* Ihren Kindern das ersparen wollen, wehren Sie sich!«[107]

Frau Beyrich reiste auch persönlich in das Land der Sioux und Cheyennes, der Irokesen, der Navajos und Havasupais in Arizona, das alte Schawanesengebiet in Ohio und nach Mexiko. Als Adoptivtochter des Urenkels von Sitting Bull, Häuptling der Sioux, wird sie in der Einladung zum »Stammestreffen der Sueben, Allemanen, Helvetier und Vindeliker« 1993 auf dem Hohenstaufen bei Göppingen angekündigt. Beyrichs Thema: »Indianische Ehrfurcht vor der Natur – nordisch-germanischem Denken nicht fremd.«

Bei der Frankfurter »NPD« schwor sie die Zuhörer ein: »Deutsche Heimat im Osten – wir bleiben dir treu!« Als sie 1992 über dieses Thema in Mallnitz in Österreich referieren wollte, bekam sie von den Sicherheitsbehörden in Klagenfurt Redeverbot. Im Nachbarland war sie nämlich schon bekannt. Schließlich hatte sie zum Beispiel auch bei der 7. Gästewoche des »Deutschen Kulturwerks« in Pichl am Dachstein unter dem Leitwort »Raum – Rasse – Religion und Volk« neben einigen der bekanntesten Rechtsextremisten aus Deutschland und Österreich auf der Rednerliste gestanden.

Neben ihrer regen Vortragstätigkeit, ob bei der neonazistischen Hetendorfer Tagungswoche in Niedersachsen, bei der »Arbeitsgemeinschaft Naturreligiöser Stammesverbände« in Baden-Württemberg oder bei der »Gemeinschaft Deutscher Osten«, hat sie im Laufe ihres Lebens – teils gemeinsam mit ihrem Mann Gerhard – fast 20 Broschüren und Bücher herausgebracht. Diese Publikationen tragen Titel wie *Vom Adel des Kriegers, Worte von und über A. H.* oder *A. H. im Ersten Weltkrieg.* »Deutschland nach dem Zusammenbruch« ist sowohl Vortragsthema wie auch Broschürentitel. Dazu bekam sie auch einen Dankesbrief, nämlich von keiner geringeren als Winifred Wagner, des Führers unverbesserlicher Freundin bis in den Tod.[108] Für Beyrich ist die von A. H. verschmähte Möchtegern-Führerbraut aus Bayreuth »die große, vorbildliche Frau«, mit der sie einen »wunderbaren Briefwechsel« hatte.

Mokassins und Haferlschuhe, Gamsbart und Federkopfschmuck, Hirschlederne und farbige Perlenschnüre waren auch bei der rechtsextremen »Deutschen Volksunion« am 28. September 1996 in der Passauer Nibelungenhalle angesagt. Denn der Münchner Verleger Gerhard Frey, Herausgeber des Hetzblatts *Deutsche National-Zeitung*, hat sein Herz für Indianer entdeckt und den »indianischen Freiheitskämpfer« Edward Godfrey zur alljährlichen »DVU«-Wallfahrt in die Drei-Flüsse-Stadt eingeladen. Dort hielt der Sioux eine Rede »in seiner indianischen Sprache«; an seiner Seite stand Shirley Dugan, »die sympathische Dakota-Indianerin«, schreibt die *National-Zeitung* und zum Schluß »segneten beide nach altem indianischen Ritual das deutsche Volk, die DEUTSCHE VOLKSUNION und ihren Vorsitzenden«.[109]

Vom Namen her weitaus bekannter als Ursula Beyrich ist der ehemalige Rechtsanwalt und Rechtsterrorist Manfred Roeder aus Schwarzenborn auf dem Knüll. Er sprach bei der Frühjahrstagung 1991 des »Bundes der Goden« in Vlotho zum Thema »Was ist deutscher Glaube?« Seither gehört er zu den Stammgästen bei den godischen Hermannstagen. »Nur der unbändige Glaube an unseren Auftrag vor der Geschichte«, trichterte Roeder den Versammelten ein, könne die Deutschen retten, der Glaube an einen göttlichen Auftrag. Auch ein einzelner könne die gesamte politische Landkarte verändern, wie Martin Luther und Adolf Hitler bewiesen hätten. »Deutscher Glaube steht hoch über allen Konfessionen, hat nichts mit Kirche zu tun, aber mit tiefer Frömmigkeit, mit Naturverbundenheit, mit Ehrfurcht vor der Schöpfung und vor den Ahnen.« Solche Worte klingen den »Goden« süß in den Ohren, zumal weil sie doch geäußert wurden von einem, der mit seinen spektakulären Aktionen gewisse Medienerfolge feiern konnte. Er verschaffte sich immer wieder Publizität durch Happenings wie seinen Auftritt am 20. April 1996 in Worms, anläßlich des 475jährigen Jubiläums des historischen Reichstages und des Einzugs von Martin Luther. Angetan mit roter Schärpe und grünem Samtbarett mit Straußenfeder trug Roeder Selbstgedichtetes gegen »Pfaffenlehren« vor und zerriß demonstrativ das Stuttgarter Schuldbekenntnis von 1945 – vor Zehntausenden von Zuschauern und unbehelligt von der Polizei. Dann erklärte er die Anwesenden von Sünden und Schuld der Vergangenheit befreit.[110]

Roeder wurde 1982 wegen Rädelsführerschaft in einer terroristischen Vereinigung, Sprengstoffanschlägen, versuchter schwerer Brandstiftung und Anstiftung zum Mord zu 13 Jahren Haft verurteilt. Nach Verbüßung von zwei Dritteln wurde er 1990 entlassen. Auf das Konto seiner Aktionsgruppen gingen Anfang der achtziger Jahre etliche Sprengstoffanschläge. Sie kosteten zwei Menschen in Hamburg das Leben, acht wurden verletzt.[111]

Seit 1991 versammelt sich der »Bund der Goden« »aus einer uns Deutschen verpflichtenden Hermannsgesinnung« zum Hermannstag am letzten Wochenende im August oder – wie 1997 – erst im September. Dazu werden »volksbewußte Redner« meist in die Nähe der Externsteine im Teutoburger Wald geladen. Denn vor diesem »Heiligtum aller Germanenstämme« habe einst Hermann, der Cheruskerfürst alle Gaufürsten zusammengerufen, um ihnen seinen Plan zur Befreiung Germaniens von der unerträglichen Knechtschaft kundzutun. Der letzte Hermannstag vom 19. bis 21. September 1997 wurde nach Altenberg an der sächsisch-böhmischen Grenze einberufen, weil man dort so schön ungestört tagen kann.

Beim ersten und dritten Hermannstag hielt Manfred Roeder den Festvortrag und lud auch die Freunde seiner »Deutschen Bürgerinitiative« dazu ein. Hermanns große Leistung habe darin bestanden, daß er die zerstrittenen Stämme geeinigt und eine disziplinierte Truppe aufgebaut habe, »was bis dahin bei den Germanen ganz unüblich war«, wie Roeder einräumte. Die Germanen hätten sich von da an als eine Einheit gefühlt, die Rom trotzen, ihre Freiheit und ihre Götter verteidigen und ihre Sprache und Sitte erhalten konnte. »Mit dem Hermannstag feiern wir den Geburtstag unseres Volkes«, rief Roeder aus, »er sollte unser größter Feiertag werden!«

Im Schlußwort erinnerte Dr. Ventker an zwei weitere »Freiheitstaten«, die das Abendland vor dem Untergang bewahrt hätten: an die Schlacht bei Marathon und an die zweite »Abendlandbefreiungstat«, »als Adolf Hitler am 22.6.1941 die Deutsche Wehrmacht zur Abwehrschlacht gegen den Bolschewismus« habe antreten lassen.

Beim ersten Hermannstag im Jahr 1991 in Horn an den Externsteinen feierte der Altaktivist und Heimatdichter Siegfried Bokelmann aus Friesland den germanischen Heerführer als »ersten der Vaterlandsbefreier!« Beim Hermannstag 1996 in Bohmte bei Osnabrück, zu dem auch Flamen angereist waren, gab sich Bokelmann seiner Empfindung beim Anblick des Hermannsdenkmals an einem Sommerabend hin: »Hermann, Du Einzigartiger, was wäre ohne Dich nur aus dem deutschen Volke geworden, aus unserm Sang, aus unserer so gemütstiefen Sprache! Du leuchtest uns voran, voran im Lied der Deutschen.«[112]

Ein besonderer Dank beim Hermannstag 1996 galt dem »Sachkundigen Heiner Gehring, Universität Osnabrück« für seine Führung in Kalkriese. Diplom-Psychologe Gehring arbeitet laut Auskunft des Fachbereichs Psychologie an der Universität Osnabrück bei einem Projekt zur Friedens- und Konfliktforschung mit. Er geht aber auch publizistischen Nebenbeschäftigungen nach, als Mitherausgeber eines *Rundbriefs für ökologische Patrioten – Volk und Land* und Autor in Blättern wie dem Magazin *europa vorn* (Auflage ca. 5000). Dieses Blatt charakterisiert der Verfassungsschutz in Nordrhein-Westfalen als »eine Plattform für Strategiediskussionen ebenso wie für fremdenfeindliche, antisemitische und revisionistische Propaganda«.[113]

Mit der Lokalisierung des Schlachtfeldes, wo vor fast 2000 Jahren »ein germanisches Heer unter der Führung des Cheruskerfürsten Hermann das freie Germanien unserer Ahnen vor dem Schicksal der Romanisierung und den Folgen der Degeneration des Römischen Reiches« bewahrt habe, befaßte sich Gehring nicht nur in *Europa vorn* (»Quo vadis, Arminius?« Nr. 88/89 1995), sondern auch im *Eckartboten*. Dem »nordischen Kampfesmut und der germanischen Kraft« hätten die Römer nichts entgegensetzen können. Schlachten wie die im Teutoburger Wald oder die Karl Martells bei Tours und Poitiers im Jahr 732 seien keine kurzfristigen Machtkämpfe, sondern das Ringen großer Völkerscharen, »von beseelten Masseneinheiten im Sinne von Oswald Spengler, um Erhalt und Überleben ihrer Kultur und ihres Lebensraumes« gewesen. »Ein Gemeinwesen, das sich gegen Eindringlinge nicht wehrt«, folgert Gehring, »wird untergehen.«[114]

Wie Siegfried Bokelmann haben viele »Goden« Mehrfachmitgliedschaften: Die Rentnerin Maria Thöle, geborene Eggers, die Ende Dezember 1996 gestorben ist, war zum Beispiel langjähriges »Goden«-Mitglied, Gefährtin der »Artgemeinschaft – Germanische Glaubensgemeinschaft« und ist 1993 als erste Vorsitzende des »Nordischen Rings« gewählt worden.

Oder »Goden«-Referent Dr. Kurt Kibbert: Er war gleichzeitig der »Herr Wili« bei der »Arbeitsgemeinschaft Naturreligiöser Stammesverbände Europas« (ANSE). Dieser Verband wünscht ihm »freudvolle Stunden an der Tafel der Götter«, als er am 2. Dezember 1993 nach Walhall einging aufgrund eines Herzinfarkts, den er bei einer Veranstaltung des »Armanen-Ordens« in Bechtheim zwischen Limburg und Wiesbaden erlitt. Dort hatte er das »Lebenswerk unserer großen Philosophin Dr. Mathilde Ludendorff« gewürdigt.

VIII. »Mut zu wahrhaft befreiender Tat«: »Deutschgläubige Gemeinschaft e.V.«

Im Mai 1996 lud der »Fremdenverkehrsverband der Insel Usedom e.V.« zu einem urigen Wikingerlager mit Axtwerfen und Bogenschießen, Schaukämpfen und Bewirtung »nach echter Wikinger-Art«. Was die findigen Tourismusexperten der Ostseeinsel nicht wußten: Ihr farbiger Werbeprospekt wurde auch von der »Deutschgläubigen Gemeinschaft e.V.« (DGG) an ihre Mitglieder- und Interessentenkartei verschickt. So war es auch 1997 beim 3. Wikingerlager in Peenemünde/Usedom wieder, bei dem erstmals Skinheads Randale machten.

Die »Deutschgläubige Gemeinschaft« ist eine der ältesten völkischen Religionsgemeinschaften in der Bundesrepublik. Sie wurde noch vor dem Ersten Weltkrieg, nämlich 1911, in Berlin gegründet. Sie selbst datiert ihr Bestehen nach der Schlacht im Teutoburger Wald, als Arminius, der Fürst der Cherusker, an der Spitze der Germanen die drei Legionen des Varus vernichtete. Bei der »Deutschgläubigen Gemeinschaft« heißt es also: gegründet 1902 nach Teutoburg.

Als Symbol hat sich die Gemeinschaft eine Gaumensperre gewählt: Im Rachen des Wolfes Utgard, der die Menschenwelt Midgard bedroht, steht senkrecht das Götterschwert und bewahrt Midgard so vor dem Untergang. Utgard symbolisiert die Außenwelt der Dämonen, die Gefährdung für Götter und Menschen in Midgard.

1. Sigfrid oder Christus?

»Deutschgläubig« ist vermutlich eine Wortschöpfung des Bremer Hobbyastrologen und Telegrafendirektors bei der Post Otto Sigfrid Reuter (1876–1945). Der gebürtige Ostfriese forderte eine »Abkehr von jedem aus der Fremde überkommenen Religionsgrundsatz« zugunsten eines im eigenen Volkstum wurzelnden Glaubens. *Sigfrid oder Christus?* nannte Reuter seine 1910 erschienene Grundsatzschrift. Schon im Februar 1911 gründe-

ten Reuter und Ernst Hunkel den »Deutschen Orden« »für seelische und leibliche Wiedergeburt unserer Volkheit aus dem
ewigen Borne germanischen Blutes und Wesens«. Dieser Orden
sollte die Keimzelle einer »Lebens- und Tatgemeinschaft« auf
dem Lande sein, die mit »rassereinen« Siedlungen für die »Ver-
jüngung unserer Volkskraft« sorgen wollte. Im Sommer des-
selben Jahres entstand aus dem »inneren Ring« des Ordens die
»Deutsch-religiöse Gemeinschaft«, die ein paar Jahre später
den Namen »Deutschgläubige Gemeinschaft« erhielt.[115] Die
Satzung der »Deutschgläubigen Gemeinschaft e.V.« wurde am
19. September 1920 errichtet und bis 1977 mehrfach geändert.

Der in Leer geborene Reuter, der laut dem inzwischen verstorbenen Sektenbeauftragten Friedrich Wilhelm Haack ein
Halbbruder des späteren Berliner Oberbürgermeisters Prof. Dr.
Ernst Reuter ist, regte mit seinen Büchern *Das Rätsel der Edda
und der arische Urglaube*,[116] vor allem aber mit der *Germanischen Himmelskunde*, die gerade in jüngster Zeit wieder neu in
Mode gekommen ist – zur Nachahmung an. So wandelt heute
beispielsweise der Hobbyastronom Karlheinz Baumgartl aus
dem niederbayerischen Zeilarn mit seinen Vorträgen über Himmelskunde in Alteuropa auf Reuters Spuren. Und die rechtsextremistische »Artgemeinschaft« hat diese Schriften Reuters auf
ihrer Buchempfehlungsliste.

Heute sehen die »Deutschgläubigen« gemeinsam mit ihren
gleichgesinnten Freunden in Schweden, Norwegen, Flandern,
Frankreich, dem Vereinigten Königreich, Island und den »Ländern überseeischer europäischer Auswanderung« ihr Ziel darin,
die »Herrschaft der geistigen Fremde zu brechen«. Die Zeit der
christlichen Priester laufe ab, »während die unsere unaufhalt-
sam kommen wird«. Die Gemeinschaft umfaßt laut ihrer Selbst-
darstellung »alle geschichtlich-deutschen Stämme ungeachtet
staatlicher Grenzziehungen und pflegt darüber hinaus die religiösen Gemeinsamkeiten mit gleichgearteten Gruppen im gesamten germanischen Sprachraum«.

Die »Deutschgläubigen« halten sich gerade nicht für einen
»Klub absonderlicher Sektierer und Einzelgänger«, wie ihr
langjähriger Vorsitzender Odfried Jungklaaß einmal bei einem

Gemeinschaftstag sagte, sondern begreifen sich als »Teil jener großen Blutsgemeinschaft, die schon Jahrtausende vor uns hier im Norden Europas lebte«. Die Gemeinschaft fußt auf den »hier heimischen, vorchristlichen Glaubens- und Wertvorstellungen«. Es geht ihr »um die dauerhafte Erhaltung unseres Volkes, um die vertiefte Kenntnis seiner Vor- und Frühgeschichte, um seine seelische Freiheit und um ethische Werte, wie sie auch von unseren Altvordern vertreten und gelebt worden sind«. Deutschgläubig sein heißt: »unsere Bindungen an das uns überkommene Erbe pflegen und es rein zu erhalten«. Das gelte vor allem für die Gattenwahl. Das fanden auch die Nationalsozialisten und erließen ein Verbot von Mischehen. Grundlage war das Gesetz zum Schutz des deutschen Blutes und der deutschen Ehre, Teil der auf dem »Reichsparteitag der Freiheit« in Nürnberg am 15. September 1935 verkündeten Rassengesetze.

Was die Zukunft der »Deutschgläubigen« anbelangt, so sind sie froh gestimmt, denn sie beobachten das »geistig-seelische Ringen« gerade von immer mehr jungen Menschen. Sie sorgen auch für völkischen Nachwuchs, indem sie »kindgemäß geschriebene« Einführungslektüre verbreiten. »Werden Sie mit Ihrer Familie Gefährte (Mitglied)!«, wirbt das Gemeinschaftsamt des seit 1921 eingetragenen Vereins. Kinder, auch Kleinkinder sind bei den Jahrestagen stets gerngesehene Gäste. Die Gemeinschaft übernimmt sogar die Übernachtungskosten für sie.

Als Vereinsorgan erscheint *Der Deutschgläubige* neben der Schriftenreihe *Widar – Deutschgläubige Blätter*. Die Zeitschrift hatte früher *Neues Leben* geheißen und war das Organ der 1911 von Otto Sigfrid Reuter in Berlin gegründeten »Deutschreligiösen Gemeinschaft«. Alfred Conn benannte die Zeitschrift, die bald eine rein deutschgläubige Schriftleitung hatte, in *Widar* um.

1933–1936 gab Alfred Conn den *Widar* als *Deutschgläubiges Kampfblatt* im Wölund-Verlag Hamburg heraus. Der Name Widar bezieht sich auf den Sohn Odins und der Riesin Grid in der nordischen Mythologie, der dem Wolf Fenris den Kopf auseinanderriß, ihn tötete und zum Rächer und Nachfolger seines Vaters Odin wurde. Ab 1955 war dann die »Deutschgläubige Gemeinschaft« wieder aktiv und gab auch den *Widar* heraus.

Manfred Jenke zitiert in seinem schon 1961 erschienenen Buch *Verschwörung von rechts?* das vielsagende Leitwort auf jeder ersten Seite in einem anderen Mitteilungsblatt der »Deutschgläubigen Gemeinschaft«, nämlich dem *Ring der Treue*, Ausgabe »Scheiding 1960« :

»Blut strömt unverändert durch die Jahrhunderte.
Gesinnung wächst aus Blut.
Deutschgläubig sein heißt:
Betätigung der aus deutschem Blut gewachsenen
Deutschen Gesinnung im täglichen Leben.
Über unserem Leben steht nur ein Höchstwert:
Das eingeborene Deutschtum!
So ist Deutschgläubigkeit mehr als Religion:
Es ist gelebte, blutsbedingte Gesinnung.«[117]

2. »Beginne nach der MG-Salve«

»Deutschland, Deutschland über alles«, tönt es vom Band des Anrufbeantworters, »hier ist das Hauptschulungsamt Wotans Volk. Der Anschluß ist zur Zeit nicht besetzt. Nenne Namen, Zeit und Grund deines Anrufs ... Beginne nach der MG-Salve!« Dann rattert ein Maschinengewehr. Und warum war der Telefonanschluß nicht besetzt, so daß dieser makabre Text vom Band lief? Weil sein Inhaber, der Berliner Neonazi Arnulf Winfried Priem, genannt »Odin«, bei der »Deutschgläubigen Gemeinschaft« Hohe Maien, »das uralte Frühlingsfest unserer Vorfahren«, feierte. So erzählte er es 1989, als er gerade zurückkam und wieder direkt am Telefon erreichbar war. Pfingsten ist für Priem »ein durchaus heidnisches Fest, eine Frühlingsfeier, die gar nichts mit dem Christentum zu tun hat«. Die Ausgießung des Heiligen Geistes sei nichts als Verlegenheit. »Wer denkt an Simon Petrus und seine Brüder, wenn der Buchfink singt, der Kuckuck ruft und die Apfelbäume mit Blüten bedeckt sind?«, so liest man es in Priems *Nordisch-Germanischem Jahrweiser* (1986).

Der alljährliche Gemeinschaftstag an Hohe Maien ist der Höhepunkt deutschgläubiger Feiern vor religiösen und persönlichen Sippenfeiern und den jahreszeitlichen Festen wie Sonnenwenden.

Diesen Festtag vergleichen die »Deutschgläubigen« mit den Kirchentagen der Katholiken oder Protestanten. Er ist in der Szene bekannt und zieht auch unorganisierte Heiden und solche aus anderen Gruppen an. Zum Beispiel war Baldur Springmann, der als »Öko-Bauer« und Gallionsfigur der Grünen prominent geworden ist, 1981 zu Hohe Maien in Oldenburg Referent.[118]

1992 stand Professor Emil Schlee auf der Einladung zum Jahrestag der »Deutschgläubigen Gemeinschaft« in Rosengarten-Sottorf mit einem Vortrag über »Die Deutschen und die osteuropäischen Völker« (Tagungsprogramm; Bericht im *Germanenglaube* 3/92). Der kontaktfreudige Rechte war sieben Jahre zuvor noch Mitglied einer christlichen Partei, nämlich der CDU. Bis 1985 war der Altvertriebene Ministerialrat im Kieler Sozialministerium. Damals verließ er, wiewohl Stoltenberg-Freund, die CDU, weil er sich eine strammere Ostpolitik erhofft hatte. Der rastlose Frühpensionär aus dem Norden machte dann eine wahre Odyssee bei allerlei Rechtsaußenzirkeln durch, gab ein Gastspiel bei dem »EAP« -Ableger »Patrioten für Deutschland« und landete schließlich 1987 bei den »Republikanern«, für die er auch ins Europäische Parlament einzog. 1991 verließ er die Schönhuber-Partei wieder.[119]

Zumeist finden diese Kulttage in Niedersachsen statt. Dabei werden Vorträge gehalten wie zum Beispiel »Des deutschen Volkes Weg in seine Zukunft«, Lichtbilder über »Südwestafrika« gezeigt, Morgenansprachen und Feierstunden veranstaltet, man singt zur Klampfe, macht gelegentlich Volkstanz oder wandert zum Grab von Hermann Löns.[120] Beim Löns-Gedächtnis kam auch noch der Bruder des Reichsaußenministers Joachim von Ribbentrop, Manfred von Ribbentrop, zum Einsatz, der als Südtirol-Aktivist Wolfgang von Welsperg in Traunstein lebte und sich Seine Hoheit Wolfgang Reichsgraf von Welsperg-Raitnau nannte. Gefährte Welsperg/Ribbentrop hatte eigens Sonette für den Jahrestag der »Deutschgläubigen« 1988 geschaffen. Im »Julmond« 1988 ging er nach Walhall ein.

3. Wo die Kirche noch im Dorf ist

Insbesondere in Dorfmark, dem staatlich anerkannten Luftkurort in der Lüneburger Heide, fühlen sich Neuheiden wohl. Dabei wirbt der 3800-Seelen-Ort in seinem Fremdenverkehrsprospekt ausgerechnet mit dem biederen Motto »Dorfmark ... wo die Kirche noch im Dorf ist!« »Dorfmark als Tagungsort hat wohl niemanden enttäuscht«, schreiben die »Deutschgläubigen« in der Einladung zum 78. Jahrestag, »wir werden daher auch in diesem Jahre wieder im ›Deutschen Haus‹ zu Gast sein«. Das Hotel Deutsches Haus in der Ortsmitte von Dorfmark mit Biergarten und Liegewiese direkt am Heidefluß Böhme bietet nämlich ideale Bedingungen. Im Garten können »Deutschgläubige« ihre Morgenfeiern abhalten und die Räumlichkeiten sind für eine Tagung bis zu 100 Teilnehmern gerade richtig.

Dorfmark ist ein Ort mit Tradition, einer einschlägigen. Als man 1969 allgemein mit einem Einzug der »NPD« in den Bundestag rechnete, da die »NPD« bereits in sieben Länderparlamenten saß und sich die CDU scharf nach rechtsaußen abgrenzte, da konnte die Parteispitze dennoch nicht verhindern, daß in zwei niedersächsischen Gemeinden CDU und »NPD« als Listenbündnis bei der Kommunalwahl antraten. Eine dieser beiden Gemeinden war Dorfmark. Daher nimmt es nicht wunder, daß die »NPD« gerne Arbeitstagungen oder ihren Kommunalpolitischen Kongreß in Dorfmark abhielt, ebenso wie der »Deutsche Rechts- und Lebensschutzverband« und Anhänger der Weltverschwörungstheoretikerin Mathilde Ludendorff (1877 bis 1966).

Der langjährige Vorsitzende – Amtmann heißt der Titel bei den »Deutschgläubigen« – Dr. Odfried Jungklaaß aus Bad Zwischenahn, geboren am 30. Dezember 1925 in Liebenstein/Nm., nicht zu verwechseln mit F. Kurt W. Jungklaaß aus Hamburg, dem Amtmann für die Nordmark, ist einer der Multiplikatoren der Gemeinschaft, um so mehr als er auch beruflich mit größeren Menschengruppen zusammenkommt. Mit den beiden Vornamen Friedrich Karl war er nämlich von 1964 bis 1985 Landesoberverwaltungsrat und Leiter der Genetischen Forschungsstelle des Landschaftsverbandes Rheinland in Köln bzw. Düsseldorf. Damals wohnte Jungklaaß in Erkrath bei Düsseldorf. Aus dem Gelehrtenhandbuch *Kürschner* von 1992 erfährt man, daß Friedrich Karl Jungklaaß seit 1979 Lehrbeauftragter der Universität Hamburg für biologische Anthropologie, Humangenetik und Volksreligionen ist. Der Kürschner weist den Naturwissenschaftler auch als humangenetischen Gutachter aus.

Friedrich Karl Jungklaaß hat 49 wissenschaftliche Aufsätze verfaßt, wobei er unter seinen »wissenschaftlichen« Veröffentlichungen auch die Zeitschrift *Neue Anthropologie* anführt. Das Blatt bricht laut Eigenwerbung Tabus in Genetik, Rassenkunde und Verhaltensforschung. Es ist das Organ der rechtsextremen »Gesellschaft für biologische Anthropologie, Eugenik und Verhaltensforschung e.V.« (GfbA), Mitveranstalterin der neonazistischen Hetendorfer Tagungswoche in der Lüneburger Heide. Verfassungsschützer stufen die Gesellschaft als offen rassistisch ein.[121] Ihr Kopf ist der Rechtsextremist und Hamburger Rechtsanwalt Jürgen Rieger.

In völkisch-religiösen Zusammenhängen tritt Friedrich Wilhelm Jungklaaß stets unter dem Vornamen Odfried auf. Mit missionarischem Eifer bemüht er sich um Kontakte auch zu nicht-völkischen Gruppen. So sprach er bei der »Freigläubigen Arbeitsgemeinschaft Nordwest« im Rahmen eines Seminars am 14. und 15. Nebelung 1987 in Bad Zwischenahn über das »unfaßliche Ausmaß an unmenschlichen Verbrechen, an Natur- und Kulturzerstörung, an Heuchelei und Lüge, an Terror und Willkür«, das die Geschichte der Kirchen belaste und über die »moderne Inquisition, ausgestattet mit Fernsehanstalten, deren Prediger den Mob aufhetzen ...«. »Das Christentum ist das Blatterngift der Menschheit!«, habe der Dichter Friedrich Hebbel gesagt und Jungklaaß ergänzt: »Und von diesem Gift gilt es, die Völker Europas zu befreien, damit Wälder und Flüsse, Kinder und Enkel eine Zukunft auf unserem Blauen Planeten haben.«

Gefährte Odfried wandte sich nach der Wende auch an die »lieben Landsleute in Mitteldeutschland«. Die »machthungrigen internationalen Parteistrategen« würden sich nicht von den Priesterkasten der Welt- bzw. Universalreligionen unterscheiden, belehrte Jungklaaß die Gerade-noch-DDR-Bürger. Oskar Lafontaine mache kein Hehl daraus, daß er eine multikulturelle

Gesellschaft anstrebe, folglich auf das verbriefte Menschenrecht eines jeden Volkes, seine Identität zu erhalten, pfeife. Beide Heilslehren, die christliche und die marxistische, gehörten letztlich zum Kreis der sogenannten Abraham-Religionen, ebenso wie die islamische und die mosaische Religion. »Jede missionierende, volksverneinende Lehre raubt dem Volk das ihm im naturreligiösen Bereich stets gegebene Heil, an dem der Einzelne teilhat.«

Und es fehlt auch nicht der Rückgriff auf die angebliche Märtyrer-Rolle: Volksreligiöse Ansätze würden von den Kirchen verteufelt, entstellt und kurzerhand politisch verdächtigt. Das Volk könne seine innere Zerrissenheit durch »die Abkehr von jedem aus der Fremde überkommenen Religionsgrundsatz«, wie es schon Otto Sigfrid Reuter 1910 gefordert hatte, durch das Abschütteln aller künstlichen Heilslehren überwinden. »Faßt, Freunde und Gefährten, Mut zu wahrhaft befreiender Tat, getreu dem Ruf der Hunderttausende: Deutschland – einig Vaterland!«[122]

Die Mitgliederzahl des Vereins dürfte unter 1000 liegen. Aber daran ist die Bedeutung nicht abzulesen, weil viele »Deutschgläubige« eben wiederum in anderen Organisationen aktiv sind, dort das Gedankengut weitertragen oder durch ihre Berufe Multiplikatoren sind. So ist seit Juli 1995 der Berliner Studienrat Michael Pflanz im Vereinsregister als Vorstandsmitglied eingetragen.[123]

Pflanz ist eine zentrale Figur in der weitverzweigten Neuheiden-Szene in Berlin.[124] Er war Herausgeber und ist ständiger Mitarbeiter der Zeitschrift *Runenstein – Rundbrief für Heidentum und Umweltschutz* (vgl. *Runenstein* August/September 1997). Dieses Blatt für »Heiden und Freunde einer naturbewußten Lebensweise« wird nun beileibe nicht nur von braungefärbten Germanentümlern gelesen, sondern zum Beispiel eben auch von Leuten, die am Mittelalter interessiert sind; die August/September-Ausgabe 1997 berichtet zum Beispiel über die Alamannen-Ausstellung in Stuttgart, über heidnische Kulte in Thüringen, über Hexen damals und heute und bringt einen Veranstaltungskalender mit dem Wikingerfest in Ratzeburg, dem Ritterturnier in Angelbachtal, den Ritterspielen in Nürnberg oder dem Mittelalterspektakel in Gardelegen. Die Treffen der »Deutschgläubigen Gemeinschaft« stehen nicht im Terminkalender, aber die der »Heidnischen Gemeinschaft«, der *Runenstein*-Leserkreise in Bonn und Dresden, der »Heidenkreis Hamburg«, der »Steinkreis Allgäu & Köln« und der »Yggdrasil-Kreis« in Frankfurt am Main kündigen die ihrigen dort an.

4. Begierig zur Tat ...

Odfried Jungklaaß reiste 1983 zur Sonnwendfeier sogar über den Ozean, an die amerikanische Ostküste. »Nach Vinland«, wie er sich ausdrückt. Vinland ist der alte Name des Teils der Ostküste Nordamerikas, der um das Jahr 1000 n. Chr. von dem Wikinger Leif Eriksson entdeckt wurde. Jungklaaß sprach dort, im jetzigen Massachusetts, vor allem zu nordamerikanischen Jugendlichen, die den Glauben der Vorväter suchen, »begierig zur Tat und gewillt zu lernen«. Jungklaaß trat aber zum Beispiel auch schon bei der Gästewoche des »Deutschen Kulturwerks« in Österreich auf, die unter den Leitworten »Raum – Rasse – Religion und Volk« stand. Diese Gästewoche findet alljährlich statt, früher immer in Pichl im Ennstal am Fuße des Dachsteins. Dort trat auch ein anderer »Deutschgläubiger« auf, nämlich der schon erwähnte Wolfgang von Welsperg alias von Ribbentrop, Bruder von Hitlers willfährigem Reichsaußenminister, der den Adel 1925 durch Adoption bekam und der sein Vermögen durch die Einheirat in das schwerreiche Sekthaus Henkell erworben hat.

Einer der besonders agilen »Deutschgläubigen« ist Franz Schmid alias Freki, so genannt nach einem der beiden Wölfe, die Wotan bzw. Odin begleiten, wenn er in der germanischen Sage auf seinem achtbeinigen Roß Sleipnir auf den Sturmwolken daherjagt. 1993 wurde Freki bei der Mitgliederversammlung in Sottorf zum neuen Schatzmeister gewählt. Versicherungsmakler Franz Schmid weiß sein heidnisches Engagement auch beruflich zu nutzen. »Heiden versichern sich bei Heiden« inserierte er als Agent für eine ziemlich bekannte Versicherungsgruppe, die den Namen einer nordischen Gottheit trägt, der Hüterin der goldenen Äpfel, die ewige Jugend verleihen sollen.[125]

Der geschäftstüchtige Heide richtete als »Stammesfürst« jahrelang »Stammestreffen« der Sueben, Alemannen, Bajuwaren, Franken, Thüringer und Markomannen in einem Gasthof in Hohenstaufen bei Göppingen aus. Sie waren oder sind die größten Heidentreffen im Südwesten Deutschlands mit jährlich wechselndem Programm. Nach dem Aufstieg auf den »heiligen Berg Hohenstaufen« stand 1991 eine »Weihefeier zum Totensonntag« auf der Tagesordnung einschließlich »Aufnehmen der Verbindung mit den Ahnen und Ungeborenen«. 1992 gab es eine »Einführung ins Heidentum« von Hartmut Heydberg, der auch beim »Bund der Goden« anzutreffen ist, und Volkstanz mit Tanzbeispielen von Wolfgang Dünkel (60), einem Altaktivisten, der schon den *Deutschen Irredenta* aus Freudenstadt in den achtziger Jahren als Stützpunktleiter diente oder bei der inzwischen verbotenen »Wiking-Jugend« das Tanzbein schwang.[126]

1994 wurden beim Stammestreffen der Sueben, Alemannen, Helvetier und Vindeliker »auf ihrem heiligen Berg«, dem Hohenstaufen, Feuerschalen geweiht. Bei Thing-Gesprächen am Abend ging es um die Zukunft. Diese Treffen auf dem Hohenstaufen dienen als Kontaktbörse verschiedener heidnischer Gruppen. Zwar sind sie als Veranstaltungen der »Arbeitsgemeinschaft Naturreligiöser Stammesverbände Europas« (ANSE) ausgeschrieben, doch kommen auch Neuheiden der verschiedensten Gruppen dazu. Franz Schmid, der 1994 für die »Republikaner« zur Kreistagswahl kandidierte, scheint fürs Kontakteschmieden in der Tat eine besondere Eignung zu haben. Unter der Rubrik »Termine – Baden-Württemberg« wird seine Telefonnummer 1994 bei folgenden Gruppen angegeben: »Freundeskreis Ein Herz für Deutschland«, »Delegiertenconvent Europäischer Corporationen DCEC«, »Bund für deutsche Kultur«, »Deutsche Volksversammlung«, »Forum 90«, »Deutschgläubige Gemeinschaft«, »Europa-Burschenschaft Zürich zu Heidelberg im DCEC« und »Landsmannschaft Ostpreußen«. Bei Schmid konnten auch die Termine der inzwischen verbotenen »Wiking-Jugend e.V.« und der »Deutschen Jugend in Europa« (DJO) abgefragt werden. Die DJO hat ihn daraufhin 1994 ausgeschlossen. Man versteht schon, warum die Heidenzeitschrift *Huginn und Muninn* dem »rührigen Freki« ein großes Lob ausspricht und

Dank sagt für unauffällige Hilfe und besonders gute Arbeit.[127] Als Freki 1995 in juristische Händel verstrickt war, da wurde von *Huginn und Muninn* sogar eine »Heiden-Nothilfe« eingerichtet und zu Spenden für den in Bedrängnis geratenen Bruder aufgerufen. Die juristische Verfolgung naturreligiöser Menschen sei die moderne – unblutige – Form der Inquisition. »Staatliche und Medienhetze im Auftrag der Großkirchen« würden zu Übergriffen führen.[128]

Zu den treuen Gefährten, die nahezu immer bei den Treffen der »Deutschgläubigen Gemeinschaft« dabei sind, Bücher, Aufsätze oder Festschriften verfassen und Vorträge halten, gehört der Österreicher Karl Heinz Schwecht, Geschäftsführer der »Körperschaft der Kirchenfreien Österreichs« in Salzburg, Obmann des »Deutschgläubigen Bildungswerkes Österreichs« und Ko-Autor der Festschrift für Dr. Odfried Jungklaaß. Vorstandsmitglied Schwecht (bis 1995) redet zum Beispiel über »Ragnarök« als ständigen Kampf aufbauender und zerstörender Kräfte in der Menschenbrust, dem Schicksal der Völker und der Götter.[129]

Schwecht liebt es, bei seinen Vorträgen Ausflüge in andere Religionen wie den Hinduismus oder die tibetanische Bön-Religion zu machen, um letztlich beim »wesentlichen Deutschtum« zu landen und das deutsche Heidentum als die religiöse Seinsordnung und Lebenssphäre des deutschen Volkes zu orten.

Ein anderer Österreicher, der »Heimatforscher« Franz Spilka aus St. Georgen im Salzkammergut, liefert auch ein Beispiel für die Streuung völkischer Propaganda auf mehreren Ebenen. Er spricht bei der »Deutschgläubigen Gemeinschaft« (GG 4/93), schreibt in *Pen Tuisko – Briefe für deutsche Heiden*, im *Alten Jahrweiser* aus Kärnten und befaßt sich im *Jahreskreis* aus dem bayerischen Traunreut mit dem Weltbild unserer Ahnen und dem Hakenkreuzsymbol. Auch bei der »Tempelhofgesellschaft« taucht er als »Bruder Franz« auf, der das »Rätsel der Zweiten Templeroffenbarung gelöst« hat.[130]

Auch Karlheinz Baumgartl gehört zu den Volksreligiösen mit Breitenwirkung. Er wird in neuheidnischen Kreisen »für einen großen Wegbereiter ganzheitlichen Denkens dieses Jahrhunderts« gehalten (*Alter Jahreszeitweiser* 1995). Der 1935 in Heidelberg geborene Chemotechniker, der jahrelang in der

Industrie tätig war, lebt heute in Zeilarn in Niederbayern. Er schreibt Bücher und hält Vorträge im In- und Ausland. In der Tat, ob bei der »Deutschgläubigen Gemeinschaft e.V.« in Dorfmark (1989 und 1991, *Germanenglaube* 2/91), bei der »Gesellschaft für Europäische Urgemeinschaftskunde e.V.« in der Kolping-Bildungsstätte im erzkatholischen Eichstätt oder insbesondere bei der Hetendorfer Tagungswoche 1992, 1993, 1995, 1996, überall zeigt er Wege auf, »sich zu lösen von einem Zeitgeist, der nur ein gefährlicher, gelenkter ›Herdengeist‹« sei, wie ein Heidenblatt über ihn schreibt (*Alter Jahreszeitweiser* 1995).

Sein Steckenpferd ist die frühgeschichtliche Himmelskunde. Denn die Entwicklung der Himmelskunde sei zugleich die Entwicklung des menschlichen Geistes. »Es wird immer behauptet, wir Europäer hätten unsere Kultur aus dem Osten bezogen (ex oriente lux), aus dem vorderen Orient, von den Juden, allenfalls die Römer kämen als Kulturschöpfer in Betracht, während unsere Vorfahren Jäger und Sammler gewesen seien, also unstete Volksgruppen.« Doch die meisten Menschen seien damals in Europa seßhaft gewesen, so daß sie einen hohen Stand der Himmelskunde entwickelten. So seien diese seßhaften Menschen, die Bauern und Gärtner, die Gründer der ältesten Wissenschaft, der Himmelskunde und damit auch »die Gründer der Kultur allgemein«.[131]

Baumgartl hält auch Erkenntnisse bereit, die bayerische Herzen höher schlagen lassen, bekommt ein Freistaatszeichen damit doch Ewigkeitswert. Die weißen und blauen Rauten haben nach Baumgartl nämlich eine astronomische Bedeutung. Dieses Muster bedeute den sich fortschreitend überkreuzenden Gang von Sonne und Mond und sei ein Bekenntnis zum heidnischen Sonnenkult (*Pen Tuisko* 15/89).

Die »Deutschgläubigen« überhöhen Sippe und Volk zu etwas Sakralem: »Wir sind Glieder jener heiligen, endlos langen Geschlechterkette, die zurückreicht bis weit in die herrliche Bronzezeit mit ihrer hohen Kultur und weiter bis zu jenen Sippen, die einst ihre Toten in Großsteingräber betteten, in die Hünengräber und Dolmen unserer nordischen Heimat.« Mit dieser Genealogie will die Gemeinschaft ihren Gefährtinnen und Gefährten, wie sich die Mitglieder nennen, das Gefühl geben, daß hier Einsatz und Opfer Sinn machen für ein Ziel von dauerndem Wert im Gegensatz zur Kurzlebigkeit des Computerzeitalters.

IX. »Stille« Arbeit für den Endsieg: »Die Tempelhofgesellschaft der Erbengemeinschaft der Tempelritter« (STM)

Auf dem Tisch liegt ein altbekanntes Spiel, ein Ärgere-Dich-Nicht-Spiel, allerdings in einer abgewandelten Form. Das handgezeichnete Spielfeld hat die Form eines Davidsterns. In der Mitte des Sterns ist eine Gaskammer. An den sechs Ecken stehen die Namen Treblinka, Buchenwald, Auschwitz, Mauthausen, Majdanek und Dachau. Von dort aus sollen die Spielfiguren in die Gaskammer gewürfelt werden. »Wer zuerst seine 6 (Millionen Juden-) Figuren in der Gaskammer hat, hat gewonnen« und »wer zu dumm ist, 6 Millionen Juden zu vergasen, muß weiter Hollokotz gucken.« »Jude, ärgere Dich nicht« heißt das Brettspiel. Es ist 1983 und 1986 verbreitet worden, unter anderem an 70 Schülerzeitungen.

1984 wurde wegen des Spiels vor der Ersten Großen Strafkammer des Landgerichts Zweibrücken verhandelt. Angeklagt waren der damals 35jährige Ex-Polizeibeamte Hans Günter Fröhlich und seine Lebensgefährtin Ingeborg Schulte, eine technische Zeichnerin. Verurteilt wurde nur Frau Schulte, und zwar zu neun Monaten auf Bewährung. Fröhlich, den die Staatsanwaltschaft als geistigen Urheber des Machwerks angesehen hatte, wurde mangels Beweisen freigesprochen. Denn es handelte sich um einen Indizienprozeß. Vergeblich hatte der Staatsanwalt argumentiert, Ingeborg Schulte sei nur der verlängerte Arm von Fröhlich, sei ihm fast hörig. Schon wegen der erneut aufkommenden Gefahr des Rechtsextremismus müsse der Angeklagte für ein Jahr und zehn Monate hinter Gitter. Aber das Gericht vermochte keine besorgniserregende Entwicklung zu erkennen. Weil »die Gedanken frei sind«, könne Fröhlich als Erfinder nicht verurteilt werden. Hergestellt hat das Spiel nach Meinung des Schriftsachverständigen die Lebensgefährtin des ehemaligen Beamten. Sie habe die Spielregeln geschrieben und die Briefumschläge adressiert. Bei Hausdurchsuchungen des abgelegenen Hofs, den die beiden bewohnen, war das makabre

Spiel nebst einer Liste mit Adressen einschlägig bekannter Rechtsextremisten in einem stillgelegten Kohleofen gefunden worden. Das KZ-Spiel sei ihm untergejubelt worden, behauptete Fröhlich, räumte aber ein: »Wir Nationalsozialisten bestreiten die Vernichtung von sechs Millionen Juden.« Zu der hohen Zahl von jüdischen Toten sei es durch die »Art ihrer Unterbringung« gekommen. Nicht ein einziger Jude sei planmäßig vernichtet worden.[132]

Hans Günter Fröhlich gehört einer Ordensgemeinschaft an, die sich den Zielen eines historischen Ordens verpflichtet sieht. Diese Ziele beschreibt die Ordenszeitschrift so: Eliminierung der jüdisch-christlichen Kirche, Aufbau einer urchristlichen Glaubensgemeinschaft unter vollkommener Ausschaltung aller alttestamentarischen Komponenten, Umsturz des Geld- und Wirtschaftssystems, Zinsverbot, Aufbau einer »aristokratisch-republikanischen Ordnung«, »die jedoch« – so erläutert die Zeitschrift eilfertig – »nach heutigen Maßstäben nichts mit Demokratie gemein gehabt hätte«.

Dieser Orden schmückt sich mit dem hochtrabenden Namen »Tempelhofgesellschaft (THG) der Erbengemeinschaft der Tempelritter (STM – Societas Templi Marcioni)«. Hans Günter Fröhlich ist ihr Großkomtur, also Amtsträger des vom Orden zugewiesenen Verwaltungsgebietes. In diesem Fall heißt es Komturei Westmark. Nun gibt es eine ganze Reihe von mehr oder weniger seriösen Organisationen, die sich als legitime Erben der Templer betrachten, jenes Anfang des 12. Jahrhunderts in Akkon gegründeten und Anfang des 14. Jahrhunderts durch Philipp den Schönen ausgerotteten Ordens, der des Ketzertums angeklagt und vom Konzil in Vienne durch Papst Klemens V. für aufgelöst erklärt wurde. Philipp hatte erhebliche Finanzschwierigkeiten, und die Tempelherren waren erfolgreiche Bankiers; sie bewahrten in ihren Festungen und Komtureien beträchtliche Vermögen. So wurden sie kurzerhand gefangengenommen. Ihr Großmeister Jacques de Molay wurde auf dem Scheiterhaufen verbrannt. Die Templer waren aber während ihres Aufenthalts in Palästina auch gezwungen gewesen, sich mit den Arabern zu arrangieren. So hat man ihnen vorgeworfen, sie hätten ein islamisches Jesusbild angenommen.[133]

In der Nachfolge des geistlichen Ritterordens, der der zweit-größte neben den Johannitern war, stehen heute unter anderen der »Tempelherren-Orden OMCT« (Ordo Militiae Crucis Templi) mit deutschem Priorat in Wiesbaden, dem Eliten aus Politik und Wirtschaft angehören. Ein anderer Tempelherrenorden mit Sitz in Nürnberg muß sich laut einem Gerichtsurteil aus dem Jahre 1964 das Prädikat »Schwindelorden« gefallen lassen, weil ihm unter anderem »nicht erweisliche Kontinuität mit den historischen Ritterorden« vorgeworfen wurde (*Der Spiegel* 20/1974).[134]

Den selbsternannten Templerbrüdern und Schwestern der »Tempelhofgesellschaft« hat indes noch niemand Kontinuitätsmangel vorgeworfen. Bisland hat sich schließlich noch keine Behörde mit dieser obskuren Vereinigung beschäftigt. Auch der Verfassungsschutz teilte auf Anfrage mit: Die »Tempelhofgesellschaft ist kein Beobachtungsobjekt der Verfassungsschutzbehörden«.

Amtsbekannt ist dagegen der Großkomtur. Hans Günter Fröhlich trat früh in die »NPD« ein. Das war 1966, als die »NPD« die höchsten Erfolge feierte. Als Junge war er begeistert gewesen von der Jugendgruppe der »Deutschen Reichspartei« (DRP). Von dieser Partei, die allerdings bei Wahlen erfolglos operierte, ging 1964 die Initiative zur Gründung der »Nationaldemokratischen Partei Deutschlands« (NPD) als nationaler Sammlungsbewegung aus. So war es nur konsequent, daß sich Fröhlich schon als 17jähriger der »NPD« zugesellte. Doch bald war er angewidert vom innerparteilichen Hader, von der »symbolischen Verfassungstreue«, wie etwa der Einführung der BRD-Farben (statt schwarz-weiß-rot), und vom Umgang mit den »NPD«-Radikalen, denen die Partei zu lasch war. Zu ihnen gehörte Fröhlichs späterer Verteidiger, Rechtsanwalt Peter Stöckicht aus Stuttgart, der der »NPD« enttäuscht den Rücken kehrte und sich der »Aktion Neue Rechte« anschloß, einem militanten »NPD«-Ableger. Wie viele andere Unzufriedene verließ auch Fröhlich die »NPD« 1972 wieder. In diesem Jahr verlor die Partei ihre letzte parlamentarische Bastion. Sie war ja vorher in kürzester Zeit in sieben Landtage gewählt worden. Aber 1972 war's damit wieder vorbei. Doch inzwischen war Fröhlich Polizeibeamter geworden. Beinahe wäre er dienstlich gestolpert,

»wenn nicht viele Ältere aus der polizeilichen Führung mich gedeckt hätten«. (*Wegweiser* 18/1989).

Der ehemalige Polizeibeamte, der 15 Jahre lang im Dienst war, führt jetzt die Berufsbezeichnung »nationaler Schriftsteller«. Er verfaßt tatsächlich Texte, Rundschreiben, auch mal Artikel, Einladungen, aber auch Bücher. Ihre Titel: *Die Wiederkehr des Deutschen Reiches; Bekenntnisse zu Großdeutschland und zur völkischen Wohlfahrt; Welt in Flammen; Erinnerungen an das Reich des Bösen; Geheimdienste – Aufbau, Aufgabe, Arbeitsweise.*

Dabei vollbringen die Tempelritter der »THG« selbst so etwas wie geheime Dienste. Sie streben keine breitere Öffentlichkeit an, sondern kleine Zirkel von Wissenden: »Heute sind nicht Massenbewegungen oder Großorganisationen erforderlich, sondern vielfältige, bescheidene Zellen.« (*Bab Ilu* 6-8 1991, 12) Die Templerbrüder und -schwestern fühlen sich als Gemeinschaft von »handverlesenen Männern und Frauen« (8/89), als elitärer Bund von Auserwählten, die – »eingeigelt in oft heimliche Stellungen« – Geist, Gedanken und Wissen für den kommenden Tag der Wahrheit bewahrt hätten: »Viele von uns stehen an gesellschaftlich herausragender Stelle, die für uns jetzt schon wichtig ist oder es noch sehr werden kann. Hier sollte eher stille Arbeit geleistet werden.« (*Dornenkreuz* 11/89). Es sei »zunehmend eine geistige Rückbesinnung auf nordische Wissensbereiche erfolgt«, und zwar in kleinen, eher unkontrollierbaren Kreisen. (*Dornenkreuz* 5/92).

Die »Tempelhofgesellschaft« sieht sich als Gemeinschaft in ritterlich-militärischer Tradition, als eine Kampfgemeinschaft, die als Ganzes heute noch nicht nach außen gehen will. Dennoch könne sich der einzelne in die Schar der Streiter an vorderster Front einreihen und das Schwert zur Befreiung Europas aufnehmen. Keine bescheidenere Mission als die »Herstellung des Reiches« (*Dornenkreuz* 4/91) hat sich die Gesellschaft vorgenommen.

Ihre Inhalte formulierte die Ordensgemeinschaft in einem der Briefe »für Mitglieder und Treue«:
»– das strikte Ablehnen des freimaurerisch-republikanischen ›Mehrheitsdenkens‹

- der stete Kampf gegen die Zinsherrschaft und -knechtschaft ...
- die Pflege des Art- und Raumgedankens, daraus folgend
- der Kampf um die Herstellung des verheißenen (wahren) Dritten Reiches! (Wie in der nordischen und babylonischen Mythologie geweissagt!!!)«. (*THG-Brief* 1.7.92).

Was die dubiosen Templererben »stille« Arbeit nennen, macht den Eindruck höchst reaktionärer Untergrundtätigkeit. Dem Kampf gegen die Zinsknechtschaft hatte sich auch die NSDAP verschrieben. »Brechung der Zinsknechtschaft« war Punkt 11 ihres Programms.[135] Und als »Grundlagenschrift«, als »Pflichtlektüre für jeden!« wird in der Ordenszeitschrift »Das Manifest zur Brechung der Zinsknechtschaft des Geldes« des glühenden Antisemiten und Programmatikers der NSDAP Gottfried Feder (1883-1941) verordnet. Feder war seit 1918 mit Hitler befreundet. Damals schloß sich Feder dem Geheimbund »Thule-Gesellschaft« und dann der »Bewegung« an und wurde ihr Finanz- und Wirtschaftssachverständiger.

1. »Der Geist des Ur-Nordens«

»Liebe Schwestern und Brüder, Liebe Kameradinnen und Kameraden, Getreue und Geneigte«, so und ähnlich beginnen die meisten Mitteilungen, und sie enden mit dem Schlachtruf: »Heil und Segen, Gott mit uns!« Manche Texte der Ordensgemeinschaft lesen sich, als hätten sie als Vorlage für Josef Haslingers *Opernball* gedient, dem österreichischen Politthriller über den Terroranschlag einer kleinen Gruppe mit enormem Sendungsbewußtsein, die auf den Endkampf hinarbeitet. In den Schriften der Templerbrüder und -schwestern ist von Dunkelmächten die Rede, die die Rassenmischung ersonnen hätten, um die Völker ihres Wesens zu entkleiden (*Dornenkreuz* 10/89). Da wimmelt es von art- und raumfremden Finsterlingen, von einer Herrschaft der Finsternis, vom Weltenbrand, vom Bösen, Satanischen, das seine Weltherrschaft als Eine-Welt (One-World) herstellen wolle und von Verrätern, von herrschenden Blutsaugern, art- und raumfremden Kräften, die an der Spitze von ausgebeuteten, un-

116

terdrückten und in die Verblödung geführten Volksmassen stünden (*Dornenkreuz* 1/91). Es wird vom Lichtreich und »Inhalten des Hohen Nordens«, »Nordischem Urdenken« und vom strahlenden Sieg der Gerechten gekündet.

Hier ein Beispiel: »Alte Weissagungen stehen vor der Erfüllung, die Geschicke der art- und raumfremden Ideologien, die von einem rasenden Weltherrschaftsgedanken getrieben sind, erleben ihre Endzeit. Was vergessen schien, tritt wieder ins Licht, was besiegt schien, erhebt neu sein Haupt. Das Endzeitringen hat eingesetzt! ... Wenn der alte Schlachtruf der Templer erschallt, werden sie uns verlachen. Unser Anwachsen wird sie ebenso zum unbedachten Handeln veranlassen wie vorher unsere vermeintliche Schwäche zur Unbedacht ... Aber der Geist des Ur-Nordens, des alten Atlantis, Thules, des freien Germaniens, Karthagos, der Nordvölker, die Verheißung des Lichtbringers wird über die dampfenden Schlachtfelder hinziehen und uns die Gnade des Sieges gewähren, die Aufgabe der Neuordnung auferlegen, die Vollendung der Zeiten übertragen ... Uns wird die Gnade zuteil, in jener Zeit leben zu dürfen, in der die Verheißung Gottes sich erfüllt: Deutschland wird zum Haupteckstein Europas und einer neugeordneten Welt; und wer sich gegen es stellen wollte, der würde zerschmettert werden!« (*Dornenkreuz* 12/89).

Die millenaristische Ordensgemeinschaft ist eine kleine Bewegung; bei ihren Tagungen kommt sie mit zwei Dutzend Übernachtungsmöglichkeiten aus. Wahrscheinlich gibt es kaum mehr als 30 Brüder und Schwestern. Aber 30 entschlossene Kämpfer sind unter Umständen mehr als 300 lasche. Die Kameradinnen und Kameraden glauben an einen Endkampf, an ein Harmageddon entsprechend der Offenbarung des Johannes 16,16, den Endkampf zwischen Gut und Böse. Sie sind von ihrem Endsieg überzeugt, einem Sieg, der ein neues Reich, ein tausendjähriges, ein neues goldenes Zeitalter bringen wird. Aber: »Bevor das Licht kommt, die neue Zeit, muß sich zuvor die Finsternis voll entfalten.« Wohl hätten die Mächte der Finsternis Rückschläge erlitten, zum Beispiel durch die deutsche »Teilvereinigung«, doch üble Entwicklungen gingen weiter: »Europa wird von Fremden überströmt.« (*Bab Ilu* 5/91 1f).

Historische Fußnote: Der zu Anfang des Jahrhunderts von Lanz von Liebenfels gegründete »Orden des neuen Tempels« war ein Miniaturklub. Und dennoch haben die kruden Lanz-schen Ideen – wenn auch nicht in direkter Linie, sondern auf dem Umweg über Vermittler – Hitler und die SS beeinflußt und sind auf grauenhafte Weise zur Wirkung gekommen.

Als Hauptgegner betrachten die Templer-Brüder die Römische Kirche, deren Führung eine »promosaische Grundhaltung« habe. Die »THG« wolle aber nicht das »Brimborium des schein-amtskirch-christlichen Glaubens« ersetzen, wie dies heute viele Gemeinschaften täten und wie es während des Dritten Reiches üblich gewesen sei, sondern sich dem Wissen des Hohen Nordens annähern: »Unser Dienst ist mehrheitlich nordischer Denkweise verpflichtet« (*Dornenkreuz* 4/91), denn es gehe um die Nation, deren Bestand »im steten Bekenntnis zu Rasse, Kultur, Sitte und Sprache begründet ist«. (*Dornenkreuz* 11/89). »Nordisch im Alten Sinne ist es, – und sei es gerade in Stunden höchster Not und Gefahr! – sich über Zeit und Raum hinwegsetzen zu können, um diejenigen ewigen Werte zu erkennen, denen alles untergeordnet, denen alles geopfert werden muß, die alleine Maßstab für das Kommen aus und den Eintritt in die Ewigkeit sind.« (*THG-Brief für Mitglieder und Treue* 4/93).

Von ihrem »hohen Wissen her« und nach ihrem Selbstverständnis will sich die »THG« aus den »Niederungen der Politik« heraushalten. Dafür ist aber der Großkomtur Fröhlich politisch doch recht umtriebig. Er ist nämlich bei erstaunlich vielen Rechtsaußen-Grüppchen anzutreffen, ob bei den »Bürgern« in Köln, bei der Kleinpartei »Die Deutschen«, der »Unabhängigen Arbeiterpartei« (UAP), der rechtsradikalen Sammlungsbewegung »Aktion 62«, der »Deutschen Volksversammlung« (DVV) oder der »Gemeinschaft Deutscher Osten« (GDO). Dort ist Fröhlich allerdings negativ aufgefallen und von keinem geringeren Gremium als der »Staatsführung« der »Vereinigten Länder des Deutschen Ostens im Deutschen Reich« aus dem »Staatstragenden Zusammenschluß volks- und reichstreuer Deutscher« ausgeschlossen worden. (*GDO-Rundbrief* Frühling 1991) Auch im Leserkreis der neonazistischen Zeitschrift *Bauernschaft* des »Auschwitz-Lüge«-Autors Thies Christophersen war Fröhlich als »völkisch denkender Mitstreiter« zu finden: »Wenn wir es geschafft haben, werden wir die Geschichte schon zurechtschreiben, und nicht erst die ab 1933 ...« (*Bauernschaft* März 1989) Gleich als es 1989 möglich war, in die DDR zu fahren und viele Rechtsextremisten sofort mit ihrer Mission begannen, war Hans Günter Fröhlich auch in Leipzig mit dabei. Dennoch schreibt Fröhlich in seinem *THG-Brief für Mitglieder und Treue*: »Dem weltanschaulich Wissenden und Getreuen ist es nahezu untersagt, sich in die Niederungen ideologischer oder politischer Ränke zu begeben.« (*THG-Brief* 4/93).

2. Von Chorknaben und Heimatforschern

Bei den Tagungen der »Tempelhofgesellschaft«, die etwa zweimal im Jahr stattfinden, werden die Brüder und Schwestern, Kameradinnen und Kameraden, Getreuen und Geneigten auf die rechte Sicht der Dinge eingeschworen. Umrahmt von »Morgenwachen« und »Schlußwachen« gibt es Vorträge zu Themen wie »Die Templer und der Reichsgedanke«, »›Ausländerintegration‹, Rassenmischung und Das Göttliche Gesetz« oder »Das unverwechselbare Heil des Nordens«. Aber auch Telepathie und Telekinese, Wünschelruten und Pendeln, Druidentum und Externsteine gehören zu den Interessengebieten der Tempelhof-Esoteriker.

Mit vergleichsweise irdischen Themen befassen sich Politiker bei »THG«-Treffen. In der Einladung der Ordensgemeinschaft zur Herbsttagung 1992 in Grafenrheinfeld bei Schweinfurt wurde der Bundestagsabgeordnete Ortwin Lowack angekündigt, und er kam auch. Es ging um die Ostverträge, für Lowack »Verzichtsverträge«.

Lowack ist 1942 in Gleiwitz in Oberschlesien geboren, machte 1961 in Wunsiedel Abitur und studierte Rechtswissenschaft und Volkswirtschaft. 1971 war er Gerichtsassessor und Staatsanwalt. Er trat 1972 in die CSU ein, war Mitglied im Parteiausschuß und wurde 1978 Stadtratsmitglied in Bayreuth.[136] Im April 1991 ist er aus Protest aus der CSU ausgetreten, war aber als Fraktionsloser bis 1994 im Bundestag. Jetzt widmet er sich wieder seiner Anwaltstätigkeit in der Kanzlei Lowack & Pohl mit Büros in Bayreuth und Freiberg in Sachsen. Der Rechtsanwalt war für zahlreiche Gesetzesvorhaben und die Gesamtstruktur der Streitkräfte Berichterstatter im Deutschen Bundestag. Er ist Reserveoffizier. Daneben hat Lowack weitreichende Verbindungen, als Mitglied des »Deutschen Juristentages«, des »Bayerischen Richtervereins« und des »Deutschen Anwaltsvereins«, als Vorsitzender der »Deutsch-Chinesischen Gesellschaft e.V.«, Präsident der »Schlesischen Landesvertretung« und als Vizepräsident der »Gesellschaft der Freunde des Königreichs Saudi-Arabien«.

Lowack, der im Bundestag gegen die Ostverträge gestimmt hat, war bei der »Tempelhofgesellschaft« geladen zum Thema: »Lage: Ostdeutschland nach den ›neuen‹ Verträgen«. Unter Ostdeutschland sind die ehemals deutschen Ostgebiete gemeint. In einem Bericht über die Tagung heißt es, Lowack befürchte für 1993 »eine explosive Steigerung der Arbeitslosenzahl und einen weiteren Niedergang der Wirtschaft« (*DESG-inform* 11/1992).

Lowack bastelt derweil an einer neuen großen politischen Kraft. Im Namen einer »Bayreuther Initiative 94 für eine neue Politik in Deutschland« möchte er mit der »Freien Bürger Union« ein Bündnis für Deutschland überall aufbauen, »wo neue politische Kräfte an einem Strang ziehen wollen« (*DESG-inform* 4/1994, 3).

Ein Jahr später hatten die rechtsgewirkten Ordensritter wieder einen Bundestagsabgeordneten auf dem Tagungsplan: Dr. Rudolf Krause mit seiner *Denkschrift zu nationalen deutschen Fragen*.[137]

Krause war 1990 als gewählter CDU-Vertreter des Wahlkreises Altmark Mitglied des Bundestages geworden. Das rechtsgerichtete Deutschland-Forum in der CDU kürte ihn sogar zu seinem Sprecher. Doch bald fiel der bullige Tierarzt mit markigen Sprüchen und rechtsradikalen Parolen auf. Für Schlagzeilen in den Medien hatte er mit seiner Erklärung gesorgt, daß »kriminellen Asylbetrügern mehr Herzenswärme entgegengebracht wird als den eigenen deutschen Volksgenossen«. Nochmals hervorgetan hat sich der Veterinär aus Bonese mit einer *Denkschrift zu nationalen deutschen Fragen*. Darin heißt es, Scheinasylanten seien vor allem »kriminelle Polen und rumänische Zigeuner«; Asylwohnheime dürften keine »frei zugänglichen Räuberhöhlen« mehr sein. Krause wandte sich gegen einen »staatszersetzenden, krankhaften Liberalismus« und hob die »kerndeutsche Anständigkeit« hervor. Über eben diese Denkschrift hat Krause bei den Templerbrüdern gesprochen. Denen dürften die Ohren geklungen haben. Dabei gehört Krause der neuapostolischen Kirche an und hat einst im Leipziger Thomaner-Chor gesungen.

Der Abgeordnete mit der Vorliebe für kerngermanische Rhetorik sorgte weiter für Zündstoff in der Union und brachte *Deutschlandpolitische Gedanken* zu Papier. Darin werden rechtsextreme Parteien wie »NPD«, »Deutsche Volksunion« (DVU) und »Republikaner« als »verfassungskonform« bezeichnet. Die rechtskonservativen, von der linken Presse-Mafia als rechtsextrem verunglimpften Parteien müßten sich vereinigen und durch einen großen Zustrom mutiger, aktiver, sauberer, national gesinnter Deutscher in Stadt und Land aufgefüllt werden.

Das war der CDU zu viel. Der Bundeskanzler schäumte, Krause habe damit die Grundlagen des CDU-Programms endgültig verlassen. Der Rausschmiß drohte. Der Landesvorstand in Sachsen-Anhalt forderte den Rechtsabweichler auf, sich von dieser Schrift zu distanzieren oder aus der Partei auszutreten. Letzteres tat er dann auch, und so wurde aus dem CDU-Hinterbänkler der erste Bundestagsabgeordnete der »Republikaner«.

Sogar bei denen wird Krause mittlerweile dem ultrarechten Flügel zugerechnet. Der Hardliner aus dem altmärkischen 320-Seelen-Dorf hatte beim Sindelfinger »Republikaner«-Parteitag 1994 gefordert, daß die Partei »hartgesottene Männer« um sich scharen müsse.

Krause schürt weiter interne Grabenkämpfe, indem er auch vor dem 96er Rep-Parteitag den offiziellen Abgrenzungskurs gegenüber Rechtsextremisten kritisierte und weiter auf eine rechte Sammlungsbewegung hofft.

Übrigens war ein anderer altgedienter Kämpe der »Tempelhofgesellschaft« ebenfalls Veterinärmediziner: Zu den häufig auftretenden Referenten gehörte der 1994 verstorbene Tierarzt Dr. Joachim Schwarz aus Hannover. »In aufopferungsvoller Treue diente er ein Leben lang den ewigen, ehernen Werten: Art, Raum, Volk, Vaterland und Reich!«, formuliert Fröhlich in seinem Nachruf; viele neue Mitstreiter seien durch ihn zur Gemeinschaft gestoßen. Er hätte es verdient gehabt, »das Anbrechen der verheißenen Zeit der neuen Reinheit der Art und des Wiederaufstieges des Reiches diesseitig zu erleben« (*Bab Ilu* II,94).

So wie die beiden damaligen Bundestagsabgeordneten mischen auch etliche Referenten der »Westmark-Templer« bei anderen braunstichigen Gruppen oder Vereinen mit. Nur drei Beispiele: Horst Müller, der nach der »Abendtafel« bei der 93er Tagung als Gast mit dem Thema »Das Unerkannte im Rheingold und in der Ringdichtung Richard Wagners« auf dem Programm stand, hielt seinen Vortrag zu sonntäglicher Erbauung auch beim Gemeinschaftstag 96 der »Artgemeinschaft« im Rheinland[138], einer anderen Sammelstätte »nordischer Menschen«. Oder Gerhard Pichler, für den Richard Wagner »die größte Prophetengestalt« ist, »die das deutsche Volk hervorgebracht hat«, würdigte den Bayreuther aus Sachsen auch beim »Bund der Goden«.[139]

Der »Bruder Franz« der »Tempelhofgesellschaft«, der Schriften wie das *Geheimnis der Zweiten Templeroffenbarung* und *Der Gral und die deutsche Kaiserkrone* veröffentlichte, ist der Heimatforscher Franz Spilka aus St. Georgen im Salzkammergut. Man trifft ihn wieder als Referenten bei der »Deutschgläubigen Gemeinschaft« (*Germanenglaube* 4/93) und als Autor von *Pen Tuisko – Briefe für deutsche Heiden*, beim *Alten Jahrweiser* aus Kärnten und beim *Jahreskreis* aus dem bayerischen Traunreut.[140]

3. Tor zum Licht

Was ein rechter Orden ist, der braucht auch Publikationen. Vierteljährlich erscheint die Ordenszeitschrift *Bab Ilu* (Jahresbezug 60 Mark), ein Blatt »zwischen Mystik und Mythos«. Tor zum

Licht bedeutet der Name, und Ilu heißt auch das Glaubensbuch der »Tempelhof-Gesellschaft«. Das Buch Ilu soll die Erleuchtung bringen, denn die »THG« geht von folgendem aus: Die Deutschen suchen seit Jahrhunderten nach endgültiger Wahrheit. Doch die germanisch-keltischen Spuren sind verweht. Entwurzelt und entfremdet wurden die Deutschen zu Opfern fremder Lehren – wie jener des sogenannten Alten Testaments. Doch jetzt gibt es doch eine Quelle ewiger Wahrheit. Denn die Urahnen lebten nicht nur im Norden Europas; auch Babylonier und Assyrer, Phönizier und Karthager waren »unseres Stammes«. Deren Buch Ilu ist somit »unser aller« heiliges Buch. Dieses Buch beinhaltet u. a. den »Ring des mystischen Reiches (Babylon-Karthago-Deutschland)«, die Templer-Offenbarung und die Erkenntnis: »Jesus Christus war ein ›Goy‹«, ein Nichtjude.

Bab Ilu bringt selten Originelles, statt dessen aber seitenweise Nachdrucke zum Beispiel aus Blättern vom rechten Rand, aus dem rechtskonservativen *Criticón* aus München, der *Deutschen Wochen-Zeitung* aus dem Hause Gerhard Freys, aus dem rechtsextremen Monatsblatt *Nation (und) Europa* und – wenn's gegen Israel geht – schon auch mal aus dem *Neuen Deutschland*. Für Seriosität sollen wohl Nachdrucke aus Zeitschriften wie *Bild der Wissenschaft* (I, II 1992) oder dem *Vegetarier* (4-7, 1990) sorgen. Umfangreich sind auch die Auszüge aus dem *Rätsel der Edda und der arische Urglaube* des Pioniers »rassereiner Siedlungen« Otto Sigfrid Reuter, der die »Deutschgläubige Gemeinschaft« gegründet hat. Es wäre fast schon verwunderlich, wenn nicht auch Gerhard Heß gedruckt würde (II/94, 27-30), dessen Artikel sonst in Blättern wie der *Nordischen Zeitung* von der »Artgemeinschaft«, der *Nordischen Zukunft* des »Nordischen Rings«, *Sleipnir, Germanen-Glaube* und *Runenstein* aus Berlin, der *Kosmischen Wahrheit* von den »Goden« oder in *Deutschland aus Geschichte und Gegenwart* aus dem rechtsextremen Tübinger Grabert-Verlag erscheinen.

Bab Ilu wiederum inserierte auch in einschlägigen Gazetten wie *Pen Tuisko – Briefe für deutsche Heiden* aus Wien (Ostermond 1991) oder in der Weltverschwörungs-Zeitschrift *Code* (2/1991). »Politik ist ein Schatten mächtiger wirkender Kräfte.

Bab Ilu verschafft Ihnen Einblick in die geistig-esoterischen Hintergründe der Dinge.«

Wichtiger als die Zeitschrift sind die Mitteilungsblätter mit aktuellen Informationen und durchaus politischen Kommentaren, Lageeinschätzungen und Durchhalteparolen von Hans Günther Fröhlich. Eine Kostprobe: »Dies nun ist der letzte, verheißene Kampf, in dem es um alles geht. Wir müssen kämpfen, denn sonst wären die Werte des Ur-Nordens, das Hohe Wissen, Volk und Vaterland, Art und Raum, Reichsgedanke, Recht, Frieden und Freiheit für immer verspielt. Wir wissen, daß das Recht auf unserer Seite ist, wir sehen uns in Einklang mit der Natur, wir anerkennen, daß wir zur Annahme des auferlegten Sieges verpflichtet sind, wir beugen uns der Unausweichlichkeit des Kommenden.« (*THG-Brief für Mitglieder und Treue* 4/93).

Zunächst erschien als unregelmäßiges Mitteilungsblatt das *Dornen-Kreuz für Mitglieder und Treue*. Es wurde 1990 umbenannt in *THG-Brief für Mitglieder und Treue*. Gelegentlich kamen auch andere Blätter heraus: *Der Ordensherold* als »das streng vertrauliche deutschsprachige Mitteileblatt der Ordensgemeinschaft der Tempelhofgesellschaft« und der *Reichsanzeiger*.

Inserate sind sowohl in *Bab Ilu* wie in den unregelmäßig erscheinenden Blättern rar, dafür aber geht es schon mal um ein Objekt mit Seltenheitswert: Da wird »von Privat« ein Marschallstab des Großdeutschen Reiches angeboten – »handgefertigt, aus hochwertigstem Feinsilber, originalgleich vergoldet«, Einzelstück für 6500 Mark. Diese Art von Nostalgie hat eben ihren Preis, noch dazu wird eine »zuordnende Widmung des Oberbefehlshabers der Deutschen Wehrmacht« geliefert, also von Adolf Hitler. (*THG-Brief* 1.7.92, *Bab Ilu* 11/92).

4. Wer weiß, redet nicht

Ein weiteres Medium der »Tempelhofgesellschaft« sind Videos. Der Neonazi Thomas Lemke, im Frühjahr 1997 wegen dreifachen Mordes zu lebenslanger Haft verurteilt, befaßte sich auch mit der geheimen Esoterik des Dritten Reiches und empfahl die Kontaktaufnahme mit dem Berghof Ebersberg, um eine Videokassette der »Tempelhofgesellschaft« (*Denk mit!* 5/6 1991) zu beziehen. »UFO-Geheimnisse des Dritten Reiches«, lautet der Titel. Auf dem Videoumschlag sind Flugscheiben zu sehen, Adolf Hitler und das Marcioniterkreuz der »Tempelhofgesellschaft«. »Eines der letzten großen Geheimnisse unseres Jahrhunderts stellt die okkulte Vergangenheit des Dritten Reiches und ihre Geheimgesellschaften Templer, Thule, Vril und die ›Herren der Schwarzen Sonne – SS‹ dar.« Eine aus okkultem Geheimwissen hervorgegangene ganzheitliche Technik sei nie der Öffentlichkeit zugänglich gemacht worden. Die Geheimgesellschaften des Dritten Reiches seien die besten Altorientalisten gewesen und hätten um die alte Technik der Sumerer gewußt. »Warnung« steht noch auf dem Cover, »diese Kassette ist nur für private Vorführungen bestimmt« und der Aufdruck »Freigegeben ohne Altersbeschränkung gemäß § 7 JÖSchG FSK«.

Produziert wurde das Machwerk, das man für 95 Mark kaufen kann, von einer Medien Gruppe Austria (MGA)/Royal Atlantis Film GmbH. Eine Postanschrift wird in Chemnitz angegeben. Telefon- und Faxnummer haben eine Münchner Vorwahl.

Das Drehbuch stammt von »Bruder Norbert« Jürgen Ratthofer (»THG«) und Ralf Ettl, der offenbar auch ein Mitglied ist, denn er hat für seinen Vater Walther Ettl, der »den beginnenden Wiederaufstieg unseres deutschen Vaterlands« noch miterleben durfte (*Bab Ilu* 12/89), eine Todesanzeige in der Ordenszeitschrift aufgegeben. Ettl war Autor der Zeitschrift *Code*, benannt nach der »Conföderation Organisch Denkender Europäer« (CODE) – organisch meint germanisches, ganzheitliches (SS-)Denken versus materialistischen, jüdischen Geist. Im Text des Videofilms über die geheimen Gesellschaften wird ein »Wissender« zitiert: »Wer redet, weiß nichts. Und wer weiß, der redet nicht.« Ettl und Ratthofer reden, 60 Minuten lang.[141]

Die Tagung der »Tempelhofgesellschaft« habe kein Motto, heißt es einmal in einer Einladung. Aber wenn, dann wäre »Zurück in die Zukunft« geeignet. Eine ähnliche Vision hatte schon mal einer, nämlich Heinrich Himmler: »Möge der Geist der urältesten Vergangenheit der Geist der Zukunft sein.« (19.11.1935).

X. »Arier aller Länder vereinigt Euch!«: Der »Armanen-Orden«

Einer der braunen Religionszirkel, die sich besonders geheimnisvoll geben, ist der »Armanen-Orden« mit seiner Zentrale in Köln. Er bemüht sich seit 1976 um eine Neugestaltung des Lebens in der »altangestammten, heidnischen Urreligion«, preist sich als »die religiöse Alternative Europas« und wartet auf die »Götter-Morgendämmerung«. Dieser »Weltenwende«, dem Übergang vom Fische- zum Wassermann-Zeitalter, geht ein letztes Aufbäumen der dem Untergang geweihten Kräfte voraus, so glauben die Armanen. Zersetzende Mächte seien am Werk, Mächte, die Rassen, Völker, Stämme und Natur bedrohen. »Durch Nacht zum Licht«, heißt ein Leitspruch des »Armanen-Ordens«, »Arier aller Länder vereinigt Euch!« ein anderer.[142]

Die Armanen nennen sich »älteste und bekannteste Heidengruppe Europas«. Sie sehen sich als die wiedergeborenen Führer »unserer heidnischen Vorfahren«. Das Medium dieser Wiedergeburt lautet Erberinnerung.[143]

Als privater »Erberinnerer« machte in den dreißiger Jahren ein Mann bei der SS Karriere, der k.u.k. Oberst und Magier Karl Maria Wiligut (1866-1946). Er nannte sich Weisthor. Mindestens einmal wurde er auf Betreiben seiner Ehefrau entmündigt. Aber seiner Laufbahn als SS-Brigadeführer und engem Vertrauten von Heinrich Himmler tat dies keinen Abbruch.[144]

Wiligut gab sich als Medium einer Urreligion aus, eines »irminischen Christentums«, und beeindruckte damit den Reichsführer SS. Von ihm stammt die Idee des Totenkopfrings der SS. Er forcierte die Gründung der Ordensburg der SS bei Paderborn, der Wewelsburg, und stärkte das Elitedenken der SS.[145]

Unter Erberinnern verstand Wiligut unbewußtes Bewahren und Wiederfreisetzen von altem Weistum aus der germanischen Vergangenheit. Heinrich Himmler war vom Erbe der Ahnen so begeistert, daß er daraus das »Ahnenerbe«, die Forschungsstätte der SS, formte. Dieses »Ahnenerbe« sollte die Geschichte »germanisch« umschreiben und die SS bei der Wiederherstellung der »reinen Rasse« unterstützen. Wie sehr der Erberinnerer

Wiligut bei den Armanen geschätzt wird, sieht man daran, daß eine Autorin der Mitgliederzeitschrift als eine der »bedeutendsten Wissenden der Neuzeit« vorgestellt wird, die zum eingeweihten Kreis von Oberst Wiligut gehört habe.

1. Vom Hexenkult zur Lichtreligion

Wie viele Mitglieder der »Armanen-Orden« hat, liegt im Dunkel. Die Großmeister geben keine Auskunft.[146] Die Heidelberger Philologin Stefanie von Schnurbein glaubt, daß die Zahl der Mitglieder mit ritueller Bestätigung der Ordenszugehörigkeit bei 50 liegen könnte, die Zahl der Teilnehmer von Things (Versammlungen) und der Sympathisanten eher höher als 150 liegt. Der Bonner Pressedienst *Blick nach rechts* gibt 180 Armanen-Mitglieder an (4.12.89). Jedenfalls geht es bei den Things der Armanen international zu; es kommen auch Heiden aus England, Frankreich und Litauen angereist.

Auf welche Art aber kommt jemand just zu diesem Orden, der sich »ältester abendländischer Ritterorden nennt«? »Frau Elfrun« – so ihr Ordensname – schildert, wie sie Arminne geworden ist.

Sie besuchte ein Seminar der kalifornischen Hexe Starhawk in Todtmoos-Rütte, wandelte auf den Spuren von König Artus in Cornwall und veranstaltete selber Seminare über die Heilkraft der Edelsteine. Beim »Fest der tausend Frauen« in der Alten Oper in Frankfurt wurde ihre Adresse an Armanen weitergegeben, und so bekam sie nach ihrer eigenen Darstellung die erste Einladung zu einem Thing. Nach einigen Seminaren bei »Frau Sigrun« (Sigrun von Schlichting) erhielt sie 1991 an den Externsteinen die Weihe als Armanen-Priesterin. Auf der »Suche nach dem heiligen Gral« will sie noch zu höheren Armanen-Stufen vordringen. Zunächst aber freut sie sich, daß die Wassermanneinstrahlung in die Köpfe der Frauen auch in den entlegensten Dörfern dringt, organisiert Wanderungen zum »Mathildenhügel«, dem Lieblingsplatz der Fanatikerin Mathilde von Ludendorff in Bechtheim, oder Kultfeiern und Stammestreffen für »alle Germanen rechts und links des Rheines« in Schwetzingen oder auf der Thingstätte in Heidelberg. Im Oktober 1996 hat sie im Geist des »Heimdall-Walküren-Zeitalters« und »wegen des heute üblichen Drucks auf alles ›Heidnische‹« einen Halgadom-Kreis mit dem Namen »Zum Mitternachtsberg« gegründet.

Hört man sich diese Geschichte an, wie »Frau Elfrun« zum Orden gekommen ist, könnte man glauben, es handle sich um eine feministische Vereinigung. Aber auch andere Wege sollen zu den Armanen führen. So inserierten sie zum Beispiel in der Parteizeitung der »Republikaner«: »Die europäische Naturreligion vereint alle Stämme im Abendland. Einführungsschrift über Aufbau u. Zielsetzung sowie Zeitschriftenprobe ... von Armanen-Verlag« in Köln.

Bei dieser Armanen-Versandbuchhandlung kann das ideologische Rüstzeug für Neu-Armanen erworben werden. Dort im Angebot: das Standardwerk von Alain de Benoist, dem Kopf der Nouvelle Droite in Frankreich, zum neuen Heidentum und eine Schrift von Mussolinis Rassentheoretiker und Hofphilosoph Julius Evola.

Die Buchhandlung verkauft auch das zweibändige Machwerk *Odal – das Lebensgesetz eines ewigen Deutschland* des NS-Blut-und-Rasse-Juristen Professor Johann von Leers[147], angekündigt als »die Geschichte des 1000jährigen Kampfes gegen Überfremdung«. Ein Textbeispiel: Als die Juden »begannen, ihre Wucherkünste auch an den treuherzigen Germanen zu erproben, einen schwungvollen Handel mit gotischen Mädchen und Knaben nach Afrika begannen und unter Mißbrauch der germanischen Treue in der Erfüllung von Verträgen die gotischen Edelinge ausbeuteten, erfolgten scharf judenfeindliche Gesetze, durch die endlich die Juden von öffentlichen Ämtern ausgeschlossen, ihnen die Ehe mit Nichtjuden verboten ... und das Halten nichtjüdischer Dienstboten verwehrt wurde.« (S. 218).

Die Armanen-Buchhandlung verkauft aber auch Bücher von Jörg Lanz von Liebenfels, diesem »Souffleur des Rassenwahns«. Auch der Großmeister des »Armanen-Ordens«, »Herr Adolf«, bürgerlich Adolf Schleipfer, beruft sich auf Lanz. Im Buchversand zu haben ist zum Beispiel Lanzens *Theozoologie*, »die Kunde von den Sodoms-Äfflingen und dem Götter-Elektron« für 25 Mark, wie es in der Bücherliste heißt. Oder *Der Affenmensch der Bibel* für 48 Mark. 90 Ausgaben der Lanz-Zeitschrift *Ostara* sind in Kopie über den Orden zu beziehen. Zu erwerben ist aber auch, was die heilige Hildegard von Bingen über die *Heilkräfte der Edelsteine* schrieb, und Rudolf Steiners *Mission einzelner Volksseelen im Zusammenhang mit der nord.-german. Mythologie* für 11,80 Mark.

Ein anderer Sinnstifter des Ordens ist Guido von List, »unser Altmeister«, denn 1969 war die »Guido-von-List-Gesellschaft« wieder auferstanden. Man wisse spätestens seit G. v. Lists *Armanischer Gauverfassung* von 1911, ist in der Ordenszeitschrift zu lesen, daß »alle Parlamente der Welt nur Polit-Theater für das Volk sind und die wirkliche Macht in den Händen überstaatlicher Mächte liegt, die in allen Parteien sitzen, welche die von ihnen gelenkten Medien als ›demokratisch‹ bezeichnen«.

2. »Hauptstamm der weißen Rasse«

Laut Satzung ist der »Armanen-Orden« (AO) »das germanische Volkstum als Hauptstamm der weißen Rasse«. Nach Punkt 2 ist jeder Germane Angehöriger des »AO«, »der nach seiner Veranlagung die Voraussetzungen zu armanischem Denken, Fühlen und Handeln in sich trägt«, und der, so Punkt 5, »die germanischen Göttermythen als seine natürlichen Urbilder germanischer Wesensart anerkennt«. Der Orden fühlt sich als »einziger natürlicher Ordnungsträger des Ariogermanentums« und damit als »rechtmäßiger Inhaber aller armanischen Weis- und Brauchtümer«, der Kultstätten und der von »den Kirchen widerrechtlich beschlagnahmten Grundbesitzungen, Vermögen, Kultgeräte und Werte aller Art.«

Die Armanen kennen auch höhere Weihen. Angehörige, denen »armanische Erkenntnisse durch Erberinnerung« oder andere Quellen zufließen, können von der »Hohen Armanenschaft« in einem Ritus bestätigt werden. Nach diesem Ritual darf der Armane oder die Arminne das »Weistum der Ordensgemeinschaft« und »Ordensgrade« erwerben.[148]

3. »Kampfruf gegen eine feindliche Welt«

Die Zeitschrift *Irminsul – Stimme der Armanenschaft* erscheint schon im 30. Jahrgang. Sie bringt laut Beiblatt »Beiträge zu einem heute noch selten behandelten Gebiet, dem der alten einheimischen Religion unserer germanischen und keltischen Vorfahren und deren praktischer Anwendung auf allen Lebensgebieten«. Dies ist ein Text, mit dem man sicher auf Leserfang gehen kann, denn »altes Wissen«, ob von der Großmutter oder noch weiter zurück, hat Konjunktur. Wie sieht es aber in der Praxis aus? Die Ausgabe 2/1997 zum Beispiel macht mit einem Gedicht auf:

> »Der einzelne vergeht;
> Das Volk allein besteht.
> Es raunt und strömt das Blut,
> Facht an des Volkes Glut ...«

Ein Artikel beschäftigt sich mit »Priesterinnen, weise(n) Frauen und Hexen«. In einem anderen Beitrag geht es um die Kraft, die in Astralsphären wirkt. Von Rassen und Landschaften handelt ein dritter Beitrag. Der »nordische« Erdraum sei das geeignete Gelände für den Leistungsmenschen, den nordischen »Ausgriffsmenschen«. Weil der »nordische« Raum in die Ferne reiße und überwunden werden wolle, sei es auch kein Wunder, daß vor allem der »nordische« Mensch Flugzeuge und Raumfahrzeuge erdacht habe. Wegen der gegenseitigen Bedingtheit von Rasse und Landschaft dürfe man nicht in einer »artwidrigen« Landschaft leben. Ein Schlußbeitrag widmet sich dem »Trutzwort« ›dennoch‹: »Dann formt sich das in uns lebendig gewordene Wort ... zu einem Kampfruf gegen eine feindliche Welt.«

Der Orden bietet auch eine Ausbildung an, einschließlich Runenlehrgänge. »Die älteste abendländische Mysterienschule, der Armanenorden, bildet laufend Mitgart-Geschwister aus, damit sie für unsere gemeinsame Zukunft den richtigen Weg finden und den inneren Halt einer Gemeinschaft haben«, so wirbt der Orden und appelliert: »Nützt Euer Leben, Euer Vermögen, eure Fähigkeiten jetzt.« Andere Interessen sind die EDDA-Überlieferung, Runenkunde, Naturmagie, Wiedergeburt, Sippenforschung und Heilkunde.

Zu seinen Versammlungen, Thing genannt, ruft der Orden meist an abgelegene Plätze: zur Feier von »Wodans Opfertod« in ein Wirtshaus in Spangenberg bei Melsungen, zu »Meisterlehrgängen« mit Weihe nach Lichtenberg im Odenwald, zum Ostara-Thing in ein Wildpark-Hotel in der Pfalz. Für das Erdmutterfest des »Armanen-Ordens« sollten sich Gruppen »aus allen Gauen Midgarts« bei einer Midgart-Stelle in Münsing am Starnberger See melden. 1994 hatte der Orden sein Fest nach Polen verlegt, und zwar nach Kamieniec, auf das Schloß Kamenz auf dem »heiligen Hertha-Berg«. Bei diesen Things stimmen sich Armanen ein durch Runen-Übungen, ergehen sich im »Wanentanz«, einer Art armanischem Volkstanz, und bilden zum Ausklang eine »Ordenskette«, wobei sie den »Mitgardsegen« empfangen.

Die Mitglieder kommen im armanischen Ordenswams aus 100 Prozent Baumwolle, in Stammestrachten oder keltischen Gewändern. Man huldigt germanischen Gottheiten, hält z. B. Weihefeiern ab, hört Richard Wagner, verspeist ein biodynamisches Weihemahl und zelebriert kultische Handlungen am Meditationsfeuer.

Es ist verboten, Fotoapparate mitzubringen. Der Orden sieht sich nämlich verfolgt. Man versuche seine Feste zu stören oder Spitzel in Armanenkreise einzuschleusen. Deshalb muß jeder Interessent einen – wie es heißt – »rechtsverbindlichen« Vertrag unterschreiben, damit sichergestellt ist, »daß Du in wohlwollender Absicht uns kennenlernen möchtest, oder als neues Mitglied von dem ehrlichen Willen beseelt bist, Deine eigene, angestammte germanisch-heidnische Urreligion mit uns wieder zu entdecken und zu pflegen«.

Im Falle »feindseliger, entstellender, unwahrer oder verleumderischer Absichten, Äußerungen an Dritte, insbesondere solcher Berichterstattung in Zeitschriften, Büchern u. ä. aller Art, Veröffentlichung von Bildern oder Denunzierung von Personen aus armanischen Kreisen« muß sich der Anwärter zu vollem Schadenersatz nach Ermessen der Leitung der Armanenschaft verpflichten.

XI. »Arbeitsgemeinschaft Naturreligiöser Stammesverbände Europas« (ANSE)

Die Witze sind ebenso bösartig wie geschmacklos: »Die Alternativen unter den Kannibalen sind seit einiger Zeit dazu übergegangen«, steht unter der Rubrik *Heidenspaß* in der Vereinszeitung, »nur noch Nonnen zu verzehren, weil sie meinen, die wären ungespritzt. Vielleicht sollte man sie in diesem Glauben belassen ...«.[150]

Heidenspaß nach Art der »Arbeitsgemeinschaft naturreligiöser Stammesverbände Europas«, kurz ANSE. Sie arbeitet eng mit dem »Armanen-Orden« zusammen und brüstet sich: »Wir stehen im europäischen Raum mit mehr als 80 heidnischen Kulturorganisationen in Verbindung – von Finnland bis Portugal, von der Ukraine bis Island.« In der Wiedereinsetzung des Glaubens germanischer Vorfahren sieht sie die große Hoffnung für das Überleben der Völker. Noch in diesem Jahrtausend steht nach »ANSE«-Meinung ein letzter geistiger Kampf um die Seele und damit das Überleben bevor: »Es ist ein Ragnarökk, ein Kampf der Orientgötter gegen die Götter Europas.« Darum ruft die »ANSE« »alle Frauen und Männer Germaniens, Keltiens und Slaviens mit aller Leidenschaft auf: Setzt Euch in Bewegung, in Hunderttausenden und Millionen zu den Lehrgängen, ... Festen, Kulten der Heiden ... und kommt sehr bald, bevor es zu spät ist.« (Anzeige in *Nation* 7/92)

Die falschen Götzen aus dem Orient hätten kein Licht gebracht, heißt es im Vereinsblatt *Huginn und Muninn* (Hornung 1995). Das Blatt ist benannt nach den beiden Raben, die nach germanischer Sage auf Wotans Schultern sitzen. Es erscheint 1997 im achten Jahrgang.

Die »ANSE« veranstaltet vor allem sogenannte Stammestreffen in allen Regionen Deutschlands. Die Franken und Thüringer trafen sich beispielsweise in Wolframseschenbach, die »Ost- und Westfalen, Niedersachsen und Chatten« in Menden, die »Sueben und Alamannen« am Hohenstaufen bei Göppingen und die »Semnonen und Wenden und ihre Nachfolgestämme« im Semnonenhain in Berlin. Die Pfälzer, Nemeter, Burgunden und Vangionen sammelten sich in Bechtheim zwischen Wiesbaden und Limburg in einem »historischen Fachwerkbau«. In dem Haus hat eine Zeitlang Mathilde Ludendorff gelebt, die Juden, Jesuiten und Freimaurer als Drahtzieher einer gigantischen Weltverschwörung ausmachte. Für die »ANSE« ist sie eine »bemerkenswerte deutsche Frau«, eine »heidnische Prophetin« und »große Philosophin«.

Lehrgänge der »ANSE« finden zum Beispiel im »Hain Irminfried« bei der Armanen-Großmeisterin Sigrun in Ammerland am Starnberger See statt. Bei einem Vorweihnachtslehrgang für 120 Mark lernen die Heiden, wie man einen Julkranz bindet und was er im »naturreligiösen Heidentum« bedeutet. Sie singen heidnische Lieder und backen »Sinnzeichengebäck« aus Vollkornlebkuchenteig.

Dort in Ammerland ist Sigrun Freifrau von Schlichting zugange, aber auch im benachbarten Münsing. »Ein Dorf ist in Aufruhr. Seit das Fernsehen ein Mehrfamilienhaus an der Münsinger Hauptstraße bundesweit ins Bild gerückt hat, sind zwei Namen Tagesgespräch: Klaus Dieter Ludwig und Sigrun von Schlichting. Der ehemalige Bankdirektor und die keltische Priesterin haben ein braunes Netz gestrickt, dessen Fäden die gesamte Republik durchziehen«, schrieb der *Isar-Loisach-Bote* aus dem Hause des *Münchner Merkur* nach einem Bericht des Fernsehmagazins *Panorama* im Januar 1994.[151]

Die *Süddeutsche Zeitung* reimte: »Die Freifrau und der Ex-Bankier: gemeinsam für die völkische Idee« und widmete dem Paar eine ganze Seite unter der Überschrift »Wotans Erben spinnen sich ein braunes Netz«. Der *Panorama*-Bericht befaßte sich mit dem »Deutschen Rechtsbüro«, das zunächst in Hamburg ansässig war, aber auch in dem idyllischen 1800-Seelen-Dorf Münsing ein Postfach hatte. Heute geht die Rechtsberatung für den braunen Alltag von Berlin aus. Dieses im April 1992 gegründete Rechtsbüro hat es sich zur Aufgabe gemacht, die rechtsextreme Szene mit juristischen Tips, Ratschlägen und sogenannten Merklisten zu versorgen, zu Themen wie Volksverhetzung, verfassungswidrige Propagandamittel oder Leugnen der Judenvernichtung im Dritten Reich und für den Fall einer Hausdurchsuchung.[152] Unter der Münsinger Postfachadresse des Klaus Dieter Ludwig war auch die KEL-Unternehmensberatung zu erreichen. Diese GmbH wurde 1986 von dem Diplom-volkswirt Klaus Dieter Ludwig, Jahrgang 1934, und der Freifrau Sigrun von Schlichting, Jahrgang 1940, mit einem Stammkapital von 50 000 Mark gegründet. 1992 verlegten sie den Sitz nach Münsing. Die KEL-Unternehmensberatung inserierte unter der Überschrift »Heiden beraten Heiden« im »ANSE«-Organ *Huginn & Muninn*, aber auch in der rechtsextremen Postille *Nation* und anderen Blättern. Als Tätigkeitsbereich gab die Firma an: Vermögensangelegenheiten, Entschuldungen, Inkassogeschäfte, Anlagen, Immobilien, Unternehmensberatung, Beteiligungen, Vorträge über wirtschaftliche Angelegenheiten, Hilfestellung bei finanziellen Sorgen und Problemen. Als Prozeßbevollmächtigte der GmbH fungierte die Hamburger Rechtsanwältin Gisa Pahl, die unter dem Pseudonym Gisela Sedelmeier ein juristisches Handbuch für die braune Szene mit dem neckischen Titel *Mäxchen Treuherz* schrieb mit Kapiteln wie »Mäxchen und die Hakenkreuze« oder »Mäxchen und die Juden« und die bis 1993 Mitglied bei den »Republikanern« war.[153]

Die Ammerlander »Mythologin«, wie sie ihren Beruf angibt, Armanen-Großmeisterin und »ANSE«-Aktivistin Sigrun von Schlichting schließt Einladungen gern mit dem wonnigen »altarmanischen Heilwunsch ALAF SAL FENA = Alles Heil dem Liebenden«. Laut Inseraten erteilt sie »Götter-Rat in allen Schicksalsfragen durch Runen-Stab-Orakel«. Für heidnische Einsteiger hält sie Runen-Wochenendlehrgänge zu Preisen von 240 bis 320 Mark pro Person ab. »Die Heilung des Schicksals durch die Kräfte der Runen« nannte sie ihr esoterisches Seminar in der Hugenottenhalle in Neu Isenburg bei Frankfurt am Main. »Sigrun Frfr. v. Schlichting ist eine der bedeutendsten Runen-Wissenden unserer Zeit«, verkündete die Einladung, darum würden sich die Lehrgänge für »die Arbeit an unserer persönlichen Geschichte und für die Sinnfindung und Heilung unseres Lebens« eignen.

»Sigrun Freifrau von Schlichting, geb. Freiin von Schlichting« – so gab sie gegenüber dem Amtsgericht in Bad Tölz ihren Namen an – wirbt auch um Spenden, und zwar für den »Wiederaufbau mitteldeutscher Burgen«. Die Spenden sind von der Steuer absetzbar. Dafür hat sie einen als gemeinnützig und besonders förderungswürdig anerkannten Verein gegründet, die »Gemeinschaft zur Erhaltung der Burgen und Burgengemeinschaft e.V.«. Sie fungiert aber auch als Vorsitzende eines seit 1991 ins Vereinsregister eingetragenen »Hilfskomitee für die Kinder Osteuropas e.V.« in Bad Tölz. Als Kassierer wurde Klaus Dieter Ludwig ausgewiesen. Ludwig war während seiner Studentenzeit Mitglied und zeitweise auch Bundesvorsitzender des »Bundes Nationaler Studenten«, der 1961 verboten wurde. Seit langem schreibt der Finanzfachmann für die älteste rechtsextreme Monatszeitschrift *Nation und Europa – Deutsche Monatshefte zur Europäischen Neuordnung* seines Freundes Peter Dehoust in Coburg. Eine Zeitlang befand sich Ludwig wohl auf Abwegen: »Zugegeben, der Verfasser dieser Zeilen hat auch schon einmal die Grünen gewählt«, schreibt Ludwig 1986 in dieser Zeitschrift. Aber er setzt hinzu: »Das war auch zu der Zeit, als in der Grünen Partei noch durchaus honorige Leute tätig waren, man denke nur an Dr. Gruhl, Baldur Springmann u. a.« Letzterer, der »Bauer mit Leib und Seele« aus Geschendorf, schreibt heute in dem rechtsextremistischen Monatsblatt *Europa vorn*.

Für Frau Sigrun ist Klaus Dieter Ludwig »Chlodwig, der Unermüdliche«. Bei »Chlodwig« war auch eine Mitgart-Stelle angesiedelt, bei der allerlei »Germanisches« für Alltag und Feiern zu erwerben war, wie Götterfiguren oder Kultgegenstände. Chlodwigs Midgart-Stelle inserierte in *Huginn und Muninn,* brachte Berichte über Treffen der Stammesverbände der Bajuwaren und Markomannen und sie diente als Anmelde- und Kontaktstelle für »ANSE«-Veranstaltungen und Things. In *Huginn und Muninn* warb auch Ludwigs KEL-Unternehmensberatung. Und Klaus Dieter Ludwig unterschrieb auch Werbebriefe an *Huginn-und-Muninn*-Probeabonnenten. Dennoch behauptete er in einem Leserbrief an den *Münchner Merkur*: »Sie schreiben, ›Zentralorgan des braunen Kultes ist die Zeitschrift *Huginn und Muninn*‹. Das ist falsch. Richtig ist, daß ich mit dieser Zeitschrift nichts zu tun habe … «.

Frau Sigrun hatte schon mehrfach überregionale Publicity.

Die *Bild*-Zeitung stellte sie als Helferin in der Not vor. *Bild* recherchierte: »Am 23. Juni fuhr die Freifrau durch Brandenburg. ›Da sah ich diese furchtbare Dürre und wollte nur noch helfen. Doch allein in einer wildfremden Gegend ist das nicht zu schaffen.‹ Im Park Sanssouci fand die Regenmacherin dann eine Verbündete: ›Eine traurige Buche, die verriet mir ihren Namen – Silberschwinge.‹ In ihrem Haus in Ammerland konzentrierte sie sich dann am 30. Juni mit geschlossenen Augen auf die Buche und ihre große Aufgabe.« *Bild* brachte auch ein Foto von der »Zauberfrau« mit der Unterschrift: »Hurra, es regnet! Sigrun von Schlichting zauberte kostbares Naß nach Brandenburg.« »Zufall?«, fragt *Bild*. »Seit 10 Jahren mache ich hier Regen. In Bayern fällt nachweislich die größte Niederschlagsmenge in Deutschland.«[154]

1. Wotans wildes Heer in der Pfalz

In der Ausgabe 6/93 des »ANSE«-Organs erschien eine Anzeige einer Organisation für »nationale politisch und naturreligiös Verfolgte«. Heidnische Gefangenenbetreuung mahnt ein Leser Ernst T. aus L. dringend an (»Ich hoffe sehr, daß dieser wesentliche Schritt für Germanien getan wird.«) Und Muninn antwortet: »Lieber Herr Ernst, Du hast völlig recht: es müssen alle Möglichkeiten ausgeschöpft werden, um unseren Heiden in den Gefängnissen in ihrer schweren Zeit beizustehen.« 1995 wurde dann wegen einer angeblichen »juristischen Verfolgung naturreligiöser Menschen« eine »Heiden-Nothilfe« gegründet.

Schon 1991 war in *Huginn und Muninn* eine Anzeige von Ernst Tag aus Ludwigshafen erschienen: »Unser Volk muß weiterleben – Deutsche Heiden Siedelung – Aktion Lebensborn«.[155] In der Ausgabe 7/92 suchte Tag per Kleinanzeige »abgelegenen Bauernhof mit Garten, Acker oder Wiese«, »Waldlage bevorzugt«, gegen Barzahlung.

Dieser Ernst Tag ist einer der bekanntesten Pfälzer Neonazis und Neuheiden, der vor seiner Inhaftierung braune Jungmannen um sich scharte, um auf »germanische Art« zu feiern. Was darunter zu verstehen ist, mag man aus Tags Schilderung entnehmen: Es waren 36 Kameradinnen und Kameraden, zumeist aus Süddeutschland, ins Rudolf-Hess-Zentrum gekommen. An einem Mast im Garten flatterte die schwarz-weiß-rote Fahne, »die in luftiger Höhe die Fortexistenz des deutschen Wesens bekundete«. Dann entzündeten die »versammelten Germanen« einen Holzstoß, »und man hörte den Wind, der über die Berg- und Waldkämme rings um Weidenthal diese deutsche Nacht durchbrauste ... Als schließlich nur noch die Natur sprach«, ergriff Tag, der sich »Führer der nationalensozialistischen[156] Bewegung/Süddeutschland« nannte, das Wort: »Möge der Geist des Märtyrers Hess nicht nur in die anwesenden Teilnehmer übergehen, sondern auch auf die noch kommenden Deutschen, die sich hier versammeln werden.« Tags heidnische Feiern in dem kleinen Ort Weidenthal nahe der deutschen Weinstraße wurde ein Ende gemacht. Die Staatsanwaltschaft beim Landgericht Gießen hatte Anklage erhoben wegen schwerer räuberischer Erpressung, Verstoß gegen das Kriegswaffenkontrollgesetz und Hehlerei.

Nicht durch die »unerforschlichen Geschicke der Vorsehung«, wie Ernst Tag formulierte, sondern durch Gelder aus Banküberfällen wurde er in die Lage versetzt, sein Anwesen in der Pfalz zu erwerben.

1987 gründete Tag in weiser Voraussicht ein »Internationales Hilfskomitee für nationale politische Verfolgte und deren Angehörige e.V.«, dessen Vorsitzender er bis 1996 war. Das Gießener Gericht verurteilte Tag 1988 zu einer Freiheitsstrafe von fünf Jahren. Die Strafkammer sah es als erwiesen an, daß Tag Gelder aus Banküberfällen auf sein Konto überwiesen bekommen und dem Täter eine Maschinenpistole für die Überfälle beschafft hatte. 50 000 Mark hatte Tag aus einem Überfall auf eine Bank in Ober-Derdingen erhalten und 22 000 Mark aus einem Raubzug auf eine Ortenberger Bank.[157]

Ein anderer Leser der »ANSE«-Zeitschrift *Huginn und Muninn* engagiert sich fürs nördliche Ostpreußen. Als Lehrer habe er zwar keine großen Reichtümer sammeln können, dennoch habe er etwa 90 000 Mark für Projekte in Nordostpreußen gespendet.[158] Winfried Stannieder aus Ahrensburg arbeitete beim »Förderkreis Elch« mit und brachte schon Ostern 1993 Spenden ins nördliche Ostpreußen. Von ihm selbst kamen zwei Kreissägen, zwei Nähmaschinen, drei Fahrräder, Pflanzgut, Kleidung und Werkzeug für 7000 Mark. Er schenkte auch Geld für den Kauf eines Hauses mit der Bedingung, dort ein Depot für Sachspenden einzurichten.

In einer anderen Heiden-Zeitschrift, im *Runenstein*, sucht Stannieder per Anzeige ein Anwesen, von der Größe her sicher auch für heidnische Zusammenkünfte geeignet: »Suche Burg oder ähnliche Hauspersönlichkeit im deutschen Kulturraum zu kaufen ...« (*Runenstein* Ernting 1991). Er selbst vermietet ein Bauernhaus im Bayerischen Wald und bietet ein »Wohnhaus im Nahverkehrsbereich Hamburg in Villenlage« an: »Preis über 1, unter 2 Millionen Mark«.

Stannieder war schon als Student politisch aktiv. Er zeichnete als Verantwortlicher für Flugblätter des 1961 verbotenen »Bund Nationaler Studenten« (BNS). Später war er Kassenprüfer des »Freundeskreis Filmkunst e.V.« in Hamburg, der sich der Pflege von Filmen aus der NS-Zeit widmet und außerdem auch schon die Hetendorfer Tagungswoche mitveranstaltete.

Bei Stannieder scheint es sich schon um einen betagteren Herrn zu handeln. In *Nation Europa*, der ältesten rechtsextremen Monatszeitschrift, suchte er 1989 per Inserat nach einer nichtrauchenden jungen Frau als Altenpflegerin – Vegetarierin bevorzugt.

2. Bedrohte Neuheiden?

Viele neuheidnische Gruppen fühlen sich »verfolgt«. Sie sprechen von einer neuzeitlichen Inquisition, sahen sich aber von der Nazi-Keule bedroht. Die »Arbeitsgemeinschaft Naturreligiöser Stammesverbände Europas« (ANSE) huldigt einer besonders obskuren Verschwörungstheorie: von staatlicher, kirchlicher und linker Seite sowie von den Massenmedien sei ein Großangriff auf die Anhänger der angeblich »heimischen Naturreligion« im Gange. Eine von den Kirchen gesteuerte linke Politik wolle zurück in die mittelalterliche Inquisition. Scheiterhaufen und Daumenschrauben sieht die »ANSE« durch politisch begründete Verbote ersetzt. Doch verboten worden sind keineswegs neuheidnische Gruppen, auch die »Artgemeinschaft« nicht, trotz ihrer engen Anbindung an die »Wiking-Jugend«, sondern 17 rechtextremistische Organisationen. Beispielsweise wurde die »Deutsche Alternative« verboten, deren schon erwähnter Berliner Landesvorsitzender Arnulf Winfried Priem eben auch der Chef des »Asgard-Bundes« war. Der »Asgard-Bund« ist nach wie vor legal. Es ist eben in der Tat so, daß eine große Zahl von Neonazis Neuheiden sind. Aber die »Freiheitliche deutsche Arbeiterpartei« (FAP) ist nicht deshalb verboten worden, weil viele Anhänger Neuheiden waren, sondern weil die Organisation verfassungswidrig war.

Viele Heidengruppen treffen sich unter nahezu geheimbündlerischen Bedingungen. Versammlungsorte werden nur Eingeweihten bekanntgegeben. Interessenten erfahren die Treffpunkte erst nach vollständiger Angabe ihrer persönlichen Daten. Fotografieren und Tonaufnahmen sind verboten. Mitglieder müssen im Fall ihres Todes dafür sorgen, daß Unterlagen an die Ordensgemeinschaft zurückgegeben werden, damit sie nicht an die Öffentlichkeit gelangen.

Durch das Gefühl, verfolgt zu werden, wird aber auch der Gruppenzusammenhalt in manchen dieser Neuheiden-Zirkel gestärkt. In dem Blatt *Huginn und Muninn*[159] wird eine »gerade in diesem Jahr besonders starke inquisitorische Unterdrückung der Naturreligion« beklagt, deshalb bleibe der Schriftleitung keine andere Wahl, als »bei aller Gesetzestreue« aus »dem Untergrund herauszuarbeiten«. Andererseits bekennt »Huginn«, daß »alle Heiden national eingestellt« sind, wenn sie ihre Weltanschauung ernst nehmen. »Wir Heiden werben bei den Nationalisten genauso um Verständnis für unsere Einstellung, wie wir uns bemühen wollen, ihre politischen Grundsätze zu verstehen«, antwortet Huginn einem Leserbriefschreiber.

Leif-Thorsten Kramps, aus Fröndenberg bei Unna, hält eine Trennung von Heidentum und Politik nicht immer für möglich. Zum germanischen bzw. keltischen Heidentum gehöre nun einmal auch der entsprechende Menschenschlag. Dieser sei von dem Modell einer vermeintlich multikulturellen, d. h. mehr- und mischrassigen Gesellschaft und von der Wahnvorstellung einer

One-World existenziell bedroht. Daher sei »schärfster Widerstand« von seiten der Heiden nötig, denn bei diesen »denaturierten Geisteshaltungen« handele es sich um ein Erbe des christlichen Universalismus, schreibt Kramps in einem Leserbrief an ein Berliner Heidenblatt. Außerdem hält Kramps eine radikalökologische und entschieden föderalistische, für ein Deutschland der Stämme und für ein Europa der Völker eintretende Grundhaltung für heidnische Pflicht.

Der »Urlagu-Verbund« in Hildesheim, dessen Mitglieder die Vor- und Frühgeschichte erforschen, aber auch alte Feste auf Kultplätzen der Umgebung wiederbeleben und eine Zeitlang »wie unsere heidnischen Vorfahren« leben wollen, grenzt sich gegenüber politisch extremen Organisationen ab. Mit Gruppen, »die Zeichen und Feiern des Heidentums für totalitäre Ziele mißbrauchen«, so heißt es im *Runenstein* (Scheiding 1990), will Urlagu nichts zu tun haben.

In derselben Ausgabe der Zeitschrift *Runenstein* (Scheiding 1990) beschwerte sich aber Leser Winfried S. aus Ahrensburg, »daß Sie in einer Abbildung Ostdeutschland als Polen bezeichnen«. Die Redaktion reagiert so darauf: »Die fälschliche Bezeichnung Ostdeutschlands als Polen bei der Übernahme einer Artikelbebilderung bedauern wir und bitten das Versehen zu entschuldigen.« So »unpolitisch« ist der *Runenstein*.

Daß viele dieser völkischen Zirkel betonen, sie hätten nichts mit Politik zu tun, hat seinen guten Grund: Etliche von ihnen sind nämlich als Vereine eingetragen und als gemeinnützig anerkannt. Und diese Gemeinnützigkeit bietet viele Vorteile: Erstens dürfen Spenden an solche Vereine dann von der Steuer abgesetzt werden. Zweitens sind diese Vereine selbst weitgehend von der Steuer befreit. Und drittens halten viele Spender den Zusatz »als gemeinnützig anerkannt« für eine Art staatliches Gütesiegel und greifen um so tiefer in die Tasche. Damit fördert aber auch jeder Bürger und jede Bürgerin nolens volens indirekt solche braunstichigen Vereine. Schließlich werden sie aus dem großen Steuertopf, in den alle Bundesbürger einzahlen, unterstützt. Die Finanzämter sind bei dieser Problematik weitgehend alleingelassen. Sie erkennen die Gemeinnützigkeit aufgrund der Satzung zu. Über das tatsächliche Vereinsgebaren können sie sich in aller Regel nur vom Schreibtisch aus informieren. Zwar lesen Finanzbeamte auch die Verfassungsschutzberichte. Dort kommen aber in aller Regel neuheidnisch-völkische Vereine nicht vor.

3. »Mit teutschem Heil«

Das bayerische »Siedlungsunternehmen Lebensquell e.V.« ist auch so ein Verein, der die neuheidnische Religionsfreiheit gefährdet sieht. Doch werfen wir zuerst einen Blick darauf, was für erstaunlich vielseitige Aktivitäten von diesem Unternehmen bzw. der Adresse ausgehen.

Das »Siedlungsunternehmen Lebensquell e.V.« beschreibt seine Ziele in einem Werbeblatt. Dazu gehören »Siedeln in ländlichen Eigenheimen und Mietwohnungen«, »weitmöglichste natürliche Selbstversorgung« und Pflege »abendländischer Kultur, Sitte und Gebräuche«, kurz: »Wir wollen Natur, Gemeinschaft und Heimatland!«[160]

Unter derselben Anschrift im oberschwäbischen Stoffen firmiert das Unternehmen Germania bzw. sein Nachfolger, das Unternehmen Lebensquell. Der vollständige Firmenname lautet Heinrich-Jörn Schönlaub & Karsten Kube GbR. Verlag – Gestaltung – Handel und Versand. Mit Anzeigen in entsprechenden Zeitschriften wie zum Beispiel *Einheit und Kampf* bot die Firma Maschinen und Rechner, Software, Kopiergeräte etc. an. In einem anderen Inserat war die Angebotspalette erheblich erweitert. Jetzt gab es auch »Wehr- und Sportbestände«, wie Stiefel, Stahlhelme, Blankwaffen, Armbrüste, Kampfkleidung usw. Computer und Kampfausrüstung, das entspricht offenbar der aktuellen Bedarfslage rechtsextremistischer Kundschaft. Auf Zuschriften antwortete das Unternehmen mit der Grußformel »mit teutschem Heil«. Unter derselben Anschrift konnte man auch die Zeitschrift *Lebensborn – Bote des Heimdallzeitalters* beziehen. Die Postille verstand sich als »heidnisches Mitteilungsblatt für artgerechten Glauben und Weltanschauung, sowie das Bekenntnis für Natur, Volk und Heimatland«. Firma wie Zeitschrift verwendeten die »schwarze Sonne« als Emblem, also das Sonnenrad mit Speichen in der Form von Sig-Runen, das in der SS-Ordensburg bei Paderborn, der Wewelsburg, in den Marmorboden eingelassen ist. Der Macher des Blattes, Heinrich Jörn Schönlaub, meldete sich im »Julmond« 1993, also im Dezember, mit einem »Freundeskreis Wulf Sörensen«, auch wieder »für Natur, Volk und Heimatland«. Der Kampf gehe weiter, nur mit anderen Mitteln. Briefe sollten nicht mehr an die »Quellenstraße« geschickt werden, sondern an ein Postfach in Landsberg am Lech. Inzwischen war die »Nationalistische Front«, die ihre Zentrale in der Quellenstraße 20 in Detmold-Pivitsheide hatte, verboten worden.

Ausgerechnet dieses »Siedlungsunternehmen Lebensquell e.V.« ärgerte sich im *Hornung* 1995 über die angeblich bedrohte Religionsfreiheit in Deutschland. Gegenwärtig werde im deutschsprachigen Raum von staatlicher, kirchlicher und linker Seite sowie von den Massenmedien ein Großangriff auf die Religionsfreiheit durchgeführt. Dieser Angriff richte sich gegen Anhänger der heimischen Naturreligion. Diese würden »künstlich in Beziehung gesetzt mit politisch verfolgbaren Parteien und Gruppierungen«.

Im *Germanenglauben,* einer neuheidnischen Zeitschrift, die sich von Rechtsextremisten distanziert, lamentiert die Ehefrau von Heinrich Jörn Schönlaub über mangelnde Religionsfreiheit für Neuheiden. »Jede größere Stadt hat ihre Synagoge für die Juden«, schimpft sie. Die merkwürdigsten fremdländischen Sekten würden Begegnungsstätten und Bankkonten eröffnen. Nur die »Anhänger der in diesem Lande einheimischen, überlieferten Glaubensformen, der celtischen und germanischen Göttergläubigen, der Hexen-, Hagedisen- und Druidengruppen«, die hätten dieses Recht nicht. Mehr noch: Bei »unberechtigten Hausdurchsuchungen« würden Wotansbilder von der Wand gerissen. Dabei verschweigt sie, daß Hausdurchsuchungen nicht deshalb gemacht werden, weil jemand Wotan an der Wand hängen hat, sondern wegen des Verdachts strafbarer Delikte wie Volksverhetzung, Aufruf zum Rassenhaß oder Verwendung von Kennzeichen verfassungswidriger Organisationen etc.

4. Was heidnische Herzen begehren

Inzwischen hat sich ein Netzwerk von Veranstaltern für Seminare, Versandfirmen und Einzelpersonen gebildet, die Artikel für den heidnischen Alltag feilbieten. Man hat gemerkt, daß sich damit durchaus Geld verdienen läßt. Für Riten wie für den »germanischen« Feierabend werden Kultgegenstände wie Irminsulen für den Hausaltar, Runenteller, Runenstäbe, Lebensleuchter, Feuerschalen und Trinkhörner für Met oder Bier, aber auch Kaffeetassen mit Lebensbaum in Goldeindruck benötigt. Solche Irminsul-Tassen verkauft die »NPD« für 25 Mark das Stück.

Einer der frühen und inzwischen erfolgreichen neuheidnischen und neurechten Unternehmer ist Stefan Ulbrich. Zu ihm gehören der Arun-Verlag und der GAIA-Versand im thüringischen Engerda, früher auch noch die Pyramid Media in Straßlach bei München. Ulbrichs GAIA-Versand stellt seine Idee eines Marktes so vor: »Hier soll es nicht mehr nur Kunde, Verkäufer und Hersteller geben, sondern hier soll ein Netzwerk entstehen. Konkret: wir wollen den GAIA-Versand auch als Markt von Kunden für Kunden verstanden wissen. Markt – das heißt Kommunikation, Handel, Manufaktur, Nähe, Selbstverwirklichung, lustiges Treiben … Und immer: Kunden für Kunden und GAIA als Mittler.« Die Firma bietet Herstellern die Möglichkeit, ihre Produkte einem relativ breiten Publikum vorzustellen. Diese Produkte müssen zum Sortiment passen und den Marktanforderungen nach Qualität und Umweltverträglichkeit genügen.

Über den Versandhandel hinaus sollen die Produkte über Ladengeschäfte angeboten werden wie in Zeulenroda/Thüringen und Neusäss bei Augsburg. Dabei wird im Franchise- oder Shop-in-Shop-Verfahren gearbeitet. GAIA wendet sich an Besitzer von Bio-, Naturkost- oder Dritte-Welt-Läden, die noch Platz für Regale haben. GAIA war schon 1996 bei Esoterik- und Ökomessen, Folkfestivals und alternativen Weihnachtsmärkten vertreten, zum Beispiel auf der Hannoveraner Esoterikmesse im März 1996. Im Versandkatalog finden sich Produkte wie keltische Haarspangen, Wikingerschmuck, Schafwolldecken und Ponchos, Schuhe und Puppen, Kräuter und Räucherwerk, Tee und Badesalze, Bücher zu Sexualität und Naturheilkunde, Reise und Geomantie, Hexen und Hanf, Ernährung und Ayurveda, Runen, Kelten und Germanen. Der 64 Seiten starke Katalog liefert viel aus der Esoterik- und New-Age-Szene wie Fritjof Capras neues Buch *Lebensnetz*, er bietet aber auch Eugen Drewermanns Werk über den tödlichen Fortschritt an. Bücher einschlägiger Autoren sind sparsam dosiert. Zu ihnen gehört Harry Radegeis mit seinem Buch *Runen im Leben der Völker*.[161] Radegeis stand schon dreimal auf der Referentenliste der rechtsextremen Hetendorfer Tagungswoche in der Lüneburger Heide.

Ulbrichs zweites Unternehmen, der Arun-Verlag, legte seinem jüngsten Prospekt »neue wege – neues denken – lesestoff für nonkonforme« der Oktober-Ausgabe 1997 des »NPD«-Parteiorgans *Deutsche Stimme* (Auflage ca. 50 000 Stück) bei.

Der umtriebige Jungunternehmer kommt aus der in der Tradition der Hitler-Jugend stehenden »Wiking-Jugend«, wandte sich aber später der Neuen Rechten zu. Mit seiner »Arbeitsgemeinschaft für Basismedien Pyramid Media« veranstaltete er schon Ende der achtziger Jahre mit dem Leiter des Kasseler »Thule-Seminars« Pierre Krebs Seminare über »Metapolitik«. 1990 gehörte Ulbrich zu den Teilnehmern des ersten Kongresses der Neuen Rechten, bei dem sogenannte nonkonforme Patrioten an der Vernetzung von Gruppen und Verlagen, an einem Medienverbund und auch bereits an einem Mailbox-System bastelten.[162]

1992 stellte sich Ulbrich in einer Anzeige in der Berliner *Jungen Freiheit* selbst vor: »JF-Redakteur, sudetendeutscher Bayer, Publizist, Verleger und Honorardozent sucht für seine Familie (mit drei Kindern) Haus (Zustand relativ egal) zu mieten oder kaufen ...«[163]

Während Ulbrich mit dem GAIA-Versand offenbar ein alternatives Publikum erreichen will und weitgehend auf politische Propaganda verzichtet, bietet er mit dem Arun-Verlag ein einschlägiges Buchangebot. Er bringt gleich zwei Bücher eines Vordenkers der Neuen Rechten heraus, nämlich von Julius Evola (1898–1974). Die überwiegend im Universitätsmilieu anzutreffenden Anhänger der heidnischen Neuen Rechten interessieren sich weniger für die Geschichte des Dritten Reiches, dafür aber umso mehr für das ideologische Substrat, auf dem der Nationalsozialismus wuchs. Und dazu gehören die Schriften Evolas, der zur Zeit eine regelrechte Renaissance erlebt.[164]

Evola lieferte Mussolini den philosophischen Überbau für sein Gewaltregime, und er tat dies wesentlich fundierter als manche von Hitlers Souffleuren. Der kalabresische Baron war Esoteriker und Gründer einer Gruppe von italienischen Okkultisten aus der besseren Gesellschaft, die UR hieß. Er verfaßte 25 Bücher, 300 längere Essays und über 1000 Artikel für Zeitungen und Zeitschriften. Evola, ein glühender Nietzsche-Verherrlicher, fertigte die *Grundrisse der faschistischen Rassenlehre* – Sintesi di dottrina della razza –, die er selbst ins Deutsche übersetzte. Sie könnten als »das Glaubensbekenntnis der geistig kämpfenden Vorhut der Revolution der Schwarzhemden« gelten, schreibt Evola im Vorwort zur deutschen Ausgabe. Diese faschistische Rassenlehre hat für Evola geistig und kulturell die Bedeutung einer revolutionären Idee.[165]

Bei Evola findet sich auch schon der »Rassegedanke als Anti-Universalismus«, ein Ideologiebestandteil, den die heutige Neue Rechte, die das Wort Rasse vermeidet, mit einem »Recht auf Ungleichheit« umschreibt. Evola bewunderte 1928 den *Heidnischen Imperialismus*, so ein weiterer Buchtitel, und rief 1934 zur *Revolte gegen die moderne Welt* auf. Mit diesem durch den Arun-Verlag heute wieder vorliegenden Buch ist der italienische Adlige eine Stütze für zivilisationsmüde, von Wodka wie Cola angeekelte Neurechte, die »zurück in die Zukunft« und zu einer elitären Ordnung wollen. Evola, der »Operetten-Okkultist«, wie ihn Umberto Eco nennt, hat posthum eigene Seiten im Internet mit Bibliographie und Aufsätzen. Der Buchversand der Berliner *Jungen Freiheit* bietet Evolas *Mysterium des Grals* im Sommer 1997 erstmals seit 40 Jahren wieder in deutscher Sprache an – in limitierter und einzeln signierter (sic!) Ausgabe im Schuber. Es bleibt das Mysterium des JF-Buchdienstes, wer die Geisterhand des am 11. Juni 1974 in Rom verstorbenen Evola führte. Dieses Buch ist auch das einzige Evolas, das Ulbrichs GAIA-Versand in einer handnumerierten Luxusausgabe in Kassette mit einer Auflage von 999 Exemplaren für 78 Mark anbietet. Erstmals in deutscher Sprache wird im Prospekt des Arun Verlags zur »NPD«-Zeitung Evolas *Cavalcare la Tigre* (Den

Tiger reiten) angekündigt: »Wer die ›Revolte ...‹ gelesen hat, wird auch ›Cavalcare ...‹ lesen müssen!«

Stefan Ulbrich hat erfolgreiches Marketing im rechten und esoterischen Bereich vorgemacht. Es gibt aber auch viele kleinere Spezialanbieter.

Der Modellschreinermeister Karl Hüther aus dem pfälzischen Kleinniedesheim fertigt »Irminsul und Lebensbaum in verschiedener Ausführung, gedrechselte Holzteller mit Irminsul und Runen, Geburtsleuchter und handgeschnitzte Runenstäbe für die Heiden«. »Original-Runenstäbe« habe der Armane Karl Hüther 1978 zum ersten Mal in der neueren Geschichte wieder rekonstruiert und in sorgfältigster Handarbeit hergestellt, berichtet *Huginn und Muninn* 1991. Ein Satz Runenstäbe mit 24 Stück kostet ca. 750 Mark. Und die *Nordische Zeitung* der »Artgemeinschaft« vermeldet 1997, daß ein Bildschnitzer »unsere Artgemeinschafts-Irminsul« in Eiche schnitzt, je nach Größe zwischen 150 bis 480 Mark – Bestellung an Karl Hüther unter dem Hinweis auf die »Artgemeinschaft«. Die Irminsul für »Armanen-Orden« und »Arbeitsgemeinschaft Naturreligiöser Stammesverbände Europas« (ANSE) kostet zwischen 150 und 450 Mark. Bei Hüther gibt es auch »Wolfsangel-Leuchter« zwischen 180 und 280 Mark oder »Hausschutzschilder« von 400 bis 650 Mark. Der Pfälzer ist vielseitig. Er hat auch einen Videofilm über »Göttinnen und Götter unserer germanischen Vorfahren und ihr Leben im Alltag« gedreht und beim Stammestreffen der Burgunder 1995 in Egelsbach bei Darmstadt gezeigt. Bei ihm gibt es auch den Film »Kleine Götter-Wanderung« im Pfälzer Wald für 30 Mark.

Andere Firmen bieten germanischen Schmuck mit Runenzeichen oder Pferdekopf- und Schwanenhals-Swastika an, also dem Hakenkreuz in stilisierter Tierform. Schwere Silberbroschen mit vier Pferdeköpfen in Hakenkreuzform schmücken die Brust mancher Heidin. Sie gelten als Symbol des Lebens. Liebhaber und Liebhaberinnen solchen Schmucks werden von einer Reihe diskreter Firmen beliefert. Derlei Artikel werden in Zeitschriften, bei Treffen oder über Versandfirmen angeboten. Der Midgard Versandhandel für germanisches Leben und Religion in Miesbach liefert Wikinger-Schwerter und -äxte, eine Thule-

Armbanduhr mit dem Symbol der Schwarzen Sonne auf dem Zifferblatt, Irminsulen in Gold oder Silber als Anhänger, Wikinger-Schuhe in originalgetreuer Nachbildung aus dickem Voll-Leder oder ein Kissen aus himmelblauem Satin mit Irminsul in Goldstickerei. Met gibt es für 9,20 Mark pro Flasche oder 50 Mark im Sechserpack. Im selben Prospekt bietet der Versand auch die *Heidnischen Gedichte* von der »Artgemeinschaft« an oder *Omas Lexikon der Kräuter und Heilpflanzen.* Der »Asgard-Verlag« in Burg in Dithmarschen liefert nicht nur Bücher, sondern auch Jul-Leuchter und Irminsulen in diversen Ausführungen. »Asgard Ausrüstungen Militärartikel« aus Winnenden in Baden-Württemberg inserierte im November 1996 in der »NPD«-Zeitung *Deutsche Stimme*. Firmenchef Klaus E. Fenzl wählte einen Wikinger im Drachenschiff mit Schwert in der Hand als Zeichen. Das Unternehmen liefert elektronische Bausätze, Selbstschutzartikel, Wachschutz- und Polizeibedarf, Helme, Messer, Bajonette etc.

Der Vision Versand von Andreas Gängel im badischen Karlsdorf liefert eine Runen-Uhr, also eine Armbanduhr mit Runen statt Zahlen auf dem Zifferblatt, für 89 Mark. Maßkrüge oder Halbekrüge mit Motiven wie »Thor« (Odins Sohn) oder »Tyr« (dem Kampf- und Kriegsgott) gibt es für 29,90 Mark. »Odin« kostet zehn Mark mehr, aber der ist ja auch der Allvater. Bemerkenswert unter den T-Shirts ist eines mit dem Brustdruck-Motiv »Teutsche Frau – Treu, Tapfer, Aufrecht«, das eine blondbezopfte Germanin mit einem Mordsbusen vor einem Strahlenkranz zeigt.

Der Thors Förlag von Harry Radegeis auf der Wasserburg Wiedelah in Niedersachsen hat ausschließlich Artikel für den heidnischen Alltag und für kultische Handlungen im Programm, wie Wikinger-Schwerter oder Odins-Dolche, normannische Holzkeulen mit Eisenbeschlag, Gürtel mit Hagal-Rune oder Götterstatuen von Odin über Freya bis zu Baldur. Radegeis startet Werbeaktionen mit dem neuen Katalog mit Absender aus dem litauischen Klaipeda. Beim Mjölnir-Versand in Herten gibt es T-Shirts mit dem Aufdruck »Odin statt Jesus«. Die Angebotsliste des Hertener Versands weist neben Schriften wie Guido von Lists *Geheimnis der Runen*, anderen Werken von List oder der

Edda-Übersetzung von Karl Simrock auch ein Buch über den Bau von Sprengfallen und eine Anleitung für den illegalen Kampf gegen den Staat auch mit terroristischen Mitteln, dem Ausbildungsbuch für die NS-Werwolf-Kommandos 1945 *Werwolf* aus. Neben »lebensmittelecht behandelten« Trinkhörnern mit Metallständer gibt es aber auch Bundeswehr-Bajonette, Kampfmesser oder Waffen zum Selbstschutz wie eine 8 mm-»Parabellum«, mit Magazin 6 Schuß, neu, Knall/Gas für 240 Mark. Den Versand haben 1993 der Kraftfahrer Frank Michael Maaß aus Recklinghausen und der Student Frank Reber aus Herten mit einem Grundkapital von 50 000 Mark gegründet.

Der Wiking-Versand G.d.b.R. aus Hemsbach bei Weinheim an der Bergstraße liefert CDs von Bands wie Asgard, Blutweihe, Mjöllnir oder der beiden gleichnamigen Kapellen Thors Hammer aus Karlsruhe und Thorshammer aus Brandenburg, Bekleidung, Bücher, Postkarten und Plakate mit Motiven wie »Wikinger Krieger«, »Walküre und Gefallene«, »Odin an der Lichterbrücke«, »Odin auf Sleipnir« oder »Wikinger Begräbnis«. Der Versand gehört Alexander Feyen und René Rodriguez Teufer aus dem südhessischen Viernheim. Feyen ist 1994 als 19jähriger in den Sprecherrat des neugegründeten Landesverbands Baden-Württemberg der »Jungen Nationaldemokraten« gewählt worden. Als 1996 der Landesvorstand der NPD durch »neue aufopferungsbereite Kameraden stark verjüngt werden« konnte, kam auch er als Beisitzer in das Gremium. Mitgesellschafter Teufer stammt aus den Reihen der neonazistischen »Aktionspartei nationalrevolutionärer Kameraden« (ANK), die sich selbst aufgelöst hat, wohl um einem Verbot zuvorzukommen, wie der Verfassungsschutz meint. Im selben Kuvert wie seine eigene Werbung hat der Wiking-Versand Ende 1997 den Katalog des Sturm Verlags und den des Ladengeschäfts Hehl`s world aus Ludwigshafen am Rhein verschickt. Nach der Anrede »Heil Euch Kameraden« verkündet dort der Neonazi Christian Hehl, daß ihn die Kommerzwelle in der nationalen Szene aufrege. Den meisten Versandfirmen ginge es nur um den eigenen Geldbeutel. Er wolle nicht nur Geld verdienen, wenngleich er mit dem Versand »aus der Sozialhilfe herauszukommen und meinen Lebensunterhalt zu bestreiten« versuche. Ein Beispiel aus dem Repertoire: ein weißes Hemd mit dem Aufdruck »Heute wie damals – Im Kampf vereint!« und der Abbildung dreier Kämpfer: mittig hält ein Germanen-Krieger mannhaft seinen Speer, links präsentiert sich ein Soldat mit Gewehr über der Schulter und rechts steht ein angriffsbereiter Skinhead mit Baseballschläger.

Zu den jüngsten Versandfirmen gehört der Nibelungen-Versand aus Lingen an der Ems, nah der niederländischen Grenze. In seinem »Gesamtprogramm Deutsche CDs« führt er auch den Titel »Durch Ironie in die Knie« der Gruppe Arisches Blut. Von der Allgäuer Skinheadband Faustrecht, von der schon ein Demotape beschlagnahmt wurde, kommt die in Form eines Zahnrades ausgestanzte CD »Blut, Schweiß und Tränen«.

In den Angebotslisten des Versandantiquariats von Edda Schmidt, geborene Biber, aus dem württembergischen Bisingen findet sich auch germanischer Silberschmuck, »liebevoll gearbeitet vom Goldschmied Bertold Peichl«. »Das dumme Gerede vom primitiven Germanenschmuck hat mich zur Nachbildung dieser herrlichen Arbeiten geführt«, erklärt Peichl und appelliert an seine Kundschaft: »Tragen Sie diese Arbeiten mit Stolz und als Zeichen der Hoffnung auf eine bessere Zukunft.«

Dieser Goldschmied dürfte der einzige in der ganzen Bundesrepublik sein, der seinem Katalog einen solchen Text voranstellte: »Kataloginhaber und andere Besteller versichern mit der Bestellung, daß sie den Katalog und die darin enthaltenen zeitgeschichtlichen und militärhistorischen Gegenstände aus der Zeit von 1933–45 nur zu Zwecken der staatsbürgerlichen Aufklärung, der Abwehr verfassungsfeindlicher und verfassungswidriger Bestrebungen, der wissenschaftlichen und kunsthistorischen Forschung, insbesondere der Ergänzung von Sammlungen, der Aufklärung oder der Berichterstattung über die Vorgänge des Zeitgeschehens oder der militärhistorischen und uniformkundlichen Forschung erwerben (§ 86a StGB).«

Peichls »artgemäßer« Schmuck besteht aus allerlei Fibeln mit Hakenkreuzen, einem Anhänger »Reichsadler mit Wolfsangel« oder mit der Runeninschrift »Meine Ehre heißt Treue«, dem Wahlspruch der SS. Außerdem gibt es bei ihm die Abzeichen aller 38 Divisionen der Waffen-SS in diversen Varianten, als Anstecknadeln, Anhänger oder Manschettenknöpfe. Die Symbole mancher Divisionen gibt es auch in anderen Formen, zum Beispiel einen Anhänger mit dem Zeichen der 1. SS-Panzer-Division »Leibstandarte SS Adolf Hitler« (»sehr beliebt«). »Verschenken Sie diesen kerndeutschen Schmuck an unsere Jugend«, empfiehlt der Meister.

Eine Vielzahl von Verlagen, einige wurden schon genannt, deckt neuheidnischen Bücherbedarf ab. Der Hamburger Midgard-Verlag war mehrmals auf der Frankfurter Buchmesse vertreten und präsentierte *Das Buch der dreizehn Stenengötter*, in dem »Wali« alte Götterschuld tilgt und »Gullinkambi«, der Autor Gerd W. Fischer selbst, vom Endkampf kündet. Jene, die unter der Unverbindlichkeit und Gefühlsarmut des modernen Massenmenschentums leiden, schreibt Fischer in einem Verlagsprospekt, hätten sich auf die Suche nach der Wiedergewinnung eines Glaubens begeben. Inseriert hat der Midgard Verlag zum Beispiel im *Republikaner* und in der *Deutschen National-Zeitung*.

Der Jomsburg-Verlag mit einem Wikingerschiff als Firmenemblem hat Alfred Rosenberg, Hitlers Weltanschauungslieferanten, im Programm, der die »nordische Rasse« als die höchststehende bezeichnete und mit angeblicher strenger »Wissenschaftlichkeit« die »Giftigkeit des jüdischen Blutes« festgestellt hat. Neben Schriften von Evola, Sigrid Hunke oder den *schönsten Geschichten aus Thule* liefert der Jomsburg Verlag auch die Tips des Freiburger NS-Rassenkundeprofessors Hans F. K. Günther zur *Gattenwahl zu ehelichem Glück* und *erblicher Ertüchtigung*. Günther empfiehlt »die Anwendung der Erblehre auf Siebung und Auslese der Menschen« und rät zur »Vermeidung von Heiraten mit erblich-minderwertigen Menschen«. Im Prospekt stellt der Jomsburg-Verlag Günthers Machwerk als Versuch des Autors dar, »übergeschlechtliche Lebensführung, Gattenwahl und Familie zu einer Entwirrung falscher Vorstellungen beizutragen«. Der Verlag aus dem niedersächsischen Uelzen nahm sich die Wikingerfeste Jomsburg als Namenspatron. Auf der Jomsburg an der Oderbucht, dem heutigen Wollin in Polen, sammelten sich harte Kämpfer zu einem als unbesiegbar geltenden Männerbund. Wenn Heiden »zur großen Armee einberufen werden« oder »nach Walhall eingehen«, wird in Zeitschriften »Totenehrung anstatt Gottesdienst« empfohlen. Trauersprecher preisen sich als »persönlich, volksverbunden, heidnisch« an – zum Stundenlohn von 50 Mark plus Spesen. »Wie schmerzlich ist es doch, einer in faden priesterlichen Formeln und leerem Beileidsgerede verkommenen Beerdigung eines toten Freundes beiwohnen zu müssen!« sagte einmal der langjährige Vorsitzende der »Deutschgläubigen Gemeinschaft« Odfried Jungklaaß (Festansprache zu Hohe Maien 1988 in Dorfmark).

Ein anderer völkischer Thanatologe ist Gerd Rothe aus Bad Oeyenhausen an der Weser. »Trauerfeiern überall in Deutschland – persönlich, weltlich, feierlich« verspricht er in seinem Briefkopf. Laut Briefbogen ist er auch Mitglied in einem »Fachverband für weltliche Bestattungs- und Trauerkultur e.V.«. Für Rothes spezielle Totenehrungen wurde in den Blättern wie *Huginn und Muninn, Nation Europa*, der »NPD«-Zeitung *Deutsche Stimme* oder in *Nation* geworben. »Wenn der Pastor nicht erwünscht ist«, so berichtete der *Vlothoer Anzeiger*, das amtliche Organ der Stadt 1992, »spricht Gerd Rothe die letzten Worte«. Immer mehr Menschen kehren der Amtskirche den Rücken oder wollen nicht vom Pfarrer beerdigt werden, weiß das Blatt. In diese »Marktlücke« springe Gerd Rothe, »der einzige Trauersprecher in unserem Raum«. Seine Kunden kämen meistens aus höheren Gesellschaftsschichten. »Leute, die ein höheres Einkommen haben«, zitiert der Anzeiger den Grabbegleiter, »machen sich mehr Gedanken über diese Dinge«. Auch Rothe selbst bezeichne sich nicht als Atheist, sondern als »Heide«. Das *Rheiner Volksblatt* widmete Rothe 1994 auch einen längeren Artikel, einen Dreispalter mit Bild. Seit 1990 übe der »überzeugte Heide«, der an die Gesetze der Natur glaube, seinen Beruf aus. 15 Trauerfeiern gestalte er pro Monat. Auch in Rheine habe der gelernte Freizeitpädagoge und Vater von sieben Kindern schon zweimal Totenfeiern gestaltet. Offenbar hat solcherart volksverbundener Totenleite Konjunktur.

Auf Totenehrung anstatt kirchlichem Gottesdienst ganz nach Wunsch: persönlich, heidnisch, volksverbunden mit Feierausarbeitung zu Lebzeiten ist auch Werner Greitschus aus Niedersachsen spezialisiert. Er vertrat nebenher noch einen Preußischen

Investment Club, der Anteilsscheine an einem Objekt in Ostpreußen verkauft und dort absolute Ruhe, gesunde Luft, Wasser, Wald, Wanderwege und Jagdmöglichkeiten zum Aussteigen aus der Industriegesellschaft versprach »Der Treck rollt zurück gen Osten ...«.

Auch in Herzensangelegenheiten oder so profanen Dingen wie Arbeits- und Wohnungssuche hat sich ein heidnischer Anzeigenmarkt entwickelt. Mit Zeitschrifteninseraten wird dafür gesorgt, daß verwandte Seelen zueinander finden:

»Junger Nordlandheide, 27 J., dunkelblond, an Esoterik und Grenzwissenschaften interessiert (z. B. Radiästhesie und Runenforschung u. a.) sucht junge, liebevolle und aufgeschlossene Hexe oder Esoterikerin für Partnerschaft.«[166]

»Welche blonde Germanin mit blauen Augen hätte Freude daran, mit mir 34/89/189, Heide mit sonnigen Idealen, inmitten der Natur (Landwirtschaft und Gartengestaltung) eine harmonische Familie zu gründen?«[167]

»Suche treue Frau als Lebensgefährtin. Ich bin Nationalsozialist und Heide, 24 Jahre, 182 m, treu, Deutscher und Arbeiter ...«[168]

»Wenn Du gleichen oder artverwandten Blutes bist, einmal viele Kinder und mich aus Liebe heiraten möchtest, dann geliebte Maid schreibe mir ...«[169]

»Heide hilf!!! – Suche dringendst Wohnung, 2–3 Zimmer für privat und Büro ...«[170]

»Heide, gelernter Bäcker, 20 J., sucht Arbeit und Unterkunft jeglicher Art.«[171]

Die Adresse der letzten Anzeige war identisch mit der Anschrift der »Gebietsbeauftragten Karlsruhe/Stuttgart« der neonazistischen »Hilfsorganisation für nationale und politische Gefangene« (HNG) in Pforzheim.

XII. Weitere Gruppierungen

1. »Bund der Aufrechten«

Diese Ordensgemeinschaft aus der Kleinstadt Heiden bei Borken nahe der westfälisch-niederländischen Grenze forderte eine »konsequente Rassenpolitik«. Die Rasse sei überhaupt »der Schlüssel zur Weltgeschichte«, schreibt der Orden im Flugblatt *Erkenntnis ist Erlösung und Befreiung*. Einige »Aufrechte« waren Ende der siebziger Jahre aktiv, seither scheint der »Bund« eingeschlafen zu sein.

2. »Weltbund Nordischer Kulturkreis«

Über diese Organisation ist wenig bekannt, außer daß sie in Essen ansässig ist; eine Dependance hat sie in Pleisweiler. Der Verfassungsschutz in Nordrhein-Westfalen kennt den »Bund« nicht. Ein »Bericht« des »Weltbunds« mit dem Titel *Das Todeslager Biebelsheim bei Bad Kreuznach und unser Kampf gegen den ›democratischen‹ Müll* befaßt sich mit drei Aktionen im Jahr 1992 im rheinlandpfälzischen Biebelsheim bei Bad Kreuznach: »Die Lizenzpresse überschlug sich vor Schmähungen gegen alles Deutsche, und am eifrigsten war der Oberchrist von Biebelsheim, der seine Schafe und Hämmel dazu aufrief, in die Synagoge sprich Kirche zu kommen, um die Neonazis zu seinem Christenteufel zu beten. (Was haben wir gelacht.) Auch ein dunkelweißer Kameltreiber durfte sich in der Besatzerpresse über die bösen Deutschen auskotzen ... Wir ließen uns jedoch nicht beirren, am 20. Juni startete die 3. Demonstration, bei der die antideutschen Mächte zu einer Gegenaktion aufgerufen hatten. Diese brachten jedoch trotz massiver Unterstützung durch SPD, DKP, Grüne und die christliche Kirche nur etwa 50 jammervolle Gestalten auf die wackeligen Beine, die dann unter Führung einer alten Jüdin beim Anblick unserer machtvoll aufmarschierten Kameraden das Weite suchten ...« Laut Presseberichten haben an einer der drei Demonstrationen auf dem

Gelände des ehemaligen Kriegsgefangenenlagers in Biebelsheim 200 Neonazis verschiedener Gruppierungen teilgenommen. In einem Briefkopf der »Deutschen Akademie Königsberg« eines Dr. honoris causa aus Staffelstein in Bayern tauchte auch der »Weltbund Nordischer Kulturkreis«, Essen, auf »als zur Mitarbeit angeschlossen«.

3. »Externsteinbund – Verein für Volkskundeforschung und Ahnenerbe«

»Germanenorden sucht Damen und Herren jeden Alters als Mitglieder« zum Üben vergessener Bräuche wie Runentanz und zum Feiern germanischer Feste wie Frühlingswecken, Baumgruß und Lichtfülle, so warb der »Externsteinbund« in Schaukästen. Er suchte Interessenten, »welche einen Laienprediger-Orden bilden und eine diesbezügliche Schulung erhalten sollen«.

Der »Bund« mit Anschriften in Mannheim und Ludwigshafen/Rhein nennt sich auch »Förderverein für Naturschutz, Volkskunde und Heimatkultur«. Er pflegt »deutsche Kultur« und nordische Religion, schützt die »Heimat vor Verseuchung und Überfremdung« und unterhält angeblich ein Völkerversöhnungswerk *Peuplade au nord* (nordischer Volksstämme). In einem »Vertrag« werden als Organe des »Bundes« genannt: Akademie für populäre Präwissenschaft, Glaubensgemeinschaft Manische Cuni und Orden Weiße Bruderschaft. Wer dem Vereinsableger Manische Cuni Deutschlands beitreten will, der muß das Bekenntis unterschreiben: »Ich glaube nicht an die Gottheit Jesus und bekenne mich zum Manischen Glauben.«

Der Bund, der sich nach den Externsteinen bei Detmold im Teutoburger Wald nennt, besteht nur aus »ein paar Idealisten«, die selbst »forschen«. Sie wollen »Licht in unsere Vorgeschichte« bringen, denn Kirchen, Parteien und Schulen hätten das Geschichtsbild verdreht. Dazu macht der Bund Exkursionen zu Schrazellöchern im Bayerischen Wald, Hügelgräbern in der Lüneburger Heide, Menhiren in der Bretagne oder Balssäulen im Pfälzer Wald. Dabei wird gefilmt, fotografiert, gemalt, gezeichnet und gesammelt.

Daß es sich aber nicht um harmlose Amateurarchäologen handelt, zeigt sich schon daran, wo der Bund Anzeigen aufgab: Er inserierte im antisemitischen Hetzblatt *Sieg* aus Österreich, im neonazistischen *Eidgenoss* aus Winterthur in der Schweiz, in der *Deutschen Rundschau* der »Republikaner«- und »NPD«-Abspaltung »Deutsche Liga für Volk und Heimat«, der rechtsextremen *Bauernschaft* oder im *Wegweiser* aus Konstanz. Dort war 1988 auch ein Vortrag von Heinz Bucher, unter dessen Adresse der Verein firmiert, beim Bodenseezeltlager der »Jungen Nationaldemokraten« angekündigt. Bucher führt die Titel »Großgode« und »Erzcruide« auf Lebenszeit und bestimmt die »Arbeitsrichtlinien« der anderen »Goden« oder »Cruiden«. Der Großgode, von Beruf Werbeartikel-Hersteller, diskutierte auch mit, wenn es darum ging, ob Bundeskanzler Helmut »Kohl ein Jude ist«. »Wieso«, fragt Bucher, »sollte er denn keiner sein?« »Wer 1946 eine Partei gründen wollte, bekam die Erlaubnis nur, wenn er zumindest Judenmischling war.« Welchen Grund sollte ein Jude haben, für einen Nichtjuden als Nachfolger zu sorgen? »Wenn ich die Gesichter im Fernsehen sehe, weiß ich mit Gewißheit: es sind alle Judenbuben.« Dann zählt Bucher »Judenbuben« auf, dabei nennt er neben Adenauer, Lafontaine und Geißler auch Rita Süßmuth. Daß Bucher die Strafbarkeit des Leugnens des Holocaust für »Terror« hält, wundert da nicht mehr.[172]

1987 hatte der »Bund« eine Ausstellung im Ludwigshafener Rathauscenter. Sie mußte nach Protesten abgebrochen werden. Statt dessen warb er danach im Schaukasten am »Rudolf-Hess-Haus« des Pfälzer Neonazis Ernst Tag in Weidenthal nahe der deutschen Weinstraße. In den neunziger Jahren sind keine Aktivitäten des »Externsteinbundes« bekannt geworden.

4. Der »Deutsche Bund e.V.«

Der »Deutsche Bund e.V.« besteht seit Januar 1994. Der Hochmeister des Bundes, der Ingenieur Günther Leyk aus dem niederbayerischen Bodenkirchen, ist im Telefonbuch unter der Berufsbezeichnung Rektor eingetragen. Günther Leyk, schon ein hochbetagter Mann, hatte vor gut zehn Jahren einen anderen Verein aus der Taufe gehoben, den »Verein für kulturelle und soziale Öffentlichkeitsarbeit e.V.«. Dieser hatte laut Anzeige in den *Deutschen Monatsheften* »Informationsclubs« in Berlin, Kiel, Hamburg, Hannover, Braunschweig, Herford, Bielefeld, Wuppertal, Düsseldorf, Frankfurt am Main, Fulda, Nürnberg, Stuttgart und München, die monatlich Vortragsabende oder Wochenendseminare durchführten. Im Programm für Herbst/Winter 1985/86 ging es um Themen wie »Wird die Erde von politischen Geheimbünden und -clubs regiert?«, »Daten und Fakten zum Themenkreis Bevölkerungspolitik – Gastarbeiter – Scheinasylanten und Arbeitslosigkeit«, Alternativenergien und energiesparende Techniken.[173]

Bis September 1994 war der Ingenieur Richard Gersie aus Osnabrück Großmeister des »Deutschen Bundes«. Sein Nachfolger, der Kaufmann Klaus Bunge aus Delmenhorst, amtierte bis November 1995. Er kommt von der »Deutschen Volksversammlung«, einem Gremium, das die derzeitige Regierung durch »volkstreue Männer und Frauen ersetzen« will. Diese Volksversammlung zählt angeblich 500 Sitze, von denen nach eigenen Angaben 445 im Juli 92 durch »Wahlen« besetzt wurden. Bunge kam in den aus fünf Mitgliedern bestehenden Verfassungsausschuß. Beim Kongreß dieser Volksversammlung am 3. Juli 1993 im Schloßberg Hotel, im großen Saal der ehemaligen Festung von Homburg an der Saar, hielt Bunge einen Vortrag über Wirtschaft zum Wohle des Volkes.[174]

Bunge war bis Januar 1992 Vorsitzender des 900 Mitglieder starken Landesverbandes Niedersachsen der »Deutschen Volksunion« (DVU) des Münchner Verlegers Gerhard Frey (*Deutsche National-Zeitung*). Nach Bunge wurde ein Angestellter aus Eichenau bei München Großmeister.

Der »Deutsche Bund« setzt sich aus Knappen, Rittern und Komturen zusammen, die einen äußeren, einen inneren und einen Führungs-Ring bilden. Dem Vorstand gehören Hochmeister und Großmeister an. Die Knappen des äußeren Rings kümmern sich um das Einrichten von »Burgen« und um die Feierstunden. Die Mitglieder des inneren Rings sind für Grundfragen und tätigen Einsatz zuständig. Der Führungs-Ring führt und verwaltet den Orden. Bei offiziellen Anlässen besteht Umhangpflicht. Die Umhänge kosten etwa 300 Mark. Der Monatsbeitrag für ordentliche und fördernde Mitglieder beträgt 25 Mark. Garanten für die Zukunft des Ordens seien neben anderen »einige wenige wirklich großherzige Spender, die der gerechten Sache mit namhaften Beträgen zur Seite stehen«.[175]

Am 1. und 2. Februar 1997 trafen sich die Ordensmitglieder im unterfränkischen Königsberg bei Haßfurt am Main zu einer Jahreshauptversammlung. Dabei erzählte Leyk, daß der Bund mit seiner Ringstruktur schon vor 60 Jahren entworfen worden sei und »Germanen-Orden« habe heißen sollen. (Den gab es aber schon.) 1947 sei das Bestehen als »Atlantinischer Orden« öffentlich bekanntgegeben worden. »Unser Wirken richtet sich nach den Idealen von Ehre, Freiheit und Tat in den Formen Ritterlichkeit (Anstand, Liebe, Treue), Ehrfurcht (Achtung, Wahrheit, Offenheit) und Wille (Mut, Pflicht, Besinnung)«, lautet einer der Grundsätze. Der »Deutsche Bund« »pflegt, schützt und stärkt deutsches und artverwandtes Volkstum, die für ein Überleben und Gedeihen des Volkskörpers notwendigen überkommenen Werte, die ethisch-religiöse Sinngebung der arteigenen Vorstellungswelt in zukunftsweisender Ausgestaltung«, heißt es im Selbstdarstellungsheftchen. Dazu bietet der Bund u. a. »Hilfe bei staatsmännischen Überlegungen«, »unerschrocken und opferbereiten Aufbau der Keimzellen unseres Sichfindens« und Bildungsseminare an. Für ein Sozialwerk mit Begegnungsstätten, Pflegegruppen und Sozialkasse seien die Anträge gestellt. Inzwischen ist der »Verein für soziale Dienstleistungen e.V.« mit Adresse im bayerischen Bodenkirchen vom Finanzamt Köln-Altstadt 1997 laut Körperschaftssteuerbescheid vom 4. April 1997 unter der Steuernummer 214/0333/3394 als gemeinnützigen und mildtätigen Zwecken dienend anerkannt. Eine »Burgjugend« für Jugendliche zwischen zwölf und 18 soll 1997 eingerichtet werden.[176]

»Seien wir Ritter ohne Furcht und Tadel im Schulterschluß des Ordens« ruft Hochmeister Günther Leyk seinen Mannen in der *Burgpost*, Ausgabe Juli 1997, zu. Die Zeitschrift erscheint monatlich als Mitteilungs- und Schulungsblatt des Ordens und wendet sich an »Zukunftsbesorgte«. Nach einem allgemeinen Lamento über die derzeitige Lage Deutschlands fragt Leyk:

»Sind wir all dem hilflos ausgeliefert?« »Wir sind es«, befindet er und überlegt, wie eine »befreiende Wende« vor sich gehen könnte: »Im Grundgesetz ist zwar ein Widerstandsrecht niedergelegt, es muß aber auf dem Rechtsweg ausgeübt werden und verliert damit seinen Biß. Reinigende Aufstände werden durch die befreundeten Truppen unterbunden ... Die Eroberung der parlamentarischen Mehrheit ist unter der gegebenen Gesetzes- und Machtlage nicht möglich und läßt sich obendrein durch einen gewaltsamen Eingriff verhindern, sollte sich dennoch Ähnliches abzeichnen.« Der Karren sei so verfahren, daß man ihn kaum noch aus eigener Kraft aus dem Sumpf ziehen könne. Der »Krieg als Vater aller Dinge« strecke seine Fühler aus und locke »alternativ in Richtung ›Siegen oder Sterben‹«. »Gehen wir einer Götterdämmerung entgegen ...?« fragt er und endet hoffnungsvoll: »Noch grünt die deutsche Eiche. Sorgen wir dafür, daß dies so bleibt.«[177] Ein Leserbriefschreiber schlägt ein anderes Rezept vor: »Ein langfristig zu planender und ähnlich dem von der anderen Feldpostnummer leider erfolgreich und nachhaltig durchexerzierter ›Marsch durch die Institutionen‹ beinhaltet eine Chance, das deutschfeindliche und gefährliche Einfluß- und Machtkartell aus den Zentralen der politischen und medialen Macht zu verdrängen.«[178]

Die Seite drei jeder Ausgabe der *Burgpost* ist besonderen Tagen gewidmet. So ist der 18. Mai der »Tag des reifenden Lebens«[179] und der 17. August der »Tag des sich erfüllenden Lebens«, ein Tag der Beherrschung, des sportlichen Wettstreits, der Kampfspiele und der Rechenschaftsberichte. »Der wohlgebildete Körper und die Beherrschung der Kräfte sind ein bedeutender Teil der atlantinischen Religion sowie der Gesetze des Lebens.« Beherrschung heiße auch »der Frömmigkeit der seelischen Einbindung in die Mächte der Natur dienen«. Unseren Vorfahren seien alle geistigen und sittlichen Werte, alle menschlichen Handlungen und Tätigkeiten, alle Wesen und Erscheinungen von »göttlicher Artung« gewesen.[180]

Doch die *Burgpost* liefert nicht nur Erbauliches und Verklausuliertes, sondern vor allem Politisches. »Daß es auch verschiedene Rassen gibt, darf man in Deutschland praktisch nicht äußern, obwohl es doch für jedermann klar erkennbar ist«, klagt ein Autor. Ein anderes Dogma, das die Deutschen in geradezu krankhafter Form umsetzten, besage, daß fast alle Deutschen in den Jahren zwischen 1933 und 1945 Verbrecher gewesen seien oder das Verbrechen mitgetragen hätten.[181] Was heute fehlt, sind für Leyk die faustischen Tatmenschen: »Die Umerziehung hat gezielt nur theoretisierende Schlauschwätzer erbracht und die zupackenden Tatmenschen mit dem Makel des ewig Schuldigen belegt.«[182] Die *Burgpost* druckte auch ein Lied nach, das bei der Rekrutenvereidigung eines anderen Ordens gesungen wurde, nämlich das *Wenn alle untreu werden* der SS.

Der pensionierte Rektor Leyk spricht von einer »in Jerusalem angesiedelten Welteinheitsreligion auf orientalischer Grundlage«,[183] von einer »jüdischen Führungselite« in den USA, von einem völkervernichtenden »Planziel einer weltkapital- und einheitsreligiongesteuerten Einewelt« und einer »proletarischen Einheitskultur«.[184] Er relativiert nicht selbst die Vernichtung von Juden in den Gaskammern des Dritten Reiches, sondern er zitiert den einschlägig bekannten amerikanischen Professor und früheren Mitarbeiter der *Deutschen National-Zeitung* Austin J. App: »Der Massenraub, die Austreibungen, die Mißhandlungen ... an Deutschen sind so weitreichende Verbrechen, daß dagegen alle wirklichen oder angeblichen deutschen Verbrechen klein erscheinen ...«[185] Die Mitgliederzahl des Ordens oder die Auflage der *Burgpost* (Jahresabonnement 60 Mark) ist nicht bekannt. Der Orden soll ein »Zusammenschluß auf Tuchfühlung« sein: »Sinkt dem Träger die Fahne aus der Hand, hat sie unaufgefordert der Nächste aufzugreifen und hochzuhalten.«[186] Doch scheint dies ein frommer Wunsch zu sein. Der Hochmeister beklagte sich heftig über die lasche »Dienstauffassung«. Nach neuen Mitstreitern sucht der Bund durch Anzeigen, wie zum Beispiel im *Eckartboten* aus Wien.[187] Dort stellt er sich so vor: »Wir sind keine Partei, sondern ein Orden, der das deutsche Volkstum pflegt und stärkt, eine Gemeinschaft des Vertrauens, der Zuverlässigkeit und Eigenverantwortung, deren Mitglieder nach den ethischen Grundfesten unseres Volkes wirken und denen die freiheitlich demokratische Rechtsordnung selbstverständlich ist.« Eine Aufnahme in den Orden ist nur Frauen und Männern deutscher Volkszugehörigkeit möglich.

Mitglied war zum Beispiel der pensionierte Staatsbeamte Botho Streithorst aus Wiesbaden, der am 31. Januar 1997 gestorben ist. Sein letzter Aufsatz in der *Burgpost*, »Glaube als politische Waffe«, erschien im Dezember 1996. Der emsige Ruheständler informierte die Leser der neonazistischen Zeitschrift *Bauernschaft* über ein Wochenendseminar der FDP-nahen Thomas-Dehler-Stiftung zum Thema Revisionismusstreit, »auf dem der Schweizer Referent Arthur Vogt in seinem beachtlichen Vortrag ›Der Holocaust – Legende oder Realität‹ sozusagen als weiterer Zeuge gegen Gaskammern in Auschwitz auftrat«.[188]

5. »Deutschchristliche Gemeinschaft – die Nazarener«

Diese »Gemeinschaft« wurde in der neonazistischen Zeitschrift *Die Neue Front* im Januar 1984 ebenso wie der »Mitgard-Bund im Arischen Lichtorden« in der Rubrik »empfehlenswerte Verbände« aufgeführt. Michael Kühnen, der Kopf der am 7. Dezember 1983 verbotenen »Aktionsfront Nationaler Sozialisten/Nationale Aktivisten« (ANS/NA) umschrieb ihre Zielsetzung so: »Diese religiöse Gemeinschaft vertritt ein positives Christentum im Sinne des Punktes 25 des NSDAP-Programms. Sie ist überzeugt, daß Jesus kein Jude war, lehnt das Alte Testament ab und ist der Auffassung, daß der Gott der Juden der Satan sei, vor dem Christus stets gewarnt hat.« Kühnen schrieb, nach dem »ANS/NA«-Verbot sei »ein Wettbewerb an Einfallsreichtum, Tatendrang und hin und wieder auch Humor« entstanden. Ob diese »Gemeinschaft« nun eine Ausgeburt neonazistischer Phantasie, des Aktionismus oder eines eigenartigen Humors war – außer dieser Erwähnung ist nicht viel von ihr bekannt geworden. Gründer war der Neonazi Peter Fröhlich, der u. a. wegen Verbreitung von Kennzeichen verfassungswidriger Organisationen zu einer Freiheitsstrafe von zwei Jahren verurteilt wurde und seit Juni 1984 inhaftiert war. Das irische NS-Blatt *Phoenix* wies darauf hin, daß ein »jüdischer Staatsanwalt« nur ein Jahr beantragt hatte, der Richter aber dann zwei Jahre verhängte. »These kosher goy judges are even worse than their jewish masters«, schrieb das Dubliner Blatt.

6. »Mitgard-Bund im Arischen Licht-Orden«

Diese Vereinigung ist nach dem Verbot der »Aktionsfront Nationaler Sozialisten/Nationale Aktivisten« (ANS/NA) von Michael Kühnen 1983 entstanden. Sie wurde in München von Gerd Ritter gegründet und versteht sich als »neuheidnische Religionsgemeinschaft«. Als »religiöses Symbol« führt der Mitgard-Bund das Hakenkreuz. Der Bund wurde in der Zeitschrift *Die Neue Front* mit dem ausdrücklichen Hinweis vorgestellt, daß die »ANS/NA« verboten sei und auch nicht fortgeführt werde. Es gäbe aber den »durch das Verbot freigesetzten Aktivismus hunderter Kameraden, die auf neuen Wegen und mit neuen Organisationsformen weiterarbeiten«. Ein solcher neuer, empfehlenswerter Verband sei der »Mitgard-Bund im Arischen Licht-Orden«. »Der Mitgard-Bund verehrt Adolf Hitler als göttliche Gestalt, belebt den Glauben an die germanischen Götter neu und führt das Hakenkreuz als uralt-indogermanisches Heilszeichen. Er versteht sich als religiöse Gemeinschaft.«[189] In den eigenen Texten wurde nicht auf den historischen Mittgartbund zur »Erneuerung der germanischen Rasse« von Willibald Hentschel Bezug genommen.

Über Aktivitäten dieses neuen Mitgard-Bundes ist nichts bekannt. Gerd Ritter war aber zumindest 1990 noch aktiv und produzierte mit Michael Kühnen eine »deutsch-alternative Flugblattzeitung« namens *Volkswille*. Dort schrieb Ritter gegen die »Siegerordnung von 1945, die unserem Volk nur Demütigung, Erniedrigung, Teilung und Unterordnung unter fremden Einfluß gebracht hat«.[190]

7. »Mittgartbund«

Mit diesem vor 1970 gegründeten Bund bemühte sich der Bio-
loge Willibald Hentschel, Mitarbeiter der antisemitischen Zeitschrift *Hammer*, um die »Erneuerung der germanischen Rasse«
durch »rassische Zucht«. Er schlug schon 1901 in seinem Buch
*Varuna – Das Gesetz des aufsteigenden und sinkenden Lebens
in der Geschichte* vor, »rassische Zuchtkolonien« als ein System »züchterischer Heilsbewegung« (S. 601) zu gründen. Darunter verstand er eine »neu zu errichtende Stätte rassischer
Hochzucht«, eine Mittgart-Siedlung, in der sich jeweils 1000
Frauen und 100 Männer in ländlicher Entrücktheit der Kinder-
zeugung widmen sollten. Dazu installierte Hentschel die
Mittgart-Ehe, die so lange währen sollte, bis sich die Frau in ge-
segneten Umständen befindet (S. 608). Danach sollte sie den
Gatten verlieren, um sich etwa zwei bis zweieinhalb Jahre ganz
der Ausbildung und Pflege des Kindes zu widmen. Die
Mädchen sollten im Haushalt emporwachsen, die Knaben in
spartanischer Einfachheit zu Hundertschaften vereint. Des Tags
sollten sie sich auf der Pferdekoppel tummeln und in Hieb und
Stoß, in Wehrhaftigkeit und mutiger Gesinnung erzogen werden
(S. 609).[191] »Der Mittgartbund will in weiteren Kreisen über Bedeutung und Notwendigkeit rassischer Hochzucht aufklärend
wirken«, so wird der Bund in der zweiten *Varuna*-Auflage vorgestellt. Der Bund verfolge »zugleich das Ziel, auf Grund des
Zucht-Gedankens deutsche ›Neudörfer‹ zu errichten und damit
an der Erneuerung unseres Volkes mitzuarbeiten«: »Mittgart –
ein Weg zur Erneuerung der germanischen Rasse«.

Solche Siedlungsideen wirken bis in heutige Tage weiter. Der
Moloch Stadt, Profitsucht, Hedonismus, Materialismus werden
als Entartungserscheinungen begriffen, die »gesundes Volkstum« bedrohen.

In der Zeitschrift *Bauernschaft* des Landwirts und Neonazis
Theis Christophersen erschien eine Anzeige mit diesem Text:
»Abseits der Geldwirtschaft, auf 300 Familienheimstätten, werden ländliche Selbstversorger beheimatet, die frei, unabhängig,
nicht sozialistisch unter einem Sonderethos leben sollen. Verpflichtet einzig ihrer Ordensregel.« Zu dieser Regel gehört Stre-

ben nach »allseitigem Wissen«. Die Regel schreibt auch ein Verbot von Arbeitsteilung vor und daß Neuaufnahmen in den Orden und Vergabe von Höfen nur bei Zustimmung aller erfolgen dürfen.

Der Orden mit Adresse im schleswig-holsteinischen Itzehoe wollte »genetisch und charakterlich überwertigen Familien auf 10 qkm Siedlungsland Lebens- und unbegrenzte Vermehrungsmöglichkeit bieten, zumal die Geburtenquoten in den letzten Jahren bei uns auf die Hälfte abgesunken sind und wertvolle Erbträger nur noch wenige oder keine Kinder aufziehen, während Exoten und Minderwertige durch Übervermehrung in Verdrängungszucht machen und so ein Deutschland ohne Deutsche herbeiführen.« Versehen ist der Text mit dem Yang/Yin-Zeichen, dem Kreis mit den symbolisch verschlungenen Grundkräften.[192] Der Verfasser, ein Mann aus Itzehoe, ist ein Anhänger des ehemaligen Reichsbauernführers Walter Ricardo Darré, der eine Abkehr von der Verstädterung und die Zucht eines neuen »Adelsbauerntums« forderte. Der Verfasser der *Bauernschaft*-Anzeige lebte nach eigener Angabe eine Zeitlang in einer »Urwaldsiedlung«, in der alle Grundstücke 100 Morgen groß gewesen seien und es kaum Handel gegeben habe, nur zum Eintauschen von Seife, Petroleum und Streichhölzern.

In dem antisemitischen Hetzblatt *Sieg* mit deutscher und österreichischer Leserschaft wurden 1988 »volkstreue Familien mit Kindern« für eine Siedlungsgemeinschaft in Argentinien gesucht.[193] Konkret ging es um Handwerker, Landwirte sowie jeweils einen Musiklehrer, Heilpraktiker, Arzt, Gärtner und Bäcker. 1990 berichtete die Coburger Zeitschrift *Nation Europa*, daß deutsche Siedler im Nordosten der argentinischen Provinz Cordoba »zur Wahrung des Deutschtums« in Villa General Belgrano eine Schule für deutsche Kinder gründen. Die Schule solle »Herbert-Böhme-Schule« heißen. Der NS-Dichter Böhme war berüchtigter Reichsfachschaftsleiter für Lyrik in der Reichsschrifttumskammer. Als Kontaktanschrift für Interessenten wurde Siegfried van Reeth in Argentinien angegeben und Rolf Dieter Böhm aus dem Luftkurort Garding-Sandwehle in Nordfriesland auf der Halbinsel Eiderstedt. Als Rolf Dieter Böhm u. a. wegen Verabredung zum Landesverrat 1982 im Gefängnis saß, inserierte seine Frau als »Mutter von 6 Kindern und zur Zeit alleinige Ernährerin der Sippe«, um Urlaubsgäste auf ihren Ferien- und Ponyhof »Thule« zu bekommen. Böhm gehörte zu einer 1979 aufgeflogenen »Husumer Gruppe«, die Sprengstoffanschläge auf Justizgebäude und Synagogen geplant haben soll. Diese Beispiele zeigen einmal mehr, daß sich neuheidnisch-esoterische Orden oder Siedlungsgemeinschaften nicht auf das Springen über Feuerstöße bei Sonnwendfeiern beschränken. Sie versuchen auch, sich meist in ländlichen Gemeinden zu etablieren und dort Lebens- und Produktionsgemeinschaften zu bilden.

8. Der »Jahreskreis . . .«

Der *Jahreskreis für Brauchtumspflege, Heimatforschung und naturverbundene Lebensgestaltung* erscheint mindestens seit 1986, und zwar unregelmäßig mit etwa vier Nummern pro Jahr. Herausgeber Franz Starlinger aus Traunreut zwischen Trostberg und Traunstein im bayerischen Voralpenland bringt neben Geschichten von Julbock und Krampus oder Gedichten über die »Waldesstille« auch abstruse Theorien. Jesus habe aus keltischem Siedlungsgebiet gestammt. Er sei ein »Nichtjude«, was dadurch bewiesen werde, »daß Judas für seine Ergreifung 30 Silberlinge erhielt, wogegen für einen Juden 50 Silberlinge gezahlt wurden«. Jesus habe vehement die Charakterlosigkeit der Pharisäer angeprangert und eine Art Revision der Geschichte der Juden gefordert, denn das Evangelium sei gefälscht worden. In einer Art Leitartikel mit der Überschrift »Was bedeutet natur- und volksverbundene Religionsgestaltung?« schreibt Starlinger, die Menschen des Orients hätten aus der Erde eine Wüste gemacht. Die Menschen des nordischen Kulturbereichs hätten dagegen ihre religiöse Aufgabe in der Pflege des Waldes und der Fluren, der Seen und Flüsse gesehen. Heute müsse eine naturverbundene Lebensgestaltung neu aufgebaut werden, wenn nicht die Lebensgrundlagen vergiftet werden und die Deutschen von der Bildfläche der Welt verschwinden sollten. In der Nr. 2/1997 mutmaßt Starlinger, das deutsche Volk werde von einer übermächtigen Bürokraten-Diktatur aufgefressen – »von einer Diktatur, die selbst Hitler weit in den Schatten stellt, die ihre bereitwilligen Helfer und Marktschreier in allen Parteien fest im Griff hat«.

Starlinger, ein Anhänger des sogenannten linken Flügels der NSDAP und der Gebrüder Strasser[194], bringt auch Texte anderer Autoren, beispielsweise von dem ehemaligen Rechtsanwalt und Rechtsterroristen Manfred Roeder, dem Leiter der neonazistischen »Deutschen Bürgerinitiative e.V.«, oder von dem Innsbrucker Schriftsteller und Hitler-Verehrer Karl Leipert. Der Herausgeber, der jetzt Rentner ist, bezieht sich auf den »bekannten Heimatforscher« Franz Spilka aus dem oberösterreichischen St. Georgen. Spilka ist »Bruder« des »Tempelherrenordens«, trat auch beim 82. Jahrestag der »Deutschgläubigen Gemeinschaft e.V.« in Rosengarten-Sottorf 1993 auf und ist in den Zeitschriften *Pen Tuisko – Briefe für deutsche Heiden* und dem österreichischen *Jahrweiser* mit Beiträgen anzutreffen.

Starlingers Blatt, das früher noch den Untertitel »Eine Bürgerinitiative aus dem Handwerk« hatte, gehört zu den Winzlingszeitschriften, aber immerhin hält es sich schon über zehn Jahre. Als Sonderdruck zum Jahreskreis erscheinen die *Neuen Perspektiven – Kommentare zum Zeitgeschehen*. In der Ausgabe 3/1997, die im August herauskam, konstatiert Starlinger, daß sich zunehmend kirchenfreie Gruppen um den Erhalt ursprünglichen Brauchtums bemühen. Gerade in der Erntezeit sollten Brauchtumsformen »naturverbunden« sein und Runen des Lebens oder des Bauernstandes wie die Odalrune als Symbole nutzen. In dem *Jahreskreis-Sonderdruck* 4/97 befaßt sich ein Beitrag mit dem Deutsch-Kanadier Ernst Zündel. Dieser stehe seit Jahren »im Kampf gegen die Geschichtslügen, ausgebrütet von Fachleuten der psychologischen Kriegsführung und anderer Elemente«. (Zündel leugnet die Existenz von Gaskammern in den Vernichtungslagern des Dritten Reiches.) Fotografien würden »größtenteils Verhungerte in den Lagern« zeigen. Die Verhungerten der Zivilbevölkerung habe man »vergessen« zu fotografieren. Besonders »die jüdische Glaubensgemeinschaft« setze sich für die Fixierung der Opferzahl ein. »Wehrt Euch, kauft nicht bei Juden« sei eine Reaktion der NSDAP auf ein jüdisches »Kauft keine deutschen Waren« gewesen. Dennoch: »Die Internierung der Juden ging nicht nur aus ihrer ›Kriegserklärung‹ hervor«.

Schlußwort

Bislang wurde den neuheidnischen Gruppen in der Bundesrepublik wenig Beachtung geschenkt. Viele halten sie für Spinner und lächeln über sie. Doch die Mischung aus romantischem Germanenkult, rassistischem Elitedenken und Ökologie birgt durchaus Brisanz. Das Heide-Sein gewinnt zunehmend Anhänger. »Die seit Jahren anhaltende Austrittswelle aus den christlichen Kirchen in Deutschland«, eine Zuwendung zu fernöstlichen Religionen, »aber auch das vermehrt zu vernehmende Bekenntnis zu Atheismus und germanischer Mythologie«, haben Dr. Claus Nordbruch von der rechtsextremistischen »Artgemeinschaft« dazu veranlaßt, eine Anthologie herauszubringen. Der Sammelband soll sich dem Thema widmen, welche Motive Deutsche zur Abwendung vom Christentum haben. Das Buch soll im Sommer 1998 erscheinen. Um Beiträge wird per Anzeige in der Kölner Zeitschrift *Europa vorn* geworben.[195]

Wie viele es genau sind, darüber kann nur spekuliert werden. Doch ein Indiz für die Zunahme liegt in der Vielzahl von neuheidnischen Zeitschriften, in denen Dutzende von Kontaktadressen und Zirkeln landauf, landab bekanntgegeben werden. Gesicherte Angaben über heidnische Gruppen oder ihre Mitgliederzahl gibt es derzeit nicht. Nach einem Bericht der Berliner Senatsverwaltung von 1994 sind es allein dort über 20. Bundesweite Zahlen existieren nicht.

Was diese Gruppen für manche auf den ersten Blick sympathisch macht, das ist zunächst die Achtung vor der Natur und vor altem Weistum. Der Einstieg ins Neuheidentum geschieht oft über Themen wie Umweltzerstörung, Ozonloch und Gewässerkanalisierung, Vergiftung der Nahrung, schwindende Artenvielfalt in der Pflanzen- und Tierwelt. Rettung versprechen sie durch Rückgriff auf »die eigene Art«, das germanische Wesen und Rückbesinnung auf die Natur. Neuheidnische Zeitschriften liefern neben Geschichten über germanische Kultstätten, germanisches Brauchtum wie Ostereier-Bemalen eben auch allerlei Nützliches über naturbelassene Nahrung oder die Heilkraft von Kräutern.

Gemeinsam ist ihnen: Sie lehnen Christentum, Judentum oder Islam als sogenannte artfremde, orientalische Religionen ab. Unter dem Feldzeichen der Irminsul, dem germanischen Lebensbaum, schließen sich immer mehr dieser Heidengruppen zusammen. Die Irminsul gilt ihnen als Symbol. So wie die Bäume im Erdreich verwurzelt sind, so müßten die Menschen in ihrem Volkstum verwurzelt sein.

Als sich Ende des 19. Jahrhunderts erste neuheidnische Gruppen bildeten, war es eine konservative Bildungselite, die völkische Anschauungen zum Gegenmodell einer industriell geprägten Gesellschaft mit wachsender technischer Beschleunigung erhob und damit auch den Rassenwahn begründete, an dessen Ende Millionen Juden in den Gaskammern des Dritten Reiches ermordet wurden. Verachtung gegenüber Menschen, die nicht nordisch sind, ist auch heute der Kern dieser neugermanischen Ideologie. Deshalb sollten sich auch demokratische Institutionen mit diesen teils verdeckt arbeitenden, häufig das Licht der Öffentlichkeit scheuenden Heidengruppen auseinandersetzen.

Anmerkungen

[1] Der »Vision Verlag & Versand« inseriert z. B. in der *Deutschen Militärzeitschrift* und im *Ostpreußenblatt*.

[2] Vgl. Verfassungsschutzbericht Baden-Württemberg 1996, Juli 1997, S. 103.

[3] Vgl. Hundseder, Franziska: Braune Feiern. In: *Die ZEIT*, 21. 4. 1989, S. 86. Dies.: Zulauf bei den Republikanern. In: *Die ZEIT*, 9. 6. 1989, S. 18.

[4] Zur *Jungen Freiheit* vgl. Prospekt *Redaktion und Mitarbeiter*, Stand 1. 6. 1988.

[5] Anzeigen von Krämers Buchhandlung z. B. in: *Deutsche Gegenwart, Nation, Münchner Freiheit, Deutsche Rundschau, Europa vorn, Junge Freiheit*. Der Pressedienst *Blick nach rechts* berichtete in einem Beitrag über den »Armanen-Orden« vom 25. 2. 1991, Krämer sei »Neu-Armane«. Krämer bestreitet dies: »Ich war bzw. bin weder Alt- noch Neu-Armane oder etwas Ähnliches.« Er sei früher Protestant gewesen, 1989 aber zum Katholizismus konvertiert. Germanisches Heidentum habe für ihn aber einen hohen historischen Stellenwert.

[6] Die Ankündigung ist auch im *Eckartboten*, einem vor allem in Deutschland und Österreich gelesenen Rechtsaußenblatt, Ausgabe September 1997, erschienen.

[7] Vgl. Hundseder, Franziska: Militante Pimpfe und Jungmädel. Wie die »Wiking-Jugend« unter 15- bis 20jährigen für Wehrkampf und Nazi-Ideologie wirbt. In: *Die ZEIT*, 1.4. 1988, S. 85. Die »Wiking-Jugend e. V.« wurde am 10. 11. 1994 vom Bundesinnenminister verboten.

[8] WAR wurde 1980 als »White American Political Associaton« gegründet, hieß zeitweilig »White American Resistance« und hat seit 1985 den Namen WAR. Der Sitz liegt im kalifornischen Fallbrook. Gründer und Führer der etwa 5000 Mitglieder starken Organisation ist Tom Metzger. Er war früher in der Demokratischen Partei aktiv, dann beim »Ku-Klux-Klan« und US-NS-Gruppen. Der Münchner Neonazi Ewald Althans verkaufte über seinen Laden und Versand in der Herzog-Heinrich-Straße Videokassetten von Metzger. Althans, der fließend Englisch spricht, stellte Metzger in seiner Videoliste A so vor: »Der wichtigste Mann in neonazistischen Aktivitäten und Skinheadsachen ist Tom Metzger und sein Sohn John. Sie haben das Netzwerk White Aryan Resistance gegründet und produzieren die TV-Show ›Race and Reason‹, die auf 52 Kanälen landesweit gezeigt wird.«
Der schwedische Ableger des »Weißen Arischen Widerstands«, »Vitt Ariskt Motstand« (VAM), ist eine terroristische Gruppe, auf deren Konto Bankraub, Bombenanschläge, Mißhandlungen und Drohungen mit Attentaten auf Verkehrsknotenpunkte gehen. Eine Kontaktanschrift und Korrespondenz der »VAM-Auslandsabteilung« veröffentlichte der nach Österreich ausgewiesene Neonazi Karl Polacek, der früher in Mackenrode/Niedersachsen wohnte, in seinem *Braunauer Ausguck*. Die Berliner Polizei hatte im Februar 1996 sieben Neonazis festgenommen, die einen »Weißen Arischen Widerstand« gründen wollten.

[9] Dieses Argumentationsmuster ist bekannt. Neonazis reklamieren laufend ein angebliches Widerstandsrecht im Kampf gegen die »Herrschenden«. So formulierte der Hamburger Christian Worch unumwunden: Gehe es mit der staatlichen Unterdrückung kontinuierlich weiter, werde sich die Frage stellen, ob die Voraussetzungen des Artikels 20, Absatz 4 des Grundgesetzes erfüllt

seien. Ein anderer Szene-Anführer, der Hannoveraner Steffen Hupka, der jetzt in Quedlinburg lebt, propagiert: wenn ein System stagniere, dann seien Widerstand und Aggression eine durchaus begreifliche »demokratische Antwort«. Vgl. Verfassungsschutzbericht Hamburg 1996, S. 58.

[10] Priem wurde am 23. Mai 1995 wegen Verunglimpfung des Staates und seiner Verfassungsorgane, des Verwendens von Kennzeichen verfassungswidriger Organisationen, des unbefugten Waffenbesitzes und der Bildung eines bewaffneten Haufens zu einer Freiheitsstrafe von dreieinhalb Jahren ohne Bewährung verurteilt.

[11] Die Satzung des »Asgard-Bundes« wurde am 19. Oktober 1980 beschlossen. Erste Mitglieder waren: Matthias Wenger, Gabi Priem, Eva Nimtz, M. Puhle, Uwe Nicolaus, Dieter Friedrich und Jörg Gogolin. Zum »Asgard-Bund« vgl. Hundseder, Franziska: Neuheidnischer Kult hat Konjunktur. In: *Blickpunkt,* Landesjugendring Berlin, November/Dezember 1990, S. 16 f.

[12] Vgl. Bundesverfassungsschutzbericht 1981, S. 34 ff.

[13] Priem, *Nordisch-Germanischer Jahrweiser* 1986, Blatt Neblung.

[14] Vgl. Hundseder, Franziska: »Bitte sprechen Sie nach der MG-Salve ...«. In: *Die ZEIT,* 9. 6. 1989.

[15] Vgl. Schröder, Burkhard: Das Netz des Berliner Neonazi-Terrors. In: *taz,* 4. 8. 1997.

[16] Index Nr. 40, Dezember 1993.

[17] Der Berliner Verfassungsschutz verzeichnete 1993 Kontakte zwischen »Wotans Volk« und den »Vandalen«. Im Bericht über Rechtsextremismus in Berlin 1994 werden sie als «Funktionärsgruppe« mit weniger als zehn Mitgliedern eingestuft (S. 77). Der »Asgard-Bund«, der formell etwa 20 Mitglieder umfasse, aber eigentlich nur Priem als Kulisse diene, beschränke sich auf die kommerziell offensichtlich erfolgreiche Herausgabe des *Nordisch-germanischen Jahrweisers* sowie auf den Handel mit »germanisierenden Devotionalien« (S. 38) und neonazistischen Videos. »Hunderte Videokassetten« und Militarsammlungen hätten die »Systemschergen« beschlagnahmt, beklagt sich Priem im Beiblatt zum *Jahrweiser* 1994.

[18] Hundseder, Franziska: Wotans Wiederkehr. Neuheidnische Gruppen zwischen New Age und Rechtsradikalismus. WDR-Sendung vom 25. 2. 1996.

[19] Vgl. Wilhelm, Hermann: Dichter, Denker, Fememörder. Rechtsradikalismus und Antisemitismus in München von der Jahrhundertwende bis 1921, Berlin 1989.

[20] Vgl. Wilhelm, Hermann, a. a. O., S. 37; Freund, René: Braune Magie? Okkultismus, New Age und Nationalsozialismus, Wien 1995, S. 35.

[21] Vgl. Daim, Wilfried: Der Mann, der Hitler die Ideen gab. Die sektiererischen Grundlagen des Nationalsozialismus, München 1958, Neuaufl. Wien/Köln/Graz 1985, S. 80 f.; Haack, Friedrich-Wilhelm: Wotans Wiederkehr. Blut-, Boden- und Rasse-Religion, München 1981, S. 42.

[22] Vgl. Heer, Friedrich: Der Glaube des Adolf Hitler, München/Esslingen 1968, S. 168.

[23] Vgl. Heer, a. a. O., S. 168; Wilhelm, a. a. O., S. 36.

[24] Heer, a. a. O., S. 718. Heer analysiert *Ostara*-Texte und vergleicht sie mit Motiven und Gedanken von Hitler. Er zeigt die Unterschiede und etliche verblüffende Gemeinsamkeiten auf, S. 718–729.

[25] Diese Gesellschaft hat der völkische Schriftsteller Philipp Stauff (1876–1923) ins Leben gerufen, der bis zu seinem Selbstmord 1923 auch ihr Vorsitzender war. Aufsehen erregte er mit seinem Semi-Gotha, einem Handbuch zum »Outen« von Juden anhand von Stammbäumen. »Wer ist wer im Judentum« heißt heute ein »Lexikon der jüdischen Prominenz (Ihre Herkunft. Ihr Leben. Ihr Einfluß.)« aus dem Hause des Münchner Verlegers Gerhard Frey von der »Deutschen Volksunion«.

[26] Vgl. Hieronimus, Ekkehard: Von der Germanen-Forschung zum Germanen-Glauben. Zur Religionsgeschichte des Präfaschismus. In: Faber, Richard/ Schlesier, Renate (Hrsg.): Die Restauration der Götter. Antike Religion und Neopaginismus, Würzburg 1986, S. 255.

[27] Vgl. Freund, a. a. O., S. 40.

[28] Vgl. Wilhelm, a. a. O., S. 42.

[29] Vgl. Gugenberger, Eduard/Schweidlenka, Roman: Mutter Erde, Magie und Politik. Zwischen Faschismus und neuer Gesellschaft, Wien 1987, S. 112.

[30] Vgl. Freund, a. a. O., S. 40; Schnurbein, Stefanie von: Religion als Kulturkritik. Neugermanisches Heidentum im 20. Jahrhundert, Heidelberg 1992, S. 109.

[31] Vgl. Wilhelm, a. a. O., S. 43.

[32] Laut Meyers Konversationslexikon (4. Aufl., Leipzig 1889, Bd. 15, S. 678) von Pytheas um 330 v. Chr. entdeckte und fälschlich von ihm unter den Polarkreis verlegte Insel des Atlantischen Meers, die als nördlichster Punkt der bekannten Erde galt. Ptolemäos setzt sie so an, daß sie den heutigen Shetlandinseln entspricht.

[33] Schwarzwäller, Wulf C.: Hitlers Geld. Bilanz einer persönlichen Bereicherung, Rastatt 1986, S. 75.

[34] Ein noch heute in völkisch-esoterischen Kreisen rezitiertes Gedicht des NS-Dichters Will Vesper beginnt so:
»Halte dein Blut rein, es ist nicht nur dein,
es kommt weit her, es fließt weit hin,
es ist von tausend Ahnen schwer,
und alle Zukunft strömt darin.
Halte rein das Kleid deiner Unsterblichkeit«

[35] Vgl. Wilhelm, a. a. O., S. 45; Freund, a. a. O., S. 45; Opitz, Reinhard: Faschismus und Neofaschismus, Bonn 1996, S. 41 f.

[36] Die »Thule-Gesellschaft« hatte verschiedene Unterabteilungen eingerichtet. Karl Harrer war für den »Arbeiterring« zuständig. Er gründete am 5. Januar 1919 die »Deutsche Arbeiterpartei«, die Keimzelle der NSDAP. Mit einem »Ring für nordische Kultur«, der auch den Namen »Studiengruppe für Germanisches Altertum« führte, gab die »Thule-Gesellschaft« vor, sich ganz harmlos mit deutscher Geschichte und deutscher Sitte beschäftigen zu wollen. Sebottendorf gab die »Gesellschaft« zur Tarnung sogar als Sportgemeinschaft aus.

[37] Auch Graf Arco Valley, der Mörder des bayerischen Ministerpräsidenten Kurt Eisner, war »Thule-Mitglied« gewesen, war aber wegen nicht rein arischer Abstammung ausgeschlossen worden. Durch das Attentat wollte er zeigen, daß auch ein »Halbjude« zu einer heldischen Tat fähig sei. Er bekam lebenslänglich, wurde aber nach vier Jahren entlassen und machte Karriere als Direktor bei der Deutschen Lufthansa. Am 29. 6. 1945 kam er bei einem Verkehrsunfall in Salzburg ums Leben. Vgl. dazu Tauber, Kurt Philipp: Beyond

171

Eagle and Swastika. German Nationalism Since 1945, 2 Bde., Middletown Connecticut 1967, S. 439; Wilhelm, a. a. O., S. 60ff. Zur Biographie siehe Freund, a. a. O., S. 42ff.; Gugenberger, a. a. O., S. 102f.; Lindenberg, Christoph: Die Technik des Bösen. Zur Vorgeschichte und Geschichte des Nationalsozialismus, Stuttgart 2. Aufl. 1979, S. 15ff.; Schnurbein, a. a. O., S. 109f.; Wilhelm, a. a. O., S. 42ff.

[38] Meyers Lexikon, Band 8, 8. Auflage, Leipzig 1940, Sp. 116f.

[39] Verfassungsschutzbericht des Landes Nordrhein-Westfalen über das Jahr 1996, S. 90.

[40] Kusserow leitete die »Artgemeinschaft Berlin«. Es gab eine lose Verbindung mit »Artgemeinschaften« in anderen Städten. Kusserow strebte die Vereinigung mit anderen germanischen Glaubensbünden an, zum Beispiel 1980 mit den »Goden«. Die Mitglieder waren dagegen, worauf Kusserow aus der »Artgemeinschaft« austrat. Er gründete dann den »Treuekreis Artglaube Irminsul«. Er starb am 3. August 1985.

[41] Vgl. Graichen, Gisela: Das Kultplatzbuch. Ein Führer zu den alten Opferplätzen, Heiligtümern und Kultstätten in Deutschland, Augsburg 1997, S. 292.

[42] Der Verfassungsschutzbericht des Landes Nordrhein-Westfalen gibt 100 bis 200 Mitglieder an. Das kann aber kaum stimmen, zumindest müssen es 100 bis 200 Sippen sein, und eine »Artgemeinschaftssippe« kann drei Generationen umfassen. Beispielsweise ist einer Anzeige in der Vereinszeitschrift Heuert/Scheiding 3797 nach Stonehenge (1997) zu entnehmen, daß die betreffenden artgläubigen Eltern sieben Kinder, elf Enkel und fünf Urenkel haben. Die Mitglieder der »Artgemeinschaft« sind gleichzeitig Mitglieder im »Familienwerk e.V.«. Der Monatsbeitrag soll ein Prozent des Nettoeinkommens betragen, mindestens aber fünf Mark.

[43] Erika Biber aus Preßbaum bei Wien hatte an der Hochschule für Welthandel studiert. Nach 1945 war sie Verlagsbuchhalterin und arbeitete »in einer nationalen Widerstandsbewegung im Untergrund«, wie sie in einem Nachruf heißt. Sie kam mit ihrem Mann 1965 von der »Ostmark«, wie Österreich in diesen Kreisen genannt wird, nach Ludwigsburg und stieß zur »Wiking-Jugend«. 1969 traten beide in die »Artgemeinschaft« ein. Erika Biber starb 1987 während der Gedenkfeier für Obersturmführer Kurt Eggers von der SS-Panzerdivision »Wiking«. Bei ihrem Begräbnis zitierte ein »Wikinger« ein Gedicht, das die Traditionspflege versinnbildlicht:
»Die Fackel geht von Hand zu Hand –
Wenn einem sie der Tod entwand,
Nimmt sie der nächste wieder auf;
Der flammende Stafettenlauf
geht weiter ...«.

[44] Edda und Hans Schmidt wurden im Februar 1997 von der Staatsschutzkammer des Stuttgarter Landgerichts zu einer Bewährungsstrafe von einem Jahr und acht Monaten und einer Geldstrafe von 10 000 Mark u. a. wegen Volksverhetzung verurteilt. In ihrem »Antiquariat« gibt es auch neue Bücher, vor allem aus den Bereichen »Germanische Weltanschauung« und »Revisionismus«. Vgl. Anzeige in *Ostpreußenblatt*, 16. 10. 1993.

[45] Meyers Lexikon, Bd. 9, 8. Auflage, Leipzig 1942, Sp. 54.

[46] *Nordische Zukunft* 3/4, 1978.

[47] *Deutsche National-Zeitung*, 11. 10. 1996.

[48] Verfassungsschutzbericht des Landes Nordrhein-Westfalen über das Jahr 1996, S. 90.

[49] Verfassungsschutzbericht des Landes Nordrhein-Westfalen über das Jahr 1996, S. 88.

[50] *Nordische Zeitung* 2/1996, S. 31.

[51] Vgl. *Umbruch* Nr. 11, Februar 1996.

[52] Vgl. Aktenzeichen: 4 Ns 110 Js 16870/89.

[53] Vgl. Verfassungsschutzbericht des Landes Nordrhein-Westfalen über das Jahr 1991, S. 27.

[54] Vgl. Aktenzeichen: 8 KLs 33 Js 1793/93. Das Urteil ist rechtskräftig seit dem 27. 4. 1994.

[55] Rechtsanwalt Hajo Herrmann ist Strafverteidiger vieler Rechtsextremisten oder Revisionisten wie des Generalmajors a. D. Otto-Ernst Remer, des Autors Udo Walendy oder des angeblichen Gaskammer-Spezialisten Fred A. Leuchter. Herrmann, Kampfflieger im Zweiten Weltkrieg, Oberst a. D. und Träger des Eichenlaubs mit Schwertern zum Ritterkreuz zeichnete selbst für das Flugblatt Nr. 46 des »Freundeskreis Freiheit für Deutschland« verantwortlich, in dem der Massenmord in den Gaskammern von Auschwitz bestritten wird. »In Wirklichkeit waren die ›Gaskammern‹«, so schreibt der Jurist, »Abstellräume zur Verbrennung der Verstorbenen aus der nach vielen Tausenden zählenden Lagebelegschaft.«

[56] *Recht und Wahrheit* 7/8 1989, S. 23.

[57] Vgl. Aktenzeichen: 16 Js 89/87.

[58] Vgl. *Nordische Zeitung* 3/1997.

[59] Vgl. *Nordische Zeitung* 2/61. Jahrgang, S. 40. Der Buchdienst wurde dann (offenbar Anfang 1996) von Jens-Ulf Handwerk aus dem hessischen Steinau übernommen, vgl. *Nordische Zeitung* 1/1996.

[60] Vgl. Broschell, Stefan: »Deutscher Volkstanz«. In: *Berliner Nachrichten* 2/1991.

[61] Vgl. *Nordische Zeitung* 1/1997, S. 20.

[62] Vgl. *Nordische Zeitung* 1/1987, 55. Jahrg. Hartung/Lenzing, S. 13f.

[63] Dr. Hopfner ist beim Gemeinschaftstag 1985 in Walkenried an der Wiede im Südharz, bekannt durch die 1118 gegründete und 1525 im Bauernkrieg zerstörte Zisterzienserabtei, zum neuen Leiter gewählt worden. Hopfner hält eine »politische Befreiung dieses Landes« nur dann für möglich, wenn zuerst die »Befreiung von den geistigen Ketten des uns aufgezwungenen Orientalismus bzw. christlich-jüdischen Aberglaubens« erfolge. Der Nibelungenforscher Dr. phil. Heinz Ritter-Schaumburg erläuterte den Gefährten damals den angeblichen historischen Kern der Nibelungensage und die freuten sich, »diesem feinen Gelehrten« folgen zu dürfen. Zum Abschluß sangen die Gefährten das alte SS-Lied »Wenn alle untreu werden, so bleiben wir doch treu«.

[64] *Wikinger* 2/94, S. 15.

[65] *Wikinger* 2/93, S. 10.

[66] *Junge Freiheit,* 19. 7. 1996.

[67] Verfassungsschutzbericht Baden-Württemberg 1996, S. 99.

[68] Die Geschäftsstelle des »Heinrich-Anacker-Kreises« liegt bei Elfriede Heymert in Hamburg Blankenese, die wiederum beim »Verein Müttterdank e.V.« und

»Heide-Heim e.V.« mitmacht. Schirmherrin des Kreises war bis zu ihrem Tod die Witwe Emmy Anacker.

[69] Gertrud Herr brachte schon der »Wiking-Jugend« des »Gau Nordmark« bei der Julfeier 1988 am Wintersonnwendfeuer »Weihnachtsbrauchtum in Vergangenheit und Gegenwart« nahe oder sprach bei den »Nordischen Dichtertagen«, organisiert von dem Holocaust-Leugner Thies Christophersen über die NS-Dichter Stüber, Heinrich Anacker und Hans Venatier.

[70] Ein »Nordischer Ring« soll schon im 19. Jahrhundert gegründet worden sein. Nach »Our Nordic Race« von Richard Kelly Hoskins (West Virginia o. J.) war es dessen Ziel, »die Völker der nordeuropäischen Familie in einer gemeinsamen Front zusammenzufassen ... um sicherzustellen, daß sie auch in der Welt von morgen noch einen Platz haben.« Er soll in akademischen Kreisen Zulauf gefunden haben, einige Mitglieder sollen Rassenhandbücher verfaßt haben. 1926 gründete der Ministerialrat Hanno Konopacki-Konopath einen »Nordischen Ring«. Vgl. Lutzhöft, Hans Jürgen: Der Nordische Gedanke in Deutschland 1920–1940, Stuttgart 1971, S. 65.

[71] *Runenstein*, Julmond 1993, 14f.

[72] *Deutschland in Geschichte und Gegenwart*, September 1996, S. 30–32.

[73] Von 1975 bis 1978 amtierte der Ingenieur Gerhard Hennig, der heute beim Hetendorf-Träger »Heide-Heim e.V.« den Ton angibt, als Vize. Er wurde von dem Landwirt Jürgen Funk aus Hannover abgelöst. 1983 wurde der Arzt Dr. Wielant Hopfner von der »Artgemeinschaft« aus dem fränkischen Weinort Iphofen zweiter Vorsitzender. 1986 übernahm der Landwirt Nikolaus Christophersen aus Schwackendorf den Vorsitz. Der Jurist Jürgen Rieger wurde 1989 Stellvertreter. 1993 kam zum esten Mal eine Frau, nämlich Maria Thöle aus Hamburg, geborene Eggers, zum Zuge. Sie hatte das Amt bis zu ihrem Tod im Dezember 1996 inne.

[74] Vollmer war Kriegsteilnehmer an der Ostfront und ging nach 1945 über Spanien nach Argentinien, wo er jahrelang für die NS-nahe Zeitschrift *El Sendero* (Der Weg) arbeitete. Mit fünfzig kam der frühere NS-Publizist als Sekretär zum rechtsextremen Grabert-Verlag in Tübingen, wo er in Prof. Dr. Herbert Grabert, dem Verlagsgründer und nach 1945 nicht wieder verwendeten Hochschulprofessor, einen prominenten Mitstreiter für völkische Religion fand.

[75] Vgl. Verfassungsschutzbericht Hamburg 1996, S. 118.

[76] *Nordische Zukunft* 2/3 1977, S. 9.

[77] *Nordische Zukunft* 4/1977, S. 7

[78] *Nordische Zukunft* 3/4 1986, S. 33–38.

[79] *Bauernschaft* 1/1982, S. 68.

[80] Die GfbAEV hat sich am 8. 1. 1997 in Deutschland aufgelöst und ihren Sitz von Ellerau in Schlewig-Holstein nach Moholm in Schweden verlegt.

[81] Promp, Detlev: Zur Psycho-Biologie der Identität. In: Krebs, Pierre (Hrsg.): Mut zur Identität. Alternativen zum Prinzip der Gleichheit. Veröffentlichung des Thule-Seminars e.V. (Arbeitskreis für die Erforschung und das Studium der europäischen Kultur), Band 2, Stuckrum 1988, S. 303–330.

[82] Vgl. Verfassungsschutzbericht Sachsen 1996, S. 42.

[83] Haack und Schnurbein geben 1957 als Gründungsjahr an. Vgl. Haack, a. a. O., S. 107–109; Schnurbein behandelt die »Goden« in ihrer Dissertation nur am Rande, S. 123f.

84 Vgl. *Scheinwerfer* 2/95, S. 16.

85 Welcher Geist im Hause Ventker herrscht, zeigt sich nicht nur an dem schon zitierten Leserbrief, sondern auch, wenn Ventker eine Erzählung seines Vetters Ernst Niermann wiedergibt, der mit Oberst Hans Ulrich Rudel, einem der Idole von Nazi-Nostalgikern, nach Kriegsende nach Argentinien geflohen war. Niermann will am 19. 4. 1945 abends dem Führer Adolf Hitler gegenüber gesessen haben, der in aller Ruhe eine »historische Zukunftsschau« gegeben habe – »einfach überwältigend«. Die Saat für eine weite Zukunft habe er (Hitler) gelegt. Hitler habe sich in seiner ganzen Geistesgröße gezeigt und das mit einer anstaunenswerten Seelenruhe und innerer Sicherheit. Das Angebot, Hitler aus Berlin herauszubringen, habe dieser vornehm abgelehnt und sich ebenso vornehm bei ihm bedankt. Zur »Saat Hitlers« verweist Ventker auf das esoterische Kultbuch »Das Goldene Band« von Miguel Serrano.

86 Rundschreiben Zum Licht empor 1/93, S. 4.

87 Rundschreiben Sommersonnenwende 1991.

88 Laut Promotionsverzeichnis in der Heidelberger Universitätsbibliothek gibt es nur einen Dr. jur. Johannes Jenetzky. Er promovierte 1977 in Tübingen und lehrt laut Fachhochschullehrerverzeichnis seit 1981 Steuerrecht in Ludwigsburg. Eine Bitte um Stellungnahme ließ Jenetzky unbeantwortet. Bei der Tagung im Frühjahr 1991 referierte Jenetzky über »Zarathustrismus«. Bei der Herbsttagung des »Bundes der Goden« vom 11. bis 13.10.1991 im Gästehaus der Jugendherberge in der Breslauer Straße in Weinheim an der Bergstraße war Jenetzky mit dem Vortrag »Paulus – der erste Theologe« angekündigt. Mit der Frage »Wie wirkt eine ausgleichende Gerechtigkeit im Gruppenschicksal?« beschäftigte sich Jenetzky laut Einladung bei der Arbeitstagung des »Bundes der Goden« vom 24. bis 26.4.1992 im Collegium Humanum in Vlotho an der Weser. Bei der »Goden«-Herbsttagung 1992, wieder in Weinheim, sprach er über »Neue Geschichten aus Süd-Germanien und der Edlen Los und die Saga vom letzten Gefecht« (Berichte im Rundschreiben Jahresende 1992).

89 Vgl. Tagungsbericht Rundschreiben 3/1991 Hohe Maien.

90 Eine Besprechung des Buches ist erschienen in der Zeitschrift *Der Dritte Weg – Zeitschrift für die natürliche Wirtschaftsordnung*, die von der »Freisozialen Union« (FSU) herausgegeben wird, Ausgabe Juli/August 1997, S. 32. Der Ko-Autor Dr. Dirk Löhr kommt aus Mannheim. Er hat beim »Freiwirtschaftlichen Jugendverband Deutschland e. V.« – Anhängern Silvio Gesells – über die »Pandorabüchse Währungsunion« referiert (12.9.1997).

91 Vgl. Einladung vom 12.7.1992. Die »Deutsche Volksversammlung« (DVV) wurde am 30.12.1989 in Bonn von Vertretern von zwölf Vereinigungen ins Leben gerufen. Sie steht jedem offen, »der sich zu Volk und Reich bekennt«. Weitere zentrale Treffen waren am 2.6.1990 in Siegburg, dann am 30.12.1990 in Holzlar. Am 21.9.1991 fand die konstituierende Versammlung in Weimar statt. Die »DVV« brachte die Wochenzeitung *Deutsche Gegenwart* heraus, die bis 1995 erschien.

92 *Kosmische Wahrheit* Juli/Heuert 1997.

93 *Kosmische Wahrheit* Januar/Hartung 1997.

94 *Kosmische Wahrheit* August/Ernting 1996.

95 *Kosmische Wahrheit* Januar/Hartung 1997.

[96] Vgl. *Eckartbote* 6/1997.

[97] Vgl. Weifert, Mathias (Hrsg.): Donauschwäbisches Unterrichtswerk. Fächerübergreifendes Lehrbuch für Jugendliche, München 1997. Weifert druckt in seinem Lehrbuch, das im Verlag der Donauschwäbischen Kulturstiftung e. V. – Stiftung des privaten Rechts – erschienen ist, Texte von Autoren wie Karl Springenschmid, der früher auch unter dem sinnigen Pseudonym Christian Kreuzhakler schrieb und bei der einzigen Bücherverbrennung auf österreichischem Boden die Brandrede für die vollständige Vernichtung von Kulturprodukten »undeutschen Geistes« hielt. Ein anderer Autor ist der Ungarndeutsche Josef Wekerle, der bei der neonazistischen Hetendorfer Tagungswoche 1997 mit einem Vortrag über »Die biologische Weltschau« im Programm steht, im Verlag der rassistischen *Neuen Anthropologie* publiziert und der von der genetischen Überlegenheit der Deutschen überzeugt ist. Das Buch bringt auch einen Text von Dr. Ilse Weikmann aus Wien, die 1996 selbst mit einem Vortrag auf einer Einladung der »Deutschgläubigen Gemeinschaft« und »Heidnischen Gemeinschaft« stand. Sie beantwortet im Weifertschen Unterrichtswerk die Frage »Woher kommen Religionen?«: »Fundamentalisten verschiedenster Herkunft glauben an eine Offenbarung, die sie sogar mit der Menschwerdung überhaupt verknüpfen.« Die neurechte Religionsphilosophin Sigrid Hunke steuert einen Aufsatz bei über »Gott in ›Europas eigener Religion‹«. Wo Hunke sonst auch publiziert, nämlich in Blättern der Nouvelle Droite, ist die Sprache deutlicher. Dort ist vom »Judäochristianismus« als »fremder« Religion die Rede. Aber dabei handelt es sich dann auch nicht um ein gefördertes Schulbuch aus Bayern.

[98] Vgl. *Kosmische Wahrheit* Neblung/November 1996.

[99] *Neue Front* 1/1989.

[100] Die Macher der *Freien Umschau* stammten aus dem Umfeld der »Deutschen Arbeiterjugend« (DAJ). Dieser neonazistische Jugendclub wurde polizeilich aufgelöst, weil er neue Rassengesetze, Zerschlagung des Parteienstaates und Todesstrafe für »Volksschädlinge« gefordert hatte. Von diesen politischen Hintergründen will JF-Chefredakteur Dieter Stein nichts gewußt haben. Vgl. Hundseder, Franziska: »Bitte sprechen Sie nach der MG-Salve...«. In: *Die ZEIT*, 9.6.1989.

[101] *Stern*, 5.11.1981.

[102] *Kosmische Wahrheit* 9/97.

[103] Nach Böhmes Tod 1971 wurde DKeG-Gründungsmitglied Dr. Karl Günter Stempel, Oberstlandesgerichtsrat und Revisionsrichter am Bayerischen Obersten Landesgericht, Präsident des Kulturwerks. Der am 1.3.1917 in Berlin geborene Karl Günter Stempel, Mitglied der schlagenden Burschenschaft Arminia zu München und langjähriger Altherrenvorsitzender, wurde 1979 pensioniert. Lange Jahre übte er die verantwortungsvolle Tätigkeit als Ausbildungsleiter für die bayerischen Referendare aus, so daß viele der Richter und Staatsanwälte in Bayern in ihrem beruflichen Werdegang von ihm geprägt wurden.

[104] Dr. Herbert Böhme wurde am 17.10.1907 in Frankfurt an der Oder geboren. Er hatte die NSDAP-Mitgliedsnummer 2828213, trat 1933 in die SA ein und wurde Hauptabteilungsleiter beim Berliner Rundfunk, 1937 Hauptschriftleiter in der Reichspropagandaleitung der NSDAP, 1944 lehrte er an der Universität München und wurde ordentlicher Professor für Kultur, Philosophie und Volks-

kunde an der Universität Posen. Sein Oevre ist charakterisiert durch Titel wie »Des Blutes Gesänge«, »Volk bricht auf« oder »Ruf der SA«. Böhme war auch bei der Religionsgemeinschaft Deutsche Unitarier, legte aber 1954 seine Vorstandsämter nieder. 1985 ging übrigens der mit 10 000 Mark dotierte Schillerpreis des DKeG an die oben erwähnte Sigrid Hunke. Vgl. *DESG-inform* 2/1989, S. 2; Dudek, Peter; Jaschke, Hans-Gerd: Entstehung und Entwicklung des Rechtsextremismus in der Bundesrepublik. Zur Tradition einer besonderen politischen Kultur, 2 Bde., Opladen 1984; Jenke, Manfred: Die Nationale Rechte, Berlin 1967, S. 190.

[105] Rundschreiben 6/92

[106] Rundschreiben 6/92.

[107] *Deutsche Zukunft* 9/97, *Nachrichten der HNG* Nr. 200 September/Scheiding 1997.

[108] »Seien Sie aufs Herzlichste für die freundliche Gabe Ihrer Arbeit über ›Deutschland nach dem Zusammenbruch‹ bedankt. Ich habe jede Zeile gelesen und bin Ihnen unendlich dankbar, daß Sie Zeit und Kraft fanden, diese so notwendigen Warn- und Mahnworte zu Papier zu bringen – hoffentlich finden sie auch die verdiente Verbreitung.«, schrieb Winifred Wagner am 4.1.1979 an Ursula Beyrich, die aus dem Brief der notorischen Hitler-Verehrerin zu Werbezwecken zitiert. Vgl. auch Beyrich, Ursula: Vom Adel des Kriegers, Frankfurt/Main 1988, S. 157 f. Winifred Wagner wäre 1997 100 Jahre alt geworden. Die Jubiläumsausstellung wurde wieder abgesagt.

[109] *National-Zeitung* vom 11.10.1996. Auch bei der Kundgebung am 27.9.1997 in Passau trat eine Indianerin in Aktion. Sie rief dazu auf, das Volkstum nicht aufzugeben, und beweihräucherte Frey mit Heilkräutern.

[110] Roeders Wormser Aktion wurde wohl im Verfassungsschutzbericht Hamburg 1996, S. 60 erwähnt, im Bericht des Landes Rheinland-Pfalz 1996 jedoch diskret behandelt.

[111] Zu Manfred Roeder vgl. Hundseder, Franziska: Rechte machen Kasse. Gelder und Finanziers der braunen Szene, 2. Auflage München 1995, S.106-109. Dies.: Stichwort Rechtsextremismus, München 1993.

[112] Sonst war Bokelmann seit 1964 bei den Lippoldsberger Dichtertagen von Holle Grimm der Tochter des »Volk-ohne-Raum«-Verfassers, vertreten. Heute ist der Friese vor allem bei der »Notgemeinschaft für Volkstum und Kultur e.V. zur Förderung deutschen Lebens« aktiv. Das Ehrenpräsidium der betuchten »Gemeinschaft«, die obendrein von Steuervorteilen profitiert, besteht aus ehemaligen Nazigrößen, Hitlers Chefpilot Hans Baur, Hitlers Gaupropagandaleiter Matthias Haidn und Hitlers Generalarbeitsführer Ivo Lukesch. Die Notgemeinschaft spendete rund 10 000 Mark für die erneute Herausgabe eines Buches von Adolf Helbok, dem Rassenhistoriker aus dem Dritten Reich, 65 000 Mark für das nördliche Ostpreußen, 12 000 Mark für einen Kunstpreis und 30 000 Mark für »jugendfördernde Ausbildungs- und Fortbildungsarbeit«. Für diesen rechtsextremen und dennoch steuerbegünstigten Verein mit Sitz im oberbayerischen Miesbach ging Bokelmann als Redner beim Eröffnungsfestakt im Hotel Deutscher Hof in Nürnberg am 17.6.1990 ans Pult. Vgl. Hundseder, Franziska: Rechte machen Kasse, a. a. O., Kapitel »Notgemeinschaft mit angeschlossener Altersbetreuung«, S. 83-91; Hundseder/Steinhoff, Manuskript der Panorama-Sendung vom 22.12.1994.

[113] Zu *Europa vorn* vgl. Verfassungsschutzbericht des Landes Nordrhein-Westfalen über das Jahr 1996, Düsseldorf 1997, S. 141 und Zwischenbericht 1997, S. 27; Hundseder, Franziska: Zweimal hingucken. Anonyme Interviews – wie rechte Blätter sich Reputierlichkeit verschaffen. In: *Die ZEIT*, 26.10.1990.

[114] *Eckartbote* 10/1994, S. 11.

[115] Vgl. Haack, a. a. O., S. 75; Gugenberger, a. a. O., S. 105 f.; Bronder, Dietrich: Bevor Hitler kam, Hannover 1964, S. 215.

[116] Ausschnittweise nachgedruckt wurde Reuters »Das Rätsel der Edda und der arische Urglaube« zum Beispiel in der Zeitschrift *Bab Ilu* der »Tempelhofgesellschaft« ab der Ausgabe IV/1994

[117] Vgl. Jenke, Manfred: Verschwörung von rechts? Ein Bericht über den Rechtsradikalismus in Deutschland nach 1945, Berlin 1961, S. 330; Haack, a. a. O., Wotans Wiederkehr bringt das Titelblatt der Ausgabe Ernting 1969 mit eben diesem Credo, S. 80.

[118] Schnurbein zitiert in ihrer Doktorarbeit diese Einladung zum 70. Jahrestreffen am 5.-8.6.1981, S. 251 f.

[119] Vgl. Who's who 1993/1994. Prof. Emil Schlee, geb. 21.10.1922 in Schwerin, Oberleutnant (aktiv), Hauptmann der Reserve, Professor an der Gutenberg-Universität Mainz, CDU-Landtagsabgeordneter in Hessen, 1979-85 Landesbeauftragter für Vertriebene und Flüchtlinge im Kieler Sozialministerium, Ministerialrat i. R., Vizepräsident der »Gesellschaft für Streitkräfteforschung«, Eisernes Kreuz erster Klasse, Verdienstkreuz erster Klasse.

[120] Das Grab von Hermann Löns (1866–1914) ist eine beliebte Wallfahrtsstätte nicht nur für Liebhaber heimatverbundener Dichtung, sondern eben auch für Rechtsextremisten, wiewohl der Heidesänger auch sozialrevolutionäre Züge hatte. Er fiel im Ersten Weltkrieg als 48jähriger Kriegsfreiwilliger in Frankreich, 1934 wurden seine Gebeine heim in die Heide gebracht. Aber das geplante Heldenbegräbnis fiel aus, weil Goebbels Kulturaufseher Unpassendes in Löns Roman »Der Wehrwolf« gefunden hatten. Dennoch pilgern heutzutage auch Blut-und-Boden-Sympathisanten zu Löns Grab. Beispielsweise trafen sich ehemalige Angehörige der Waffen-SS aus mehreren Ländern gemeinsam mit Neonazis im Mai 1995 dort zur Kranzniederlegung. Der Heimatdichter erfreut sich der Verehrung brauner Literaturfans, weil er eben auch solches äußerte: »Bauernstolz steht auf gutem Grunde, denn der Bauer ist das Volk, ist der Kulturträger, ist der Rasseerhalter.«

[121] Vgl. Verfassungsschutzbericht Hamburg 1996, S. 118; Verfassungsschutzbericht Hamburg 1993, S. 31 u. a.; Verfassungsschutzbericht Niedersachsen 1996, S. 41.

[122] *Deutschland* 9/10 1990, S. 17-25.

[123] Von 1977–1980 war der Altbauer Wilhelm Weis aus Wester-Wanna nahe der Nordseeküste Vorstandsmitglied, der auch in der rassistischen »Gesellschaft für biologische Anthropologie, Eugenik und Verhaltensforschung e. V.« aktiv war. Auf ihn folgte Karl Heinz Schwecht und eben am 18.7.1995 Michael Pflanz.

[124] Michael Pflanz hielt beim 80. Jahrestag der »Deutschgläubigen Gemeinschaft« in Dorfmark einen Lichtbildervortrag über »Die goldene Zeit des Nordens«, beim 81. in Rosengarten-Sottorf einen über »Waräger, Wikinger und Ostgermanen«, beim 82. Jahrestag, ebenfalls in Rosengarten-Sottorf, über

die Slaven und die Balten. Die Einladung zu Hohe Maien 1996 in Hamburg-Hausbruch mit dem Mathilde-Ludendorff-Verehrer Gerhard Heß aus Bechtheim war von »Dr. O. Jungklaaß DGG« und »M. Pflanz, HG (Heidnische Gemeinschaft)« unterzeichnet. Laut Schnurbeins Dissertation von 1992 ist Pflanz auch Mitglied der »Artgemeinschaft« und unterhält Kontakte zum »Asgard-Bund« von Arnulf-Winfried Priem (S. 154).

125 *Huginn und Muninn* 8/1991.

126 Wolfgang Dünkel tritt ebenso wie in neuheidnischen eben auch in rechtsextremen Zusammenhängen auf. Er machte bei der »Gemeinschaft Deutscher Osten« mit ihrer Schattenregierung für die ehemals deutschen Ostgebiete mit, dort gab es aber dann Querelen. Er stand aber auch unter dem Aufruf der Husumer »Initiative zur Förderung kulturtragenden Schrifttums« aus Husum für die rechtsextreme Zeitschrift *Nation*, der unter einem Motto Erich Ludendorffs stand und vieles mehr.

127 *Huginn und Muninn* 9/10 1993/94.

128 Zu Franz Schmid vgl. auch Hundseder, Franziska: Rechte machen Kasse, a. a. O., S. 39.

129 Dieser Gedanke findet sich auch bei Reuter, Otto Sigfrid: Das Rätsel der Edda und der arische Urglaube, Bd. 1, 2. Aufl., Sontra 1922, S. 158.

130 *Bab Ilu* April/Juli 1990.

131 *Huginn und Muninn* 6/93.

132 Verteidiger von Fröhlich war der Stuttgarter Rechtsanwalt und ehemalige baden-württembergische Landtagsabgeordnete der NPD Peter Stöckicht. Er stufte den Prozeß als politische Justiz ein und wehrte sich »mit allem Nachdruck« gegen eine Verurteilung seines Mandanten. Stöckicht widersprach vor allem der Ansicht der Staatsanwaltschaft, das »Spiel« sei eine »beispiellose Art der Volksverhetzung«. Es handle sich um einen politischen Angriff in Form der Satire, so wie es seit den Zeiten des *Simplicissimus* immer gang und gäbe gewesen sei. Man solle endlich aufhören, die Vorgänge während der Zeit des Dritten Reiches, die schon »ewig« zurückliegen, mit dem Ansehen der Bundesrepublik in Verbindung zu bringen. 1987 wurde Stöckicht vom Ehrengericht der Anwaltskammer im Bezirk Stuttgart ausgeschlossen und darf seither nicht mehr als Rechtsanwalt tätig sein. Unter dem Rubrum »Nationaler Anwalt« bietet ein Rechtsanwalt Peter Stöckicht aus einer Kleinstadt an der Recknitz in Mecklenburg-Vorpommern »Rat und Hilfe in allen Rechtsangelegenheiten – Strafverteidigungen auch für Rechte!« im Monatsblatt der neonazistischen Gefangenenhilfsorganisation »HNG« im September/Scheiding 1997 an.

133 Die Geschichte der Templer gehört nach wie vor zu den besonders sagenumwobenen Kapiteln des Mittelalters. Sie gibt vielen Spekulationen und Mystifikationen Raum. Die Forschung hat sich in den letzten Jahrzehnten ausführlich mit den Templern befaßt. Hier seien aus der Fülle von Literatur genannt: Beck, Andreas: Der Untergang der Templer. Größter Justizmord des Mittelalters?, Freiburg 1992; Demurger, Alain: Die Templer. Aufstieg und Untergang 1118-1314. Aus dem Französischen von Wolfgang Kaiser, München 1992.

134 Andere »Nachfolger« nennen sich »Templer-Orden Pappenheim«; »Archikonvent der Templer«, München; »Templer Augsburg«; »Knights Templars«; »Free Templer-Orden« usw. Der 1901 gegründete »Ordo Templi Orientis«

(O.T.O.) ist einer der umstrittensten Okkultorden; sein deutscher Zweig wurde von 1906 bis 1914 von dem Anthroposophen Rudolf Steiner als Großmeister (Supremus Rex) geleitet. Dem britischen Zweig stand Aleister Crowley vor. Vgl. Lexikon der Sekten, Sondergruppen und Weltanschauungen, Freiburg, Basel, Wien 1990, S. 1018–1023.

135 Vgl. Wagner, Hans: Taschenwörterbuch des Nationalsozialismus, Leipzig 1934. Feder war Hitler vor allem in der »Kampfzeit« nützlich, als die NSDAP auch im Arbeiterlager um Stimmen rang; nach Hitlers Arrangement mit der Großindustrie war Antikapitalistisches nicht mehr gefragt.

136 Vgl. Handbuch BT 12. WP, 1. Erg. Lfg. 9. Januar 1992.

137 Vgl. Einladung der »THG«, Samstag 12.6.1993 »14.00 Uhr DENKSCHRIFT ZU NATIONALEN DEUTSCHEN FRAGEN Gast: Dr. Rudolf Karl Krause MdB«.

138 Vgl. Einladung zum Gemeinschaftstag der »Artgemeinschaft« vom 23.02.3796 nach Stonehenge.

139 Vgl. Einladung zur »Bund der Goden«-Herbsttagung 1991 im Gästehaus der Jugendherberge in Weinheim an der Bergstraße: Gerhard Pichler: »Richard Wagner – eine Würdigung unter Berücksichtigung seiner Denkweise«; Programm der Herbsttagung 1990 ebenfalls in Weinheim: Gerhard Pichler: »Grundgedanken zu R. Wagners ›Götterdämmerung‹«; Tagungsplan der Tempelhofgesellschaft 11.-13.6.1993 »Richard Wagner: Rienzi«. Gast: Gerhard Pichler.

140 In seinem Buch »Das Geheimnis der Zweiten Templeroffenbarung« behauptet Spilka, das Rätsel dieser Offenbarung gelöst zu haben. Die Offenbarung von 1238 nennt laut Spilka den Ort der Versammlung aller Fürsten, »die das neue Reich gründen werden«. Die Angaben über diesen Ort will Spilka entschlüsselt haben. Das visionäre neue Reich der »Tempelhofgesellschaft« hat übrigens auch schon eine geographische Kernzelle: Der heutige Berliner Stadtteil Tempelhof sei als die »Nordhauptstadt des verheißenen ›Neuen Babylon‹ gegründet worden. Tempelhof sei das einzige bedeutende Namensdenkmal der Templer und dank des Flughafens ein weltweit bekanntes Andenken an den Templerorden.« (*Bab Ilu* 1/1992) Mussolinis Hofphilosoph, der Nietzsche-Verehrer und Rassist Julius Evola, hat ebenfalls die Gralssymbolik als geheime Reichsutopie gedeutet. Vgl. Julius Evola: »Das Mysterium des Grals«. Das Buch des kalabresischen Barons findet sich im Prospekt 9/1997 der Berliner Wochenzeitung *Junge Freiheit* mit dem Hinweis »Seit 40 Jahren endlich wieder lieferbar in deutscher Sprache« und wird als limitierte und einzeln signierte (!) Auflage angeboten. Evola ist am 11.6.1974 in Rom gestorben.

141 Das Nachrichtenmagazin *Code* (früher: *Diagnosen*) war über Jahre z. B. in Bahnhofsläden erhältlich, wo es gelegentlich neben dem *Stern* und der *ZEIT* lag wie in Bonn. Ettl widmete sich in *Code* dem Nahen Osten und dem Golf-Krieg. Die späteren Siegermächte hätten 1914 und 1939 Kriege vom Zaun gebrochen und die Schuld dann Deutschland in die Schuhe geschoben. So sei es nun wieder im Falle des Irak, der identisch mit dem alten Babylonien sei. Dazu muß man wissen, daß für die »THG« Babylonier und Assyrer, Phönizier und Karthager »unseres Stammes« sind, des Stammes »unserer Ahnen« im Norden Europas. »Demokratisch-westliche Barbaren« hätten die Babylonier überfallen, ihr Land zur Kolonie erniedrigt und sie ihrer Freiheit beraubt, schreibt Ettl. (*Code* 2/1991).

[142] *Irminsul – Stimme der Armanenschaft*, Folge 3, 24. Jg. 1992.

[143] Vgl. Leitbild und Aufbau des Armanen-Ordens. Hrsg. von der Leitung der Armanenschaft Adolf und Sigrun Schleipfer, Großmeister. 2. verb. u. erw. Auflage. Ammerland o. J.

[144] Vgl. Hieronimus, a. a. O.,S. 255.

[145] Vgl. Schnurbein, a. a. O., S. 113 f.

[146] Vgl. Schnurbein, a. a. O., S. 30 f.

[147] Johann von Leers (1902-1965), ehemals Bundesschulungsleiter des NS-Studentenbundes, Hauptschriftleiter der Zeitschrift *Wille und Weg* der Reichspropagandaleitung, Reichsschulungsleiter und Professor an der Universität Jena, hatte schon die Weimarer Republik als »Judenrepublik« verunglimpft. Der eingefleischte Antisemit schrieb Bücher wie: Blut und Rasse in der Gesetzgebung; Geschichte auf rassischer Grundlage; Die Kriminalität des Judentums; Wie kam der Jude zum Geld?; Juden sehen dich an, 14 Jahre Judenrepublik. Der Argentinienemigrant wechselte in den fünfziger Jahren nach Ägypten und trat dem Islam bei. Heute werden Bücher des NS-Juristen von deutschen neonazistischen Versandfirmen und von solchen, die in Dänemark Zuflucht gefunden haben, vertrieben. Zu von Leers Flucht vgl. Klee, Ernst: Persilscheine und falsche Pässe. Wie die Kirchen den Nazis halfen, 3. überarb. Auflage, Frankfurt am Main 1992, S. 48 f.

[148] Insgesamt zu den »Armanen« vgl. Haack, a. a. O., S. 119 ff.; Schnurbein, a. a. O., S. 21 ff.

[149] *Huginn und Muninn* 8/1990.

[150] *Huginn und Muninn* Nr. 6 Scheiding 1996.

[151] Steinhoff, Volker und Hundseder, Franziska: »Deutsches Rechtsbüro – braune Anwälte gegen den Rechtsstaat«. *Panorama* 6.1.1994.

[152] Der Verfassungsschutzbericht Hamburg 1996 notiert: Das »›Deutsche Rechtsbüro‹ (DRB) fungiert bundesweit als Kontakt- und Koordinierungsstelle für juristischen Rat suchende Personen und Organisationen. Es möchte der weitverbreiteten Unwissenheit und Unsicherheit in rechtsextremistischen Kreisen insbesondere über strafrechtliche Zusammenhänge begegnen. Dazu betreibt es Öffentlichkeitsarbeit, gibt juristische Ratgeber und Presseerklärungen heraus, organisiert Schulungen und Vorträge. Es vermittelt bedarfsentsprechend kompetente ›national‹ eingestellte Rechtsanwälte, die mit dem DRB zusammenarbeiten...«. S. 118 f.

[153] Vgl. Hundseder, Franziska: Rechte machen Kasse, a. a. O., S. 332 ff.

[154] *Bild*-Zeitung Berlin, 27.8.1992, S. 3.

[155] *Huginn und Muninn* 12/1991-1/1992.

[156] Tag schrieb oft »nationalensozialistischen«, weil er glaubte, damit dem Vorwurf begegnen zu können, er sei Nationalsozialist.

[157] Vgl. Hundseder, Franziska: Feiern auf germanisch. Ein Führer sucht Kameraden. In: *Die ZEIT*, 13.11.1987.

[158] *Huginn und Muninn* 3/93.

[159] Ausgabe Julmond/Hartung 1996/97.

[160] Bei der Gründung war der Verleger Heinrich-Jörn Schönlaub aus Issing 1. Vorsitzender, die Hausfrau Susanne Schönlaub seine Stellvertreterin und eine Rentnerin aus Issing Kassenwart. Deren Amt hat 1993 der Unternehmer Karsten Gunter Kube aus Pürgen übernommen. Das Vermögen des Vereins Sied-

lungsunternehmen Lebensquell geht laut Satzungsänderung der Jahres-hauptversammlung 1993 im Falle der Vereinsauflösung an die »Arbeitsge-meinschaft Naturreligiöser Stammesverbände Europas«. Die Beratung bei der Sitzung am 20.5.1992 über Satzungsänderungen machte Dipl.-Volkswirt Klaus Dieter Ludwig von der Firma KEL-Unternehmensberatung GmbH. Vgl. Hundseder, Franziska: Rechte machen Kasse, a. a. O., S. 336 ff.

[161] Vgl. Radegeis, Harry: Runen im Leben der Völker, Ardagger 1995. Der Ver-lagsinhaber Michael Damböck gibt auch die Zeitschrift *Pen Dragon – Briefe für deutsche Heiden* heraus, die dann in *Pen Tuisko – Briefe für deutsche Hei-den* umbenannt wurde und die jetzt den Untertitel *Zeitschrift für heidnische Volks- und Völkerkunde* trägt.

[162] Vgl. Hundseder, Franziska: Hinter verschlossenen Türen. In: *Die ZEIT*, 16.11.1990. Der Kongreß hatte im Soldatenheim im Koblenzer Stadtzentrum tagen sollen, wurde dann aber offiziell – offenbar als Täuschungsmanöver – abgesagt. Alle akkreditierten Journalisten wurden wieder ausgeladen, auch ich. Er fand aber ein paar hundert Meter weiter in einem Touristenlokal, dem Weindorf, statt. Ich hatte an der Absage gezweifelt und war dennoch nach Koblenz gefahren. Dort kam mir der Zufall zu Hilfe. Denn als ich sah, daß die angereisten Kongreß-Besucher vom Soldatenheim aus woanders hinge-schickt wurden, merkte ich schnell, daß der Ort nur das Weindorf oder ein großes Hotel sein konnten. Ich kannte mich aus, weil der Deutsche Presserat 1990 in Koblenz getagt hatte und sein geselliges Beisammensein ebenfalls im Weindorf veranstaltet hatte. Für musikalische Begleitung des Kongresses sorgte der braune Barde Frank Rennicke. Er charakterisiert sich schon allein dadurch: Für seine Verlobung mit Ute Lukas wählte er den »20. Ostermond 1989«, also den 100. Geburtstag von Adolf Hitler am 20.4.1989.

[163] In der Ausgabe 1/1993 der Zeitschrift der »Wiking-Jugend« wurde unter den »Sippen-Nachrichten« zum 30.12.1992 die Geburt eines »Sonnwin Ulbrich 4. Kind« vermerkt.

[164] 1991 brachte der Hohenrain-Verlag in Tübingen, ein Ableger des rechtsextre-men Grabert-Verlages, Evolas »Menschen inmitten von Ruinen« heraus, das die Münchner Zeitschrift *Criticón* als »einziges ›praktisches‹ Handbuch für tra-ditionale Rechte« bezeichnet.

[165] Evola, Julius: Grundrisse der faschistischen Rassenlehre, Berlin 1943, S. 10.

[166] *Huginn und Muninn* 7, Gilbhart 1996.

[167] *Huginn und Muninn* 2, Wonnemond 1994, S. 15.

[168] *Bauernschaft* Nr. 100.

[169] *Bauernschaft* Nr. 100.

[170] *Huginn und Muninn* 6/1993.

[171] *Huginn und Muninn* 11/1992.

[172] Leserbrief in der *Bauernschaft* Sept. 1992, S. 61.

[173] *Deutsche Monatshefte* 10/85, S.12.

[174] Vgl. Video der »Deutschen Volksversammlung« vom 3. Juli 1993.

[175] *Burgpost* November 1996, S. 18.

[176] Vgl. Ankündigung in *Burgpost* Dezember 1996, S. 27; Berichte zur Mitglieder-versammlung am 1./2.2.1997 in *Burgpost* März 1997, S. 2, S. 5-9.

[177] *Burgpost* Juli 1997, S. 11 f.

[178] *Burgpost* April 1997, S. 22.

[179] *Burgpost* Mai 1997.
[180] *Burgpost* Juli 1997.
[181] *Burgpost* August 1997, S. 5.
[182] *Burgpost* Februar 1997, S. 17.
[183] *Burgpost* Juni 97, S. 9.
[184] *Burgpost* Januar 1997, S. 19 f.
[185] *Burgpost* August 1997, S. 6.
[186] *Burgpost* März 1997, S. 6.
[187] Vgl. *Eckartbote* 9/96, S. 21.
[188] *Bauernschaft* März 1992, S. 38.
[189] *Neue Front* Januar 1984.
[190] *Volkswille* Nr. 1/1990.
[191] Vgl. See, a. a. O., S. 63; Gugenberger, a. a.O., S. 106; Schnurbein, a. a. O., S. 242 f.
[192] *Bauernschaft* Januar 1982, S. 66.
[193] Vgl. *Sieg* 8/1988.
[194] Die Brüder Strasser repräsentierten eine antikapitalistische Strömung der NSDAP. Der Apotheker Gregor Strasser, geb. 1892, seit 1921 NSDAP-Mitglied und Teilnehmer am Hitler-Putsch 1923, wurde 1934 in Zusammenhang mit dem Röhm-Putsch auf Befehl Hitlers erschossen. Sein Bruder Otto, geb. 1897, floh 1933 nach Kanada und starb 1974 in Deutschland.
[195] Vgl. *Europa vorn* Juli/August 1997, S. 58.

Register

184

188

189

HEYNE
BÜCHER

Stichwort

*»Die Taschenbuch-
Reihe gibt knappe,
übersichtliche und
aktuelle Auskünfte
zu den jeweiligen
Themen.«*
Westfälische Rundschau

Eine Auswahl:

Heyne-Taschenbücher